陕西省社会科学基金项目
陕西省教育厅重点研究课题　资助

薪火西续

西北联大简史

李巧宁　陈海儒　著

中国社会科学出版社

图书在版编目(CIP)数据

薪火西续：西北联大简史／李巧宁，陈海儒著．—北京：中国社会科学出版社，2023.9

ISBN 978-7-5227-2493-5

Ⅰ.①薪…　Ⅱ.①李…②陈…　Ⅲ.①西北联合大学—校史
Ⅳ.①G649.29

中国国家版本馆 CIP 数据核字（2023）第 156922 号

出 版 人　赵剑英
责任编辑　马　明　郭　鹏
责任校对　刘文奇
责任印制　王　超

出　　版　中国社会科学出版社
社　　址　北京鼓楼西大街甲 158 号
邮　　编　100720
网　　址　http://www.csspw.cn
发 行 部　010-84083685
门 市 部　010-84029450
经　　销　新华书店及其他书店

印刷装订　三河市华骏印务包装有限公司
版　　次　2023 年 9 月第 1 版
印　　次　2023 年 9 月第 1 次印刷

开　　本　710×1000　1/16
印　　张　20.5
字　　数　281 千字
定　　价　98.00 元

抗战时期高校内迁的历史，是中华民族坚韧不拔、顽强不屈精神的生动写照。西北联大的办学历程，是内迁高校在西北弦歌不辍、不畏艰苦、扎根生长的典型案例。

谨以此书献给那些抗战期间在西北励志兴学的师生们，献给为内迁高校提供了立足之地和生存之需的西北人民！

目　　录

导　论

高校内迁是抗战时期中国高等教育领域的重要举措。它不仅保存了中华民族的文化命脉，给年轻学子提供了一张在战乱中可以安心求学的书桌，让大量知识分子得以有继续为国家培养人才的讲台，而且鼓舞了全国人民持久抗战的信心，使各界人士能够看到未来中国的希望。

西北联大作为一所重要的内迁高校，在教育薄弱的中国西北扎根、发展，收容了一大批流亡学子，提高了西北文化水平，奠定了抗战时期乃至战后西北高等教育发展的基本格局。论及今天西北地区尤其是陕西的高等教育，追根溯源，不可不关注西北联大的历史；西北联大在陕西汉中办学八年，是抗战时期汉中作为后方文化重镇的缩影，研究抗战时期的汉中，也不能不提及西北联大的历史。

然而，西北联大研究长期处于被湮没的状态，2011 年之前，它很少受到人们的关注，有深度的研究成果几乎没有，更不要说能有一本系统展示西北联大历史的专书。直到 2012 年 9 月西北大学召开的“第一届西北联大与中国高等教育发展论坛”，才使学术界开始认识到西北联大的价值。2013 年 8 月由陕西理工大学承办的“第二届西北联大与中国高等教育发展论坛暨纪念西北联大汉中办学 75 周年学术研讨会”加强了学术界对西北联大研究的重视。此后，每年由西北联大相关高校中的一个主办一次“西北联大与中国高等教育发展论坛”，稳步推进西北联大研究的深入。

广泛挖掘西北联大史料，形成一部能比较客观、系统地展示西北联大来龙去脉的专书，作为已有成果的总结和未来研究深化的基础，十分必要。目前，系统勾勒西北联大历史的专书主要有张在军《西北联大：抗战烽火中的一段传奇》、姚远《国黉播迁：西北联大通史》，它们对深化西北联大研究、扩大西北联大宣传极有价值。笔者不揣谫陋，想在广泛搜求史料的基础上，以不同的视角写下自己对西北联大历程的梳理，以和现有成果互相补充和印证。

一　主要内容与史料依据

本书是一部严肃的学术专书，旨在以扎实的史料为基础，按照时间顺序以及西北联大发展的一般过程，论述清楚西北联大的源头、办学特色、分立院校的发展状况等，清晰勾勒西北联大的来龙去脉。

全书除导论、余论外，共分十二章。导论对本书的主要内容、史料依据、基本概念等进行交代，为读者清楚理解全书提供学术背景。

第一章主要论述西北联大的前身——国立西安临时大学的组建。具体地说，通过介绍战前西北高等教育的状况、战争初期国民政府的高校内迁政策、国立西安临时大学筹备委员会的人员组成、校址的选择，交代国立西安临时大学组建的环境和背景；通过介绍组成国立西安临时大学的平津四校的基本情况，帮助读者认识国立西安临时大学的办学基础。

第二章通过展示国立西安临时大学的组织系统和主要规章制度来交代国立西安临时大学的基本架构。

第三章梳理国立西安临时大学在西安办学的基本情况，如师资队伍、教学活动、师生生活等。

第四章叙述国立西安临时大学南迁汉中的背景、过程及当时汉中的基本情况。

第五、六、七章通过院系设置、课程安排、社会服务、师生日常生活等方面，重点展示国立西北联合大学的风采。

第八至十一章分别梳理国立西北工学院、国立西北师范学院、国立西北大学、国立西北医学院等国立西北联合大学分立院校在抗战时期的办学情况。

第十二章介绍国立西北联合大学另一分立院校国立西北农学院在武功的情况，以及与国立西北联大有关的国立西康技艺专科学校在西康的办学。

余论主要分析西北联大对西北高等教育的影响，以及西北联大与汉中之间的互动，并梳理西北联大相关院校近年来的寻根活动与教育反哺。

史料是史学的基础，也是史学的灵魂。只有立足于扎实可靠的史料之上，才可能形成有说服力的史学认识。本书主要依据的史料有以下几类：

第一类，档案。主要是陕西省档案馆、陕西省汉中市档案馆所收藏的有关西北联大的档案。

第二类，报刊。即《西安临大校刊》、《西北联大校刊》、《国立西北大学校刊》、《国立西北医学院院刊》、《国立西北师范学院校务汇报》等。

第三类，回忆。如《回忆北洋大学》（左森主编，天津大学出版社 1989 年版）、《学府纪闻：国立北平师范大学》（台北：南京出版有限公司 1981 年版）、《北京师大附中（城固）纪念集（1937—1949）》（北京师大附中（城固）在京校友会 1996 年编，未公开出版）、《烟云思往录》（赖景瑚著，台北：传记文学出版社 1980 年版）、《教育生涯漫谈》（刘季红著，台北：台湾商务印书馆股份有限公司 1986 年版）等回忆文集或回忆录。

第四类，个人文集。如《李蒸纪念文集》（李溪桥主编，北京：中国社会科学出版社 1996 年版)、《朱家骅先生言论集》(王聿均、孙斌合编，中国台湾《“中研院”近代史研究所史料丛刊》1977 年版）等。

第五类，资料汇编。如《西北联大史料汇编》(西北大学西北联大研究所编，西北大学出版社 2012 年版)、《汉中文史资料》(汉中市政协文史资料委员会编)、《文史资料选辑》(中国人民政治协商会议全国委员会文史资料委员会编)、《汉台区文史资料》(汉中市汉台区政协文史委员会编)、《城固县文史资料》(城固县政协文史委员会编)、《勉县文史资料》(勉县政协文史委员会编)、《凉山彝族自治州文史资料选辑》(中国人民政治协商会议凉山彝族自治州委员会文史资料研究委员会编)、《西昌文史》(政协西昌市委员会文史资料委员会编)、《凉山彝族自治州文史资料选辑》(中国人民政治协商会议凉山彝族自治州委员会文史资料委员会编）等。

第六类，校史。如《西北大学校史稿》(姚远，西北大学出版社 2002 年版)、《西北师范大学校史（1939—1989)》(王明汉、衡均，青海人民出版社 1989 年版)、《北京师范大学校史（1902—1982)》(北师大校史编写组，北京师范大学出版社 1982 年版)、《北洋大学—天津大学校史（第一卷)》(北洋大学—天津大学校史编辑室，天津大学出版社 1990 年版)、《北京林业大学校史》(北京林业大学校史编辑部编，北京林业出版社 1992 年版）等。

第七类，口述史料。即对尚健在的西北联大师生及其后人、西北联大办学地周围的老人等进行访谈获得的记录。

二　基本概念的界定与历史地名的说明

在展开全面论述之前，有必要对基本概念进行简单界定与说明。

1. 西北联大

1937 年 9 月，依据国民政府教育部的命令，将内迁陕西的国立北平大学、国立北平师范大学、国立北洋工学院等几所高校合并组建为“国立西安临时大学”，在西安办学。不久，河北省立女子师范学院的高等教育部分迁至西安，并入国立西安临时大学。

1938 年初，为了躲避日本日益逼近的侵袭，国立西安临时大学迁到陕南汉中，于 1938 年 4 月更名为“国立西北联合大学”，下设工学院、农学院、教育学院、文理学院、法商学院、医学院等。1938 年 7 月，国立西北联合大学工学院与内迁的私立焦作工学院、东北大学工学院等合并组建为“国立西北工学院”，国立西北联合大学农学院与国立西北农林专科学校合并组建为“国立西北农学院”。1939 年 8 月，依据国民政府教育部命令，国立西北联合大学医学院独立设置为“国立西北医学院”，后来改名为师范学院的原国立西北联合大学教育学院独立设置为“国立西北师范学院”，仅剩下的国立西北联合大学文理学院、法商学院合并组建为“国立西北大学”（包含文学院、理学院、法商学院）。国立西北联合大学存在了一年五个月后，至此完全解体。

国立西北联合大学分立后的五个独立高校中，除了国立西北农学院自成立起即在武功（今陕西杨陵）办学外，其他四个独立学院——国立西北工学院、国立西北大学、国立西北师范学院、国立西北医学院均在汉中办学。1944 年 7 月国立西北师范学院全迁兰州。国立西北工学院、国立西北大学、国立西北医学院 1946 年迁到西安和咸阳。学术界习惯上把国立西北联合大学及其分立后仍然在汉中办学的几个独立院校统称为“西北联大”。本书沿用此称呼。

2. 三县六地

1937 年以来，陕西的行政区划历经多次改变，与西北联大有关地名的内涵也发生了改变。如果不对这些地名的今昔演变加以说明，容易使不熟悉陕西历史地理的读者产生误解。

西安临时大学迁陕南时设有“新校舍勘察及布置委员会”，专门负责到陕南汉中勘察校舍等事宜。1938 年 3 月 30 日，常务委员召开谈话会，讨论了新校舍勘察委员会所拟的五种校舍分配方案，确定按第三方案执行，“文理、教育、法商三院设城固，高中设职业学校，农、工两院及生物学系设古路坝，医学院设南郑”①。4 月 10 日，常务委员会第 24 次会议对谈话会上确定的校舍分配方案进行了修正，如下：

A、文理学院之国、英、史、数、理、化六系，教育学院之教育、家政二系，工学院之矿、机、电、化、纺五系及土木系一年级、医学院之一年级均在城固城内上课；B、法商学院在城固小西门外上课；C、体育系、地理系及土木系二、三、四年级在古路坝上课；D、农学院在沔县或古路坝上课；E、高中部在上元观上课，如农学院往沔县，高中部在古路坝亦可；F、医学院除一年级外余均在南郑上课；G、生物系因课程与理、教、农、医等院均有关系，在城固或沔县或古路坝上课均可，如农学院与生物系不在一处时，农学院所需要之生物学教员应请往农学院授课。②

本次常委会基本确定了西北联合大学办学的地点，但随后稍有变化的是：农学院最终确定在沔县办学，高中部按照前项方案就到了古路坝上课；生物系最终确定在城固上课。于是国立西北联合大学办学地分布在三县六地：三县为“城固”“南郑”“沔县”；六地为设立校本部及文理学院的“城固县考院”，设立教育学院的“城固县文庙”，设立法商学院的城固县“小西关外原县简易师范旧址”，体育系、地理系及土木系大部、高中部所在地城固县古路坝，设立医学院的“南郑”，设立农学院的“沔县”。

（1）南郑

历史上，“南郑”与“汉中”的名称或交替出现，或互为包容。

---

① 《常务委员谈话会记录（1938 年 3 月 30 日）》，陕西省档案馆藏国立西北大学档案，全宗号 67，目录号 1，案卷号 201.1。

② 《常务委员会第 24 次会议记录（1938 年 4 月 10 日）》，陕西省档案馆藏国立西北大学档案，全宗号 67，目录号 1，案卷号 201.1。

如秦时设立了汉中郡，郡治为南郑（一说郡治在安康）；南北朝时汉中郡下设有南郑、汉阳、城固三县；隋初改为汉川郡，南郑、城固、褒城、西乡等均为其属县；唐初汉川郡改名为梁州，天宝初年改名为汉中郡，唐德宗时改为兴元府，南郑为其属县；宋元时期，仍为兴元府，领有南郑、城固、褒城、西县（所辖地域大致为今勉县西部）；明清之时，改为汉中府，统辖有14县，南郑为其附郭。民国三年（1914年）设立汉中道，治所设于南郑，领陕南25县；民国十七年（1928年），废汉中道，各县直属于省，境内有南郑、城固、洋县、沔县、西乡、镇巴、宁羌、略阳、佛坪、褒城10县；1935年，陕西省设第六行政督察区，专员公署驻南郑，辖南郑、褒城、沔县、略阳、凤县、留坝、洋县、西乡、佛坪、城固、镇巴、宁强等12县，至1949年12月汉中解放前均是如此。

汉中解放后，“汉中”“南郑”的称谓发生了较大的变化。1949年12月汉中解放，设立为陕甘宁边区陕南行政区汉中分区。1950年3月，陕南行政公署由湖北郧县迁驻南郑市，下辖商洛、两郧、安康、汉中四个分区，直辖南郑市；汉中分区，辖南郑县（政府驻铺镇）、城固、洋县、佛坪、镇巴、宁强、沔县、褒城、留坝、西乡等10个县。1951年2月，撤销陕南行政公署，设立陕西省政府南郑区专员公署，行政区为南郑专区，辖南郑市及南郑、褒城、凤县等11个县。1953年6月，南郑市改由省直辖；10月，南郑专区改称汉中专区，南郑市更名为汉中市，归汉中专区辖。汉中专员公署为陕西省人民政府派出机构。1958年11月，撤销南郑县，并入汉中市；此时汉中专区辖汉中市及城固、洋县、西乡、镇巴、宁强、凤县、沔县、略阳县。1961年8月，恢复南郑县（政府驻地迁至周家坪）。1964年5月，汉中市改为汉中县。1968年9月，成立汉中专区革命委员会，为一级行政权力机构；1969年1月，汉中专区改为汉中地区，行政领导机构改称汉中地区革命委员会。1978年6月，汉中地区革命委员会改为汉中地区行政公署（简称“汉中行署”），为陕西人民政府派出机构，所辖县未变。1980 年 7 月，改汉中县为汉中市（县级）。至 1995 年，汉中地区辖汉中市及南郑、城固、洋县、佛坪、西乡、镇巴、勉县、宁强、略阳、留坝县。1996 年 2 月 21 日，国务院通知，汉中地区改设为汉中市，原汉中市改为汉台区（县级）。①

至此可以明确的是，在西安临时大学到达陕南至 1946 年西北联大子体学校全部撤离陕南的这一段时间内，现在的汉中是由陕西省派出的第六行政督察区管理的，督察区治所设在当时的南郑，即今天的汉中市汉台区。故站在历史的角度上说，国立西北联合大学医学院及国立西北医学院设于当时的“南郑”，即今天的汉中市汉台区。从现在的角度看，由于“南郑”“南郑县”“汉中”等地名所指代区域的不断变迁，再将国立西北联合大学医学院及国立西北医学院办学地说成“南郑”或是“南郑县”是错误的。

（2）沔县、城固

“沔县”因境内的沔水而得名，后因“沔”字生僻难认，1964 年 9 月经国务院批准将“沔县”改为“勉县”，一直沿用至今。② 故国立西北联合大学办学地“沔县”即为今天的勉县。

从抗战开始到现在，作为国立西北联合大学主要办学地的城固县，行政区划无大的变动，名称也一直未变。

2. 六地

六地为设立校国立西北联合大学本部及文理学院的“城固县考院”、设立教育学院的“城固县文庙”、设立法商学院的“城固小西关外原县简易师范旧址”，体育系、地理系及土木系大部、高中部所在地城固县古路坝，设立医学院的“南郑”（今汉中市汉台区），设

---

① 汉中市地方志编纂委员会：《汉中地区志·第一册》，三秦出版社 2005 年版，第 5—17 页。

② 《勉县志》编纂委员会：《勉县志》，地震出版社 1989 年版，第 56 页。

立农学院的“沔县”（今勉县）。

1938年7月到1939年8月国立西北联合大学分立为独立五院校之后，办学地有变化：国立西北工学院在城固县古路坝、七星寺；国立西北农学院在当时的武功张家岗（今杨陵）；国立西北大学在城固县考院、实业学堂；国立西北师范学院最初设在城固县文庙、校场坝，1941年以后在兰州七里店办分校，1944年全迁兰州七里店；西北联大附中迁到城固县城东老爷庙；国立西北医学院依然设在当时的南郑，即今天的汉中市汉台区。

第一章

临危之举：国立西安临时大学的组建

一 战前西北的高等教育

教育属于上层建筑的一种，建立在一定的经济基础之上。古今中外，经济发展相对早、好的区域，教育发展水平相对高一些、快一些。中国高等教育也不例外。

晚清时期，中国有了高等教育的萌芽。这些萌芽最先出现在北京、天津、上海及东南沿海其他对外开放较早的城市。

中华民国前期，高等教育[①]逐渐向内地扩散，并形成了公立高校、私立高校竞相发展的局面，但是大部分高校集中在经济发达省份的省会所在地。民国著名教育学家、曾在国立西北大学任教的姜琦把这样的大学分布概括为"点的大学"[②]。广大西北地区（以传统的政区划分，包含陕西、甘肃、青海、宁夏、新疆）高等教育相当薄弱。以

---

① 民国时期，高等教育机构包括大学、独立学院和专科学校。大学研究高深学术，养成专门人才，分文、理、法、教育、农、工、商、医等学院，具备三学院以上者称大学，否则称独立学院；每个学院分若干学系，医学院不分系。就修业年限而言，医学院五年又实习一年，其他学院都是四年。专科学校教授应用科学，养成技术人才，分工业、农业、商业及其他四类，修业年限为二年或三年。

② 姜琦：《祝贺西学会成立》，《西北学报》1941 年第 1 期。

1931 年为例，当时全国共有公私立大学 41 所、独立学院 34 所、专科学校 30 所。这 105 所高等学校，主要分布在上海（24 所）、北平（15 所）、河北（9 所）、广东（8 所）、浙江（6 所）、山西（6 所）、湖北（4 所）、福建（4 所）、江西（4 所）、南京市（3 所）、四川（3 所）、江苏（3 所）等，西北仅有新疆 1 所、甘肃 1 所，陕西、青海、宁夏均没有。①

甘肃和新疆的两所高校分别是设在兰州的甘肃学院和设在迪化（1954 年 2 月改名乌鲁木齐）的新疆俄文法政学院。如果再加上 1930 年停办的设在西安的西安中山大学，那么 1930 年代初西北地区仅有 3 所高校。

甘肃学院起源于 1909 年设立于兰州的“甘肃法政学堂”，辛亥革命后的 1913 年，改名为“甘肃公立法政专门学校”，校长为蔡大愚②。1928 年 4 月，扩建为“兰州中山大学”，设在兰州萃英门举院内，当时拟设文学院、理学院、法学院、教育学院、农学院、工学院、商学院、医学院共 31 个系。1930 年改名“甘肃大学”。1931 年 12 月教育部令将教育学系附隶文科，在理学院未成立以前改称“甘肃学院”。1929 年 6 月，邓春膏（1900—1976，字泽民，今青海省循化县人。1921 年毕业于北京大学，1922 年赴美留学，先后就读于斯坦福大学、芝加哥大学，约 1928 年获教育哲学博士学位）开始担任校长，1936 年辞职。

新疆俄文法政学院源于“新疆俄文法政专门学校”。1924 年，新疆都督杨增新（1864 —1928，字鼎臣，汉族，云南蒙自人）认为新疆同俄人交流频繁，却缺乏懂俄文和熟悉国际法政知识的人，便在迪化建立了“新疆俄文法政专门学校”，学制 4 年；1928 年 8 月，改称

---

① 教育部中国教育年鉴编审委员会：《第一次中国教育年鉴·丙编·教育概况》，开明书店 1934 年版，第 17—19、153—155 页。

② 蔡大愚，字冰吾，回族，四川成都人，1874 年出生于川西懋功。曾留学于日本法政大学，为中国同盟会会员，学识渊博，充满办学热情，且身体力行。

为“新疆省立俄文法政学校”；1930 年 9 月改为“新疆俄文法政学院”；1935 年 1 月改建为“新疆学院”。

西安中山大学起源于 1902 年成立的陕西大学堂。1912 年 3 月，时任陕西大都督的张凤翙（1881—1958，字翔初，陕西西安人）把陕西高等学堂（原陕西大学堂）、陕西法政学堂、陕西实业学堂、陕西农业学堂、关中法政大学和陕西客籍学堂等学校合并为西北大学。1915 年西北大学停办，改为法政专门学校。1924 年，陕西省长兼督军刘镇华（1883—1956，原名茂业，字雪亚，河南巩义市人）将法政专门学校和商业学校、水利道路工程专门学校合并为国立西北大学。1927 年，国立西北大学改名为西安中山学院，随后又改名为西安中山大学。1930 年停办，陕西高等教育归零。

全面抗战前夕，陕西增加了两所高校，一所是迁入陕西西安的东北大学，一所是 1934 年 4 月成立的国立西北农林专科学校。

东北大学成立于 1923 年，聘请王永江为校长，初期设立文法科和理工科；1924 年 8 月，扩充为文科、法科和理工科；1928 年 3 月成立师范部，8 月张学良任校长。1929 年 1 月，各科改成学院，成立了文学院、理学院、法学院和工学院四个学院。1931 年“九一八”事变后，东北大学师生迁到北平，11 月复课。1932 年 2 月锦州交通大学并入东北大学，设交通学院。1936 年 2 月，工学院迁往西安，成立东北大学西安分校（校址即今西北大学太白校区）。1937 年 5 月，东北大学奉令改称“国立东北大学”；6 月，在校长臧启芳带领下，于开封办学的文学院、法学院迁至西安分校（理学院和交通学院已经停办近两年），集中办理。

西北农林专科学校将在第十二章进行介绍。

二　平津高校内迁

1935 年，随着日军对华北的侵略不断加深，平津高校师生深感

“平津虽大，却难以放下一张安静的书桌”，教学秩序的维持越来越艰难。为了应对可能的战争，一些高校着手采取应急之策。如，国立清华大学教授陈岱孙对清华的准备这样表述过：“在卢沟桥事变前两年，为了给预测的应变做准备，清华大学曾拨巨款在长沙岳麓山山下修建了一整套的校舍，预计在1938年初即可全部完工交付使用。此外，为南迁所作的另一准备是，在卢沟桥事变前两年的冬季，清华大学从清华园火车站，于几个夜间秘密南运好几列车的教研工作所急需的图书、仪器，暂存汉口，可以随时运往新校。”① 位于天津的北洋工学院在校长李书田带领下，1936年曾计划在西安购地建校，设立分院，以备应急之用。此计划得到了陕西当局邵力之、蒋鼎文的大力支持，拨空地130亩为建设校舍之用。②

1937年7月7日，震惊中外的“卢沟桥事变”爆发。平津危急，华北危急，中华民族危急！7月17日，蒋介石在庐山发表讲话，表明了国民政府坚决抗日、保卫国土的决心。他认为，卢沟桥事变发生，中国政府再没有妥协的机会，如果放弃尺寸土地与主权，便是中华民族的千古罪人，号召“地无分南北，年无分老幼，无论何人，皆有守土抗战之责任，皆应抱定牺牲一切之决心”③。7月底，平、津失陷，高校受损严重，有的图书、仪器遭毁，有的校舍被炸或被日军占驻。比如，国立北平师范大学的数理学院、文学院均被日本军队占领，位于天津的国立北洋工学院亦被日军占驻。这些高校的师生面临着无处上课的局面。更何况，在日本人的铁蹄下，人心惶惶，正常的教学秩序难以维持。8月，淞沪抗战开始。中国高等学府主要分布于

① 陈岱孙：《序》，西南联大北京校友会：《国立西南联合大学校史——1937年至1946年的北大、清华、南开》，北京大学出版社2006年版。

② 北洋大学—天津大学校史编辑室：《北洋大学—天津大学校史（第一卷）》，天津大学出版社1990年版，第233页；李书田：《北洋大学之过去五十三年》，载左森主编《回忆北洋大学》，天津大学出版社1989年版，第153页。

③ 《蒋介石对于卢沟桥事件之严正表示》，中国人民大学中共党史系《中国国民党历史教学参考资料·第3册》，1986年编印，第4页。

经济、文化发达的东部城市的状况亟须改变。

1937 年 8 月，教育部发表了《设立临时大学计划纲要草案》①，以应付在日益紧张的中日战争中的高校内迁问题。《纲要草案》如下：

教育部设立临时大学计划纲要草案

(1937 年 8 月)

一、政府为使抗战期中战区内优良师资不至无处效力，各校学生不至失学，并为非常时期训练各种专门人才以应国家需要起见，特选定适当地点筹设临时大学若干所。

二、此项临时大学暂先设置下列一所至三所：

(1) 临时大学第一区——设在长沙；

(2) 临时大学第二区——设在西安；

(3) 临时大学第三区——地址在选择中。

三、各区临时大学之筹备，由政府组织筹备委员会办理之。

四、各区临时大学筹备委员会办理下列各项事宜：

(1) 临时大学校址之勘定；

(2) 科系之设置；

(3) 师资之吸收；

(4) 学生之容纳；

(5) 已有各种设备之利用及新设备之置设；

(6) 其他应行筹备事项。

五、各区临时大学筹备委员会设主席一人，由教育部长兼任；设秘书主任一人，常务委员三人，分别担任秘书、总务、教务及建筑设备四部分事务，其人选由教育部就筹备委员中指定

① 《教育部设立临时大学计划纲要草案（1937 年 8 月）》，北京大学、清华大学、南开大学、云南师范大学：《国立西南联合大学史料（一）总览卷》，云南教育出版社 1998 年版，第 53、54 页。

之。常务委员合组常务委员会，依照委员会决定之计划纲领，商决一切具体方案。

六、各区临时大学之经费，由政府就战区内暂行停闭各校之原有经费及其他文化教育费项下拨充。其详由筹备委员会拟定，送请政府核定。

七、各区临时大学之教学应注重国防需要。其方案另行详定。

可以看出，长沙和西安远离战区，比较安全，且交通相对发达，教育部首先计划在长沙和西安设立两所临时大学以收容平津高校的师生。

1937 年 9 月 10 日，教育部以第 16696 号令公布了长沙临时大学和西安临时大学的组建，称：以“北京大学、清华大学、南开大学和中央研究院的师资设备为基干，设立长沙临时大学。以北平大学、北平师范大学、北洋工学院和北平研究院等院校为基干，设立西安临时大学”①。

至此，位于平津的高校师生逐渐向西安、长沙会合，形成了高校内迁的第一次潮流。

三　组成西安临时大学的平津四校

教育部第 16696 号令下发后，国立北平大学、国立北平师范大学、国立北洋工学院迅速安排向西安迁移，北平研究院因种种原因迁至昆明。位于天津的河北省立女子师范学院校长齐璧亭 1937 年 9 月中下旬向教育部“面呈学校被毁情形，并请示复课办法”②，教育部指示迁往西安并入国立西安临时大学。

国立北平研究院是国民政府于 1929 年在北平设立的综合性国立研究机构。1927 年在国民政府筹备中央研究院的过程之中，国民党

① 《教育部第 16696 号令》，《西安临大校刊》第 1 期。

② 彭子光：《河北师范学院志》，教育科学出版社 1994 年版，第 83 页。

元老、故宫博物院筹建人、时任北平大学校长的李石曾提出了同时设立地方性研究院的建议。1928 年 9 月，中国国民党中央政治会议同意建立北平大学研究院。1929 年 8 月，国民政府行政院通过了由教育部部长蒋梦麟提出的设立“国立北平研究院”的建议，并指出其性质是独立于中央研究院的地方性学术研究机构。1929 年 9 月 9 日，北平研究院正式宣告成立，李石曾为院长。

1935 年开始，因日本对华北的侵略步步深入，北平研究院陆续将部分研究机构迁离北平：镭学研究所、药物研究所迁往上海，地质学研究所迁往南京，史学研究会的一部分迁往西安，植物学研究所迁往武功（今陕西杨陵）与西北农林专科学校联合成立中国西北植物调查所。

北平失陷之初，主持国立北平研究院工作的副院长李书华被困北平，而此前已经迁入陕西的植物所所长刘慎谔等人筹划成立了国立北平研究院西安临时办事处，并托人在南京与教育部等有关部门接洽，报告西安情形，希望研究院事业得到延续。同时，教育部第 16696 号令下发后，教育部一再强调“北平研究院决定迁西安，并经呈准行政院，其经费应与平津国立校院一体发给”①。但是，北平研究院因机构分散多处且实际负责人李书华未到西安，并入西安临时大学的困难较大，仅有在西安的刘慎谔等教授被聘为西安临时大学教授②，随后林镕、汪德耀等研究人员到达西安后，也一度受聘于国立西安临时大学，后转入国立西北农学院工作。

1938 年 4 月李书华辗转到达昆明，在昆明设立了北平研究院昆明办事处，西安临时办事处解散。不久，北平研究院的物理学、化学、动物学等研究所相继迁昆明，经济研究会、水利研究会等因经费困难而停办，在上海的镭学研究所、药物研究所也因经费问题而脱离。因

---

① 《李书华函刘慎谔（1937 年 11 月 22 日）》，转引自胡宗刚《刘慎谔与北平研究院西安临时办事处》，http：//blog. sina. com. cn/s/blog_ 4c2373c30100c15v. html。

② 《刘慎谔函经利彬（1937 年 10 月 30 日）》，转引自胡宗刚《刘慎谔与北平研究院西安临时办事处》，见 http：//blog. sina. com. cn/s/blog_ 4c2373c30100c15v. html。

此，除部分教授以个人身份加入西安临时大学外，北平研究院没有加入到国立西安临时大学。

经过几个月紧张筹备，1937 年 11 月，由国立北平大学、国立北平师范大学、国立北洋工学院、河北省立女子师范学院等四所高校合组成立的国立西安临时大学在西安开学。

（一）国立北平大学

1920 年代前期的北平作为北洋政府的首都，高校众多。1925 年，有国立北京大学、国立北京师范大学、国立北京女子师范大学、国立北京法政大学、国立北京农业大学、国立北京工业大学、国立北京医科大学、国立北京交通大学、清华大学等九所国立大学，以及北京中国大学、北京朝阳大学、北京民国大学、北京平民大学、北京华北大学、北京协和医科大学等六所经政府认可的私立大学。[①]

在全国高校不多的情况下，北京却聚集了如此众多的高校。教育界人士在看到北京高等教育百花齐放的同时，注意到存在院系设置重复、资源浪费等情况。早在 1922 年，胡适就向蔡元培建议在北京设立大学区，整合北京的国立院校。1925 年章士钊兼任教育部部长时，也曾拟定计划，提出合并北京的国立大学，以蔡元培为校长，但遭到北京大学等的坚决反对而没有了下文。[②]

1927 年 6 月，奉系军阀张作霖控制华北，并在北京就任大元帅职，组织了军政府，任命刘哲为教育总长。1927 年 7 月 30 日，刘哲以京师为大学区之一，国立高校多而且各不相谋，虚糜国帑为由，给张作霖上报了关于改组北京国立各校的呈文。刘哲的合并计划为：

---

① 教育部中国教育年鉴编审委员会编：《第一次中国教育年鉴·丙编·教育概况》，开明书店 1934 年版，第 16 页。

② 《学校风潮》，《国闻周报》第 2 卷第 17 期，1925 年 5 月 1 日。转引自许小青《北伐前后北京的国立大学合并风潮（1925—1929）》，《中山大学学报（社会科学版）》2010 年第 1 期。

> 现拟将原有各校合并为一，总称为国立京师大学校，分设文理法医农工六科，师范一部，商业、美术两专门部。其关于女子方面，则另设第一、第二两部，以示区别，而宏造就。文、理两科，即就北京大学原有之文、理两科改组，法、医、农、工四科，师范一部，即就原有之法医农工师范五大学改组。法科内复以北京大学所设之法科并入，用免重复。商业专门部为原有各校所未办，现当商战时期，银行领事交通，即外国贸易、税关仓库等学，均为时势所急需，故特行增设。美术专门部，即就艺术专门学校改组。其旧之女子学院、师范大学部暨女子学院大学部，即改组为女子第一、第二两部。①

1927年8月6日，张作霖军政府批准了改组北京国立各大学为国立京师大学校的方案，国立各校“本为全国最高学府，比年士气浸逾，校风陵替，致有学校之名，而无学校之实，若不迅速整理，曷足以图改善，而杜虚糜，着即合并为一，继称国立京师大学校”②。8月27日，军政府发表《政府公告》任命教育总长刘哲兼任国立京师大学校校长。9月20日，京师大学校举行开学典礼，刘哲在演讲中再一次提到了改组的理由：“一国首都，大学林立，科目繁复，各自为政，就教育系统言之，似欠整齐，依余此次主张并称京师大学，下设学科部，以期精神联贯，款不虚糜。”③

事实上，京师大学校只是空壳而已，原各校的经费与结构没有发

① 王学珍、郭建荣编：《北京大学史料》（第二卷）（一），北京大学出版社2000年版，第13页。

② 《国校改组后之各方面》，《益世报》1927年8月7日，第4张。

③ 《京师大学总开学礼》，《晨报》1927年9月21日，第3版。转引自许小青《北伐前后北京的国立大学合并风潮（1925—1929）》，《中山大学学报（社会科学版）》2010年第1期。

生多少变化。不仅如此，京师大学校还提出一系列规定，如：禁止使用白话文、禁止学生集会请愿、教员缺课要扣发薪金、处罚学生可用戒尺打手心等。这些倒退的、复古的政策使得大批学生离京南下，北平失去了往日学术文化中心的气象。

在刘哲对北京各国立大学进行合并改组的同时，中国国民党主持的南京国民政府也在进行教育改革。改革的基本点是仿照法国的大学区制，“全国依现有省份及特别区定为若干大学区，以所在区域或特别区名之；每大学区设校长一人，综理区内一切学术与教育行政事务”①。

1927 年 7 月 13 日，南京国民政府公布了试行大学区制的办法，决定先在浙江和江苏两个省区试行：在浙江大学区设第三中山大学，以蒋梦麟为校长；在江苏大学区设第四中山大学，以张乃燕为校长。

1928 年 6 月，国民革命军克复北京，改“北京”为“北平”，奉系军阀退出京津，国立京师大学校的空壳也随之解体。与此同时，在北平建立教育重镇的呼声越来越高。天津的《大公报》在一篇社论中说：“北平之特色，即在文化之价值，故最宜设为教育区。”② 教育界知名人士李书华也认为：“中国之建设人才，胥可与此中取给，所谓南方成革命之首功，北方居建设之先导者。”③

1928 年 7 月 19 日，南京国民政府正式通过北平国立各校合组为国立中华大学并以李石曾为校长的决议。7 月 31 日，南京国民政府正式公布推行大学区制。8 月 16 日，南京国民政府通过北平大学区施行办法，规定北平、天津两市和河北、热河两省为北平大学区，成

① 吴范寰：《李石曾与北平大学区》，中国人民政治协商会议全国委员会文史资料研究委员会编：《文史资料选辑》第 34 辑，文史资料出版社 1963 年 3 月。

② 《今后之北平（社评）》，天津《大公报》1928 年 7 月 30 日，第 1 版。转引自许小青《北伐前后北京的国立大学合并风潮（1925—1929）》，《中山大学学报（社会科学版）》2010 年第 1 期。

③ 李书华：《一年北平大学区》，《传记文学》（台北）第 11 卷第 3 期（1967 年 3 月），第 7 页。

立国立北平大学，各学院组成计划如下表：

表1－1　**国立北平大学组成**

学院	院长	拟合并校、院之一	拟合并校、院之二	其他校、院
文学院	陈大齐	北京大学文学院	保定河北大学文科	
理学院	王星拱	北京大学理学院		
法学院	谢瀛洲	北京大学法学院	北京政法大学	保定河北大学法科、天津法政专门学校
第一工学院	俞同奎	北京工业大学		
第二工学院	茅以升 李书田	天津北洋大学	天津工业专门学校	
农学院	董时进	北京农业大学	保定河北大学农科	
医学院	徐诵明	北京医科大学	保定河北大学医科	
第一师范学院	黎锦熙 张贻惠	北京师范大学		
第二师范学院	徐炳昶	北京女子师范大学	北京女子大学	
艺术学院	徐悲鸿	北京艺术专门学校		

资料来源：根据李永森、姚远《西北大学史稿·上卷（1902—1949）（修订本）》（西北大学出版社2002年版）第160—163页内容绘制。

然而，此项计划的实施遇到了极大的困难，反对之声此起彼伏。北京大学的反对最为激烈。最终，国立北平大学成立，但保留北京大学的独立建制，“将北京大学改为北平大学北大学院，仍分三院”①。即，北京大学以“北大分院”的名义属于北平大学，但原先的文学院、理学院、法学院均不与外校合并，而且对外的英文名称保持不变，内部人事安排和教学计划等一切照旧，不受北平大学干预，经费

① 《东方杂志》第26卷第6号。转引自李永森、姚远《西北大学史稿·上卷（1902—1949）（修订本）》，西北大学出版社2002年版，第166页。

由北平大学照月拨付。北京女子大学也反对与北京女子师范大学合并组建第二师范学院，经过争取，改名为“北平大学女子文理学院”。

北平大学区建立后的实际运行并没有如李石曾等人预料的一样顺利，从学校建立初就处于极不安定的境地，“各校当局，左右支绌，日惟应付学潮是务。而所谓学潮者，甲起乙继，彼此往来，题目无穷，有动有静。当局无一月半月之安宁，社会群众亦极感惶恐与厌恶”。结果，“北平教育，有退无进”。①

1929 年 6 月国民党二中全会时，教育部部长蒋梦麟提案：大学区制业由中央二中全会议决定停止试行，本部拟将浙江大学区及北平大学区限于本年暑假内停止，中央大学区②本年年底停止，可否请公决案，决议照办，并呈报政府。③

1929 年 8 月 6 日，南京政府行政院会议正式决议，北平大学北大分院改回“国立北京大学”，国立北平大学第一师范学院独立为“国立北平师范大学”，国立北平大学第二工学院独立为“国立北洋工学院”，北平研究院从北平大学独立出来，命名为国立北平研究院，北平大学艺术学院独立为国立北平艺术专科学校。④

北平大学余下的部分有的在名称上进行了改组，有的保持不变：北平大学第二师范学院改为北平大学女子师范学院，北平大学第一工学院改称北平大学工学院，北平大学农学院、医学院等保持不变，北平大学附属中学、附属小学由国立北平师范大学管辖。北平大学艺术学院独立后组建的国立北平艺术专科学校引起学生不满，不久后，恢复学院建制，暂时隶属于北平大学。

---

① 《衰败之北平》，《大公报》1929 年 7 月 4 日第 1 版。转引自许小青《北伐前后北京的国立大学合并风潮（1925—1929）》，《中山大学学报（社会科学版）》2010 年第 1 期.

② 即江苏大学区。

③ 《京报》，1929 年 6 月 27 日。转引自李永森、姚远《西北大学史稿・上卷（1902—1949）（修订本）》，西北大学出版社 2002 年版，第 170 页。

④ 王学珍、郭建荣：《北京大学史料（第二卷）》，北京大学出版社 2000 年版，第 27 页。

表 1－2　　1935 年国立北平大学各学院及学生人数

北平大学学院	办学地址	学生人数
校本部	李阁老胡同	1600 余人
医学院	和平门外后孙公园	120 余人
农学院	阜外	220 余人
法商学院	国会街	510 余人
工学院	端王府夹道	280 余人
女子文理学院	（未知）	（未知）

资料来源：根据姚远《国黉播迁：西北联大通史（上）》（陕西人民出版社 2021 年版）第 65 页内容编制。

之后又经过若干变化，至 1936 年 3 月，国立北平大学下设女子文理学院（包括文史学系、英文学系、经济学系、数理学系、化学系、音乐专修科、体育专修科）、法商学院（法律学系、政治学系、经济学系、商学系）、医学院（不分系）、农学院（农学系、林学系、农业化学系）、工学院（机械工程学系、电机工程学系、纺织工程学系、应用化学系）等学院①，校长徐诵明。

（二）国立北平师范大学

国立北平师范大学的源头是 1902 年 12 月 17 日成立的京师大学堂“师范馆”。1904 年，京师大学堂师范馆改为京师大学堂优级师范科。1908 年 5 月，清政府接受张之洞的倡议，将京师大学堂优级师范科改为京师优级师范学堂。这是我国高等师范学校独立设置的开始。

中华民国成立后的 1912 年 5 月，京师优级师范学堂改名为北京

① 《修正国立北平大学组织大纲》（1936 年 3 月 18 日令准备案），见《国立北平大学法商学院院刊》第 153 期。转载自李永森、姚远《西北大学史稿·上卷（1902—1949）（修订本）》，西北大学出版社 2002 年版，第 180 页。

高等师范学校，以陈宝泉为校长筹备开学事宜。此后几年，北京高等师范学校迅速发展，到1923年已经陆续开办了教育研究科、国文研究科、英语研究科、史地研究科，国民政府教育部于1923年7月正式批准它改名为国立北京师范大学。

1928年北平大学区成立之后，原北京师范大学改为北平大学第一师范学院，原北京女子师范大学改为北平大学第二师范学院。不到一年时间，北京大学、北京师范大学先后从北平大学中恢复独立。

1931年2月，教育部决定北京师范大学与北平大学第二师范学院合组为国立北平师范大学，下设教育学院、文学院、理学院及研究院。

1933年8月，国立北平师范大学重新修订了《组织大纲》，全校分为三个学院十一个系。文学院下设国文系、外文系、历史系；理学院下设数学系、物理系、化学系、生物学系、地理系；教育学院下设教育系、体育系、实用艺术系。社会学系因政治原因而被取消。

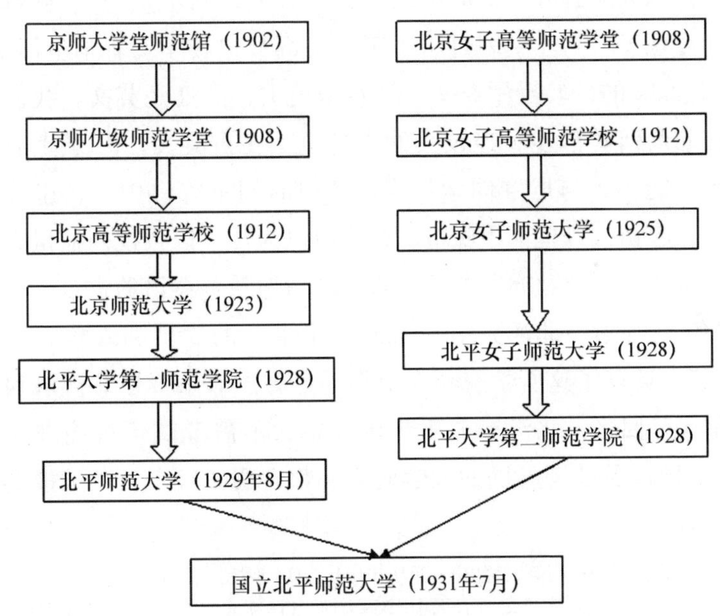

图1－1 国立北平师范大学演变

（三）国立北洋工学院

1895 年 9 月，时任天津海关道的盛宣怀向直隶总督北洋大臣王文韶上奏《拟设天津中西学堂章程禀》，1895 年 10 月 2 日得到光绪皇帝批准，在天津创办了北洋西学学堂。北洋西学学堂是中国历史上最早的高等学校。[①]

北洋西学学堂创立之后，盛宣怀聘请美国人丁家立为总教习。1896 年，北洋西学学堂更名为北洋大学堂。丁家立主管北洋大学堂的 11 年间，使它的“课程编排，讲授内容，授课进度，教科用书，均与美国东方最著名之哈佛、耶鲁等大学相伯仲”[②]，对它的发展壮大起到了重大促进作用。

1912 年 4 月，北洋大学堂改名为北洋大学校，随后又改为国立北洋大学。北洋大学以“东方康奈尔”相期许，要求毕业生的成绩向美国康奈尔大学看齐。此时的北洋大学校园，几乎是一个英语世界。一些优秀理工科高才生因过不了英语关而被迫转学。有学生回忆说：“课本是原文的，教授用英文，答卷用英文，到处是英文，我们吃完晚饭在北运河畔散步，连枝头的小鸟也都在讲英文！”[③] 学生们为了提高英语能力，与居室同学约定，任何时间不许讲中文，违者罚铜币一枚，起初钱罐里铜币骤增，久之习以为常，以致夜间捕鼠夹的声响惊扰睡梦，醒来竟亦以英语呼叫，渐渐地随着英语的进步，钱罐收入减少了。显然，北洋大学“重质不重量”的铁则和入学后的“魔鬼训练”，铸就了这所学府令人敬畏的盛誉。后来曾任北洋水利系主任的常锡厚回忆：北洋毕业生出国深造，不需考试可直接进入研究院，“美国以及欧洲各国的大学研究院都有明文规定，免试接受北洋

---

① 熊明安：《中国高等教育史》，重庆出版社 1983 年版，第 310 页。

② 李书田：《北洋大学之过去五十三年》，见《国立北洋大学 37 年班毕业纪念刊》。转引自左森主编《回忆北洋大学》，天津大学出版社 1989 年版，第 146 页。

③ 刘暄：《东方康奈尔》，《天津大学报》1993 年 9 月 10 日第 4 版。

学生入学”。据30年代中期获得美国艾奥瓦大学工程学博士学位的北洋校友刘德润回忆：“当时美国把中国的大学分为A、B、C、D四个等级，其中A级有四个，北洋大学是A级第一位”。可见当时北洋之盛。[①]

1917年，国民政府教育部对北洋大学与北京大学进行科系调整，北洋大学改为专办工科，法科移并北京大学，北京大学工科移并北洋大学。其时北洋大学的法科无论是师资力量、课程设置、图书还是设备均为国内首屈一指，学生质量非常高。1918年，北洋校史上“连中三元”[②] 的空前荣耀就是由法科创造的：全国外交官考试第一名徐谟，全国高等文官考试第一名励平，清华留学考试第一名康时敏，均为北洋大学法科毕业生。后来担任海牙国际法庭正法官的王宠惠、参加巴黎和会的王正延也出自北洋大学法科。本次调整对北洋大学产生了深远的影响。

1928年，北平大学区成立，北洋大学成为国立北平大学第二工学院。1929年，国立北平大学第二工学院得以退出大学区独立设置，但因国民政府颁布的《大学组织法》规定大学至少要有三个学院，北洋大学因只剩下工科，最终不得不定名为“国立北洋工学院”。经过争取，南京国民政府同意成立“恢复北洋大学筹备委员会”，并由王宠惠、李石曾、王正廷、王劭廉、赵天麟、陈立夫、茅以升等七人组成。但随后的八年内，该筹备委员会从未开过一次会，恢复北洋大学的设想无从谈起。[③] 1937年2月，李书田出任北洋工学院院长时，拟具了“国立北洋大学筹备缘起及分期完成计划”，但此项分为八期的详细计划尚未展开，七七事变遽起，学校不得不迁往内地。此后很

① 张晓唯：《旧时的大学和学人》，中国工人出版社2006年版，第186—187页。

② 叶秀峰：《北洋的连中三元》。转引自左森主编《回忆北洋大学》，天津大学出版社1989年版，第162页。

③ 北洋大学—天津大学校史编辑室：《北洋大学—天津大学校史（第一卷）》，天津大学出版社1990年版，第127页。

多年，北洋大学的校友们一直在谋划着恢复历史悠久的北洋大学。

（四）河北省立女子师范学院①

河北省立女子师范学院的源头为总理天津女学事务傅增湘1906年（清光绪三十二年）在天津创办的“北洋女师范学堂”。初办时，只有简易科，招生46人；1908年设完全科，招收两班学生。

1912年，“北洋女师范学堂”改名为“北洋女师范学校”。1913年5月，改归省立，名“直隶女子师范学校”。1916年1月，改称“直隶第一女子师范学校”。1918年9月，改称“河北省立第一女子师范学校”。1919年6月，“河北省立第一女子师范学校”增设了“女子师范学院”，有了高等教育。1920年9月，校名改为“河北省立女子师范学院”，分设学院部、师范部、中学部、小学部、幼稚园部等。

截至1937年7月，“河北省立女子师范学院”学院部设有国文系、英文系、史地系、教育系、家政系、音乐系、体育系等七个系，共28个班；师范部设有12个班；中学部6个班；小学部12个班；幼稚园3个组，共计学生2000余人。学院部招收优秀中学毕业生，造就高等教育人才，注重学术研究；师范部造就小学教师，相当于中等教育；中学部也是中等教育，重在培养普通人才，毕业生或以专业所长服务社会，或升入大学接受高等教育，各得其所；小学部招收小学生；幼稚园招收学龄前儿童。可以说，“河北省立女子师范学院”此时已经发展为全国女子教育唯一完善的学府。

1937年7月30日，天津沦陷，“河北省立女子师范学院”惨遭轰炸，师范部和中学部的学生分别插入天津英租界的私立耀华中学、

---

① 本小节主要参照教育部教育年鉴编纂委员会编《第二次中国教育年鉴·二》，商务印书馆1948年版，第222页。本小节主要借鉴了苏正静1948年4月写的《河北省立女子师范学院略史及复员经过》，载《河北师大报》第495期第3版。

圣功女子中学，小学部的学生借英租界的至远小学继续求学。学院部因天津租界内各私立大学没有相当的系、级，无法安插，呈准教育部以中英庚款协助，并入国立西安临时大学，即家政系与西安临时大学合办，编入西安临时大学教育学院，由河北省立女子学院院长齐璧亭（号国樑）任系主任，程孙之淑、王非曼、胡国钰、张雪门等为主要师资力量；其他各系学生，分别转入临大各系。

四　国立西安临时大学筹备委员会

教育部部长王世杰 1937 年 9 月 10 日以 1937 年教第 16696 号训令宣布“以北平大学、北平师范大学、北洋工学院和北平研究院等院校为基干，设立西安临时大学”[①] 之前，即 1937 年 9 月 2 日，就以高壹 7 字第 16390 号函，聘请李书华、臧启芳、李书田、童冠贤、周伯敏、徐诵明、李蒸、辛树帜、陈剑翛等九人为国立西安临时大学筹备委员会委员[②]，积极谋划国立西安临时大学的组建。这九位筹备委员会委员，来自四个方面。第一方面是拟合并为国立西安临时大学的各校院负责人，包括北平研究院负责人李书华、北洋工学院院长李书田、北平大学校长徐诵明、北平师范大学校长李蒸。后来北平研究院没有内迁入陕，李书华也未到任。当时教育部并没有考虑河北女子师范学院内迁西安，因此筹备委员会委员中没有河北女子师范学院的负责人。第二方面为西安及周边学校领导，包括当时已经在西安办学的国立东北大学校长臧启芳，在武功县张家岗（今杨陵）办学的西北农林专科学校校长辛树帜。第三方面为陕西教育主管部门领导，即时

① 《教育部训令》，陕西省档案馆档案。转引自北洋大学—天津大学校史编辑室《北洋大学—天津大学校史资料选编（第一卷）》，天津大学出版社 1991 年版，第 350 页。

② 《聘为西安临时大学筹备委员会委员由》，陕西省档案馆档案。转引自北洋大学—天津大学校史编辑室《北洋大学—天津大学校史资料选编（第一卷）》，天津大学出版社 1991 年版，第 349 页。

任陕西省教育厅厅长的周伯敏。第四方面为中华民国教育部特派员、代表，包括童冠贤和陈剑翛两人。教育部的这个聘任用心良苦，即在加强教育部对西安临时大学管理的基础上，力求借助陕西地方力量筹建好西安临时大学。

1937 年 10 月 11 日，教育部长王世杰以第 17728 号训令颁发了《西安临时大学筹备委员会组织规程》，说明设立临时大学的目的“为收容北方学生，并建立西北高教良好基础”，规定筹备委员会的主要任务为：校址之勘定、经费之支配、院系之设置、师资之遴聘、学生之收纳、建筑设备之筹置等；筹备委员会设主席一人，由教育部部长兼任，设委员七至十一人，由教育部聘任。[①] 教育部又指定北平大学校长徐诵明、北平师范大学校长李蒸、北洋工学院院长李书田、教育部特派员陈剑翛四人为筹备委员会常务委员，负责组织常务委员会并商决校务。

不久，教育部又指定童冠贤“为常务委员兼主持筹委会各种事项之执行”。此份训令意将教育部特派员童冠贤的地位置于其他四位常务委员之上，招致徐诵明、李蒸、李书田的不满。他们联名给王世杰去电，称：

> 顷奉大部训令颁发西安临时大学筹备委员会组织规程，并指定童冠贤为常务委员兼主持筹委会各种事项之执行。均谨奉悉校院长等奉命来陕，合组临时大学，原为收容三校院学生，培植人才，奠定兴国家民族之业。到陕以后，竭力筹划愧少贡献。今幸大部指派专人担负全责，既视前令组织加密且与长沙临大组织亦不相同，校院长三人自今以后无能为力，校院长等应即日电请辞去西安临时大学筹备委员会委员兼常务委员及原三校院长职务，

① 《西安临大校刊》第 1 期。

敬祈鉴察，并即派员接替以重职守。①

王世杰接到三人辞职电报后，立即来电挽留并解释称：

临大筹委会规程湘陕一致，并系同时令知。西安临大原为收容北方学生，并建立西北高教良好基础，政府属望殷切。校事照章应由常务会议商决，系共同负责之合议制度。正赖诸兄及其他委员协同主持，何可言辞！大难当前，务希继续积极任事，不胜企感！②

王世杰回电中对“校事照章应由常务会议商决，系共同负责之合议制度”的重申暂时平息了三位常务委员的辞职之意，但“临大筹委会规程湘陕一致，并系同时令知”之语则与事实有较大出入。教育部高等教育司于1937年8月28日曾给长沙临时大学负责人密谕称：“指定张伯苓、梅委员贻琦、蒋委员梦麟为长沙临时大学筹备委员会常务委员；杨委员振声为长沙临时大学筹备委员会秘书主任。”③ 第二天，教育部部长王世杰亲电长沙临时大学四位负责人，称：“根据规程第五条规定：常委一人负执行责，在使常委会议之决议对内对外随时有人执行，不必遇事临时推人。此为合议制度应有之办法，否则将缺乏灵活与统一。兹拟请诸兄互推一人，以便照章指定。如虞一人

---

① 《徐诵明、李蒸、李书田给王世杰电（1937年10月18日）》，陕西省档案馆档案。转引自北洋大学—天津大学校史编辑室《北洋大学—天津大学校史资料选编（第一卷）》，天津大学出版社1991年版，第353页。

② 《教育部给西安临大电（1937年10月20日上午）》，陕西省档案馆档案。转引自北洋大学—天津大学校史编辑室《北洋大学—天津大学校史资料选编（第一卷）》，天津大学出版社1991年版，第354页。

③ 《教育部关于任命长沙临时大学负责人的密谕（1937年8月28日）》，见北京大学、清华大学、南开大学、云南师范大学《国立西南联合大学史料（一）总览卷》，云南教育出版社1998年版，第54页。

偏劳，则每隔两月重推轮任亦可。倘尚有其他意见，亦请见示为荷。”①

可以看出，教育部给杨振声的任命仅仅是“筹备委员会秘书主任”，连“筹备委员”都算不上。西南联大三个校常委的轮值完全是由三校校长商议而成：北京大学校长蒋梦麟和教授胡适沟通后由胡适函张伯苓和梅贻琦，称“伯苓先生老成持重，经验毅力为吾人所钦佩，应请主持一切。倘有伯苓先生不能亲到长沙之时，则由月涵兄代表”。② 此后长沙临时大学及西南联合大学时期的校务运转均以此为准。教育部在西安临时大学筹备委员会常务委员四人之外，再指定教育部代表童冠贤为“常务委员兼主持筹委会各种事项之执行”，与教育部对长沙临时大学的管理不同，对西安临时大学有明显的改造与加强控制之意。

五　国立西安临时大学校址的确定

国立西安临时大学具体立足何处？筹备委员会四处奔走联络。最初，西安临时大学筹备委员会想让西安临时大学农学院及文理学院的生物系借用西北农林专科学校一部分场所来立足，但最终没有实现。1937 年 10 月，筹委会常务委员会在给教育部的报告中对此事做了说明：

> 西北农林专校，位处武功，环境极佳，本校筹委及教职员十

① 《王世杰电张、蒋、梅、杨关于推举临大常委负责人事（1937 年 8 月 29 日）》，见北京大学、清华大学、南开大学、云南师范大学《国立西南联合大学史料（一）总览卷》，云南教育出版社 1998 年版，第 54、55 页。

② 《胡适函张伯苓、梅贻琦关于临大筹备启事（1937 年 8 月 30 日）》，见北京大学、清华大学、南开大学、云南师范大学《国立西南联合大学史料（一）总览卷》，云南教育出版社 1998 年版，第 55 页。

余人，曾联袂前往参观，甚愿将农学院及文理学院之生物系，迁往上课。惟该校创设未久，房舍不敷应用。尤以暑期后添招新生，极感拥挤，实不足以容纳本校。预拟迁往之人数，若临时建筑，又因该处距城市较远，运载工程材料费时太久，殊恐赶办不及，现已决定不再迁往。①

后来，经过一系列借、租等方式，西安临时大学确定了三处办学地址：办公处、第一院（国文、外语、历史、家政四系），以及第一、第三两院学生宿舍设在西安城隍庙后街公字四号警备司令部旧址；第二院（工学院各系及数学、物理、化学、体育四系）设在西安小南门外东北大学内；第三院（法、商、农、医各学院及教育、地理、生物三系）设于西安北大街通济坊大楼。图书馆总馆设于城隍庙后街公字四号警备司令部旧址，同时为便利教职员及学生阅览，在第二院设立图书馆分组，主要集中的是理工类书籍。②

当然，在以上三处办学仅仅是西安临时大学成立之初不得已的变通办法，建立一个能容纳1000余名学生的校舍已在西安临大常委们的考虑之中。这一点从西安临时大学常委会1937年11月给教育部的信中可以看出：

本校僻处西安，一切物质建设均赖自力创造。原有高大房屋洵不多观，即偶有洋式新房，亦与学校实验装置仪器不太适宜，辟作教室授课，则噪杂之声相闻，空气光线不足，均不易勉强利用。以较长沙临时大学之能借用圣经学校房屋与设备事半功倍不啻霄壤之别。本校为比较永久计划，不得不于城垣附近地方觅地

① 关于西安临大聘用教职员及设立各学系的请示，西安档案馆档案。转引自北洋大学—天津大学校史编辑室编《北洋大学—天津大学校史资料选编（一）》，天津大学出版社1991年版，第352页。

② 《本校图书馆周年工作概况》，《西北联大校刊》第1期。

> 建筑新校舍以敷实用。西安为汉唐旧都，郊外禾黍故宫荒烟祠宇皆成广无垠之区，购用民地需价固不低廉，然分期购置由小而大扩充并非难事。且集全校六院二十三系于一处，行政管理既较周密，教学研究亦无困难，其便利莫过于此。本校因有拟用英庚拨助之法币二十五万元之一部分，在城外杜公祠或未央宫附近建筑第一期文理农工各院校舍之计划，详细预算早已编制呈送。比年以来，国内大学动辄建筑瑰伟堂皇之校舍宫墙美富以示来学。本校非敢驰骛建筑之名，洵有需用校舍之实。此举确有益于本校发展前途至重至大。委员等近察实状远虑未然，实觉有此必要，他日校舍设计构筑只求坚实，毋取奢靡。俾西北偌大地方有此一所简单朴素切合实用之黉舍，足容千百学生弦诵学习于其中也。[①]

可惜这样一个谋求长远的计划，因经费困难及不久之后西安形势日益危急而不了了之。

① 《呈报两月来筹备经过各情形请鉴核由》，西安档案馆史料。转引自北洋大学—天津大学校史编辑室编《北洋大学—天津大学校史资料选编（一）》，天津大学出版社 1991 年版，第 355—357 页。

第二章

建章立制：国立西安临时大学的架构

经过紧张的筹备，国立西安临时大学于1937年11月开学。西安临时大学的成立并正常运转，使北方四所流离失所的高校找到了安身立命之地，使广大师生找到了传播知识、接受教育之所，使古都西安文化氛围空前浓厚。可以说，西安临时大学“在教育史上实为一创举”①。

一　国立西安临时大学组织系统

按照教育部高校管理规程，国立西安临时大学在常务委员会之下，设立了总务处、秘书处及教务处三大行政机构，另外根据国立北平大学、国立北平师范大学、国立北洋工学院、河北省立女子师范学院四校合并以后的实际情况，报教育部批准设立了文理学院、法商学院、教育学院、工学院、农学院、医学院共六大学院，其中包含23个系（医学院不分系，有的文献中称有24个系，是将医学院又作为一个系来计算的，本书按23系计算，国立西北联合大学时期也以此统计）。

国立西安临时大学组织系统图②如下：

① 《西安临大校刊》第1期。

② 《西安临时大学组织系统图》，《西安临大校刊》第2期。

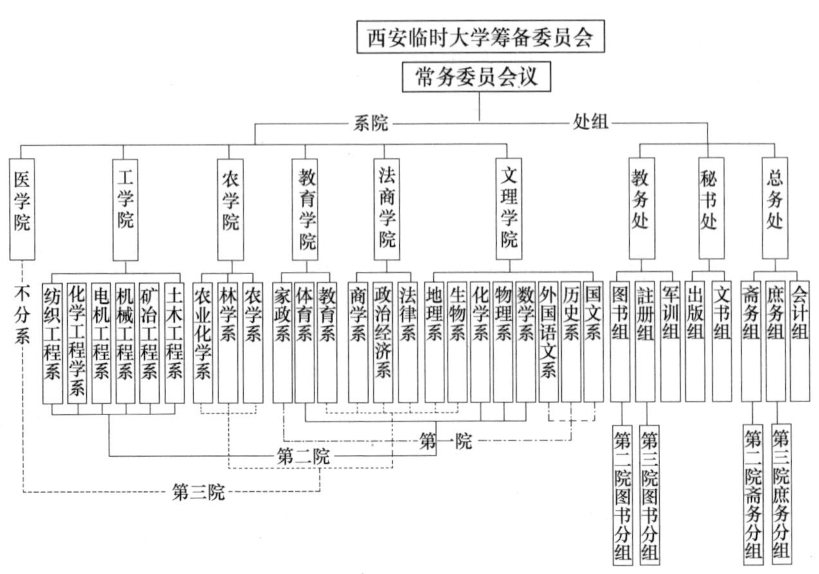

图 2－1　国立西安临时大学组织系统

（一）行政管理机构

西安临时大学根据实际工作需要，在常务委员下再设一常务室秘书，便于常委和各行政机构、学院的沟通联络。总务处下设会计组、庶务组（为方便工作起见，另在第二院、第三院设立庶务分组）、斋务组（在第二院设立斋务分组）。秘书处下设文书组和出版组。教务处内设立军训组、注册组（在第二、第三院设立注册分组）、图书组（在第二院设立图书分组）。

根据 1938 年 1 月 10 日出版的《西安临大校刊》第 4 期记载，当时西安临时大学的行政管理机构及人员如下①：

1. 筹备委员会

（1）常务委员兼代法商学院院长：徐诵明（字轼游）；

① 《本校教职员录》，《西安临大校刊》第 4 期。

（2）常务委员：李蒸（字云亭）；

（3）常务委员兼工学院院长：李书田（字耕砚）；

（4）常务委员：陈剑翛；

（5）委员：臧启芳（字哲先），东北大学校长；

（6）委员：周伯敏，陕西省教育厅厅长；

（7）委员：辛树帜，西北农林专科学校校长。

教育部1937年10月指派的童冠贤因受到李蒸、李书田、徐诵明的联合抵制，不久便主动辞职，至1938年初筹备委员会共有七人，因臧启芳、周伯敏、辛树帜等在其他单位任职，故西安临大的校政由校常委四人商决。常务室秘书由易价（字静正）担任。

2. 秘书处

秘书处设主任和秘书各一名，主任由校常委陈剑翛兼任，秘书由专任讲师陈叔庄兼任。

（1）文书组

文书组有组长、组员、事务员、书记。组长为佟学海（字伯润），组员为谭文伯、朱攀云，事务员为刘俊俏（字佩杰）、刘迺蕃（字乃凡）、孔膺笏，书记为范润泽（字斯天）、杜业儒（字一空）、李石生（字枕高）、刘文清、唐崇华、赵文斌（字允之）。

（2）出版组

出版组共八人，分别为组长郜光谟（字子嘉），组员尹荣琨（字玉冈）、董政邦（字致平）、姜世新（字乃风），书记张志清、贾介如、杨中升、王今容等。

3. 总务处

总务处主任由体育系主任袁敦礼（字志仁）教授兼任，处员有高鸿图（字献瑞）、陈宝仁（字子居）二人。

（1）庶务组

庶务组由组长李荫珂（字昇桥），组员胡铭佑（字佐勋）、李荫梅（字松云）、梁建正、阎步洲、吕相生、王锡详（字履吉），代理组员齐洪滨，总务分处庶务组员张延祖（字接武），事务员何玉成（字甫泉）等十人组成。

（2）会计组

会计组由组长苏雅农，组员徐世度、韩同甲（字绍苏）、齐剑屏，出纳员吕士珍（字枕人），书记陈益（字在辰）等六人组成。

（3）斋务组

斋务组由组员郭家泽（字恩墀）、于忠（字鸿庆）、信安中、包桂濬（字天池）、陈同珠（字少明，兼校医助理员）等五人组成。

4. 教务处

教务处主任由物理系主任张贻惠（字绍涵）教授兼任，书记有祝振瀛（定仲蓬）、刘景山（字聚五）、赵广瑞（字秀生）等三人。

（1）注册组

注册组共有19人，组长由历史系教授康绍言（字叔仁）兼任，组员有黎楠（字梅村）、严庆炤（字伯明）、马桂馥、高明堂（字耀亭）、朱延晸（字震晴）、孙宝贤（字君敏）、郑文华、舒崇秀（字明斋）、钟书衡（字少梅），事务员有张煜之（字旭斋）、沈树桢（字伯平），书记有罗采章、李琦润、董琴甫、姚凤鸣、王春暄（字升阶）、阴法侗（字次中）、徐恩禄（字润生）等。

（2）图书组

图书组共13人，组长为何日章，第二院分组组长为刘德人（字濯吾）；张德培、孙庆瑞、骆之恒（字定华）、田秉懿、丁淑贤、张式浓、李荫平、龚宝贤为组员，白国栋（字君宇）为代理组员，彭祖铭为书记；胡国杰为第二院图书分组打字员。

（3）军训组

军训组共有主任教官、教官、助教、书记等15人。主任教官为李冰（字在冰），教官有王佐强（字毅刚）、赵珍（安玉山）、罗师孝，助教有李宗渊（字狱森）、冯龙书（字凌云）、蓝国珍、贺经武、白明初、周松林、龙韶九、曾法圣、张厚光，书记有王文昭（字子新）、王溪亭等。

按照教育部的规定，高等学校秘书处、总务处、教务处等三处的主任均应“由部照组织规程就常务委员中指定兼任”。因此，教育部对西安临大总务处主任由体育系主任袁敦礼教授兼任、教务处主任由物理系主任张贻惠教授兼任提出异议，要求重新补报。西安临大校方以“西安物资设备较差，筹备工作较繁，各常委为集中心力，提高行政效率起见，另就系主任中推举二人，分别担任”[①] 这样的解释取得了教育部的谅解。

（二）院系设置

西安临时大学有六个学院 23 个系。表 2－1 是西安临时大学与长沙临时大学的院系设置对比表，有助于很清楚地认识西安临时大学教学部门的分布。

表 2－1　　西安临时大学与长沙临时大学所设院系对比

<table>
<tr><th colspan="2">西安临时大学（共六院 23 系）</th><th colspan="2">长沙临时大学（共四院 17 系）</th></tr>
<tr><th>所设学院</th><th>下设系科</th><th>所设学院</th><th>下设系科</th></tr>
<tr><td rowspan="2">文理学院</td><td rowspan="2">国文系
历史系
外国语文系
数学系
物理系
化学系
生物系
地理系</td><td>文学院</td><td>中国文学系
外国语文系
历史社会系
哲学心理教育系</td></tr>
<tr><td>理学院</td><td>物理系
化学系
生物系
算学系
地质地理气象系</td></tr>
</table>

① 《关于西安临大聘用教职员及设立各学系的请示（1937 年 10 月）》，陕西省档案馆档案。转引自北洋大学—天津大学校史编辑室《北洋大学—天津大学校史资料选编（第一卷）》，天津大学出版社 1991 年版，第 352 页。

续表

西安临时大学（共六院23系）		长沙临时大学（共四院17系）	
所设学院	下设系科	所设学院	下设系科
工学院	土木工程系 矿冶工程系 机械工程系 电机工程系 化学工程学系 纺织工程系	工学院	土木系 机械系 电机系 化工系
法商学院	法律系 政治经济系 商学系	法商学院	经济系 政治系 法律系 商学系
教育学院	教育系 体育系 家政系		
农学院	农业系 林业系 农业化学系		
医学院	不分系		

资料来源：据国立西安临时大学组织系统图（李永森、姚远：《西北大学史稿·上卷（1902—1949）（修订本）》，西北大学出版社2002年版，第201页。）、长沙临时大学各学系设置（1937年10月）（长沙临时大学各学系设置（1937年10月），见北京大学、清华大学、南开大学、云南师范大学《国立西南联合大学史料（一）总览卷》云南教育出版社1998年版，第58页。）制。

对于西安临时大学上报的六院23系之设置，教育部认为："学系之可暂并者应暂并……如机械工程电机工程两系，可暂并为机械电机工程系，纺织工程系亦暂可并入。"对此，西安临时大学筹备委员会常务委员会给教育部部长王世杰去函称："至学系之合并，已尽可能范围办理，唯机械工程电机工程与纺织工程，因课程内容繁颐，且其性质类多不同，学生人数亦多，未予合并。复按国立学校，设纺织工程（毛织）科系者，只本校一处，似应特予继续办理，以示提倡，又清华大学电机工程机械工程两系，学生人数并不如本校之多，并未合并办理，本校事同一律，自亦应予分别设立。”①

不仅如此，西安临大校方还根据实际情况对比较大的学系设了相关的组别，以利更好地培养学生。如，共有学生440名的工学院，占全校学生总数的1/4到1/3，是西安临时大学学生人数最多的学院，设有六个学系；其中土木工程学系、矿冶工程学系、机械工程学系、电机工程学系等四个学系学生人数较多，又各分成两组：土木工程学系的四年级学生分为土木工程组和水利及卫生工程组，矿冶工程学系四年级学生分为采矿工程组和冶金工程组，机械工程学系三、四两个年级各自分为机械工程组和航空工程组，电机工程学系的四年级学生分为电力工程组和电讯工程组。②

二 建章立制

西安临时大学机构初定，即出台了一系列制度。首先下发的是《本校对内对外行文之程序及手续办法》，它要求“本校对外一切正式公文如呈、令，须用常务委员姓名联署；公函、布告，或用常务委员姓名联署，或用筹备委员会名义；通告、笺函，及毕业学籍证明书等，概以筹备委员会名义行之”③。

其次，西安临时大学陆续制定了各部门、各机构的规章，如：国立西安临时大学斋务组办事细则④、会计组组织大纲⑤等。

① 关于西安临大聘用教职员及设立各学系的请示（1937年10月），陕西省档案馆档案。转引自北洋大学—天津大学校史编辑室《北洋大学—天津大学校史资料选编（第一卷）》，天津大学出版社1991年版，第352页。

② 《工学院系组编制状况》，《西安临大校刊》第6期。

③ 《本校对内对外行文之程序及手续办法》，《西安临大校刊》第3期。

④ 《国立西安临时大学斋务组办事细则》，《西安临大校刊》第1期。

⑤ 《本大学会计组组织大纲》，《西安临大校刊》第5期。

再次，出台了各项教务管理制度。如，西安临大第二十次常委会通过的《国立西安临时大学学期试验试场规则》[①]，第二十一次常委会通过的《本大学收录借读生简章》[②]《本校学生成绩评定办法》[③]《本校教务处图书组借阅图书规则》[④]《本校教务处图书组办事细则》[⑤]《规定新生及转学生之暂行办法》[⑥]《本大学旁听生规则》[⑦]《本校学生请假缺课规则》[⑧]等。

西安临时大学的一项重要任务就是收容北方失学学生，为此，1937年9月17日教育部快邮代电规定了西安临时大学收纳学生的原则："平大、师大、北洋三校学生约略共占百分之七十……他校借读生及新招学生约略共占百分之三十"，并规定学生比例可根据实际情况灵活调整。[⑨]

同时，因受战事影响，原四校师生到校时间参差不齐，西安临大常委会决定将原来规定的"学生缺课逾三分之一者令其休学"的规定修改后执行，以1938年1月10日"为学生到校最后期限，逾期令其休学"。[⑩]第十七次常务委员会又形成决议："学生逾期未报到者，均予休学一年，其在他校借读之旧生，须呈验成绩单，经审查后再定办法。"同时规定"请假离校满四十五日之学生，亦应令其休学一年"[⑪]。1938年2月5日临时大学发出布告，"在本学期内尚未来校报

① 《国立西安临时大学学期试验试场规则》，《西安临大校刊》第10期。

② 《本大学收录借读生简章》，《西安临大校刊》第10期。

③ 《本校学生成绩评定办法》，《西安临大校刊》第12期。

④ 《本校教务处图书组借阅图书规则》，《西安临大校刊》第2期。

⑤ 《本校教务处图书组办事细则》，《西安临大校刊》第2期。

⑥ 《规定新生及转学生之暂行办法》，《西安临大校刊》第5期。

⑦ 《本校学生请假缺课规则》，《西安临大校刊》第6期。

⑧ 《本校学生请假缺课规则》，《西安临大校刊》第6期。

⑨ 《西安临时大学收纳学生原则（1937年9月17日）》，陕西省档案馆档案。转引自王学珍、张万仓《北京高等教育文献资料选编（1861—1948）》，首都师范大学出版社2004年版，第754页。

⑩ 《教职员学生到校最后期限》，《西安临大校刊》第2期。

⑪ 《学生逾期未到及请假满四十五日均应休学》，《西安临大校刊》第7期。

到者，一律令其休学”[①]。第21次常务委员会又对学生的报到休学进行了详细规定：“在二月一日以后报到学生，准予第二学期起，随班听讲，本学期试验不得参与。如第二学期试验成绩总平均在75分以上，准予升级，所有第一学期课程，仍应由系主任辅导，于假期内辅修之。”[②]

西安临时大学还制定了《本校职员请假规则》[③]《本校教员请假规则》[④]《本大学学生借用运动物品管理办法》[⑤]《本校学生宿舍规则（章则）》[⑥]《本校学生校外借书规则》[⑦]《本校学生参加升降旗及健身运动办法》[⑧] 等，规范了对教职员及学生的管理。

此外，西安临时大学特别重视学生救济工作，组建之初，即专门在总务处设立了学生服务管理部，内有缮写、印刷、环境卫生、炊事、警卫、内外勤务等工作岗位提供给经济特别困难的学生，补助他们完成学业，并特别制定了《西安临时大学学生服务管理规则》[⑨]，以规范学生服务管理部的工作。

对战区来陕学生的救济更为西安临时大学所重视。早在筹备时期，西安临大就在教育部资助下对流亡到陕的学生进行救济。当时的办法是“特设服务队，拟定办法，令战区学生报名请求，经审查准后，即可按日领取津贴费二角，以资救济”。随后，由于战区扩大，请求救济的学生渐多，救济的效用非常显著。1938年2月，教育部颁发了《专科以上学校战区学生贷金暂行办法》，给战区学生每人每

---

① 《本校布告：本学期内学生未报到者应休学》，《西安临大校刊》第9期。
② 《本大学布告：关于学生休学及复学的布告》，《西安临大校刊》第11期。
③ 《本校职员请假规则》，《西安临大校刊》第2期。
④ 《本校教员请假规则》，《西安临大校刊》第3期。
⑤ 《本大学学生借用运动物品管理办法》，《西安临大校刊》第5期。
⑥ 《本校学生宿舍规则（章则）》，《西安临大校刊》第2期。
⑦ 《本校学生校外借书规则》，《西安临大校刊》第2期。
⑧ 《本校学生参加升降旗及健身运动办法》，《西安临大校刊》第1期。
⑨ 《西安临时大学学生服务管理规则（附工作章程）》，《西安临大校刊》第1期。

月发放贷金六元。西安临时大学第 21 次常务委员会通过决议，以值周常务委员、秘书主任、总务主任、教务主任及学生生活捐委会常务委员组成战区学生贷金审查委员会，专门办理战区学生贷金事宜。[①] 1938 年 2 月，西安临时大学还根据教育部的政策制定了《本大学战区学生贷金办法》，规范了对流亡学生的资助流程。其中规定：贷金额定为每月六元，每月一日、十一日、二十一日各发二元；申请贷金的战区经济困难学生应填具贷金申请书，并觅取负责保证之人签署后交学校战区学生贷金审查委员会；学生所领贷金应于战事终了或毕业后三年以内全数偿还。[②] 后因通货膨胀，学生所欠贷金数额到学生毕业之时已不值钱，没有了偿还价值。

1938 年 2 月，西安临时大学根据教育部设立的公费生制度，确定公费生资格以“成绩优良及家境清寒者为标准”，并将公费生比例增加到学生总数的 4%，待遇降低为每年 75 元。[③]

① 《本校学生服务津贴改为贷金》，《西安临大校刊》第 10 期。

② 《本大学战区学生贷金办法》，《西安临大校刊》第 11 期。

③ 《增加公费生名额》，《西安临大校刊》第 8 期。

第三章

暂驻西安：国立西安临时大学的日常生活

一 师资队伍

西安临大根据四校院原有院系设置情况，合并相同学院、系科，最终形成了6院23系的教学单位。

四校在北平、天津办学时曾因优越的地理位置和深厚的学术氛围吸引了不少学有专长的师资，部分学科还聘有外籍教授，但迁移到西安之后，师资成了深为常委们头痛的大问题。究其原因，主要由于华北陆路交通被日寇封锁，许多教师不得不绕道前往西安，有的冒着被日军抓捕的危险，先进入天津英、法租界，再搭乘英国客轮在山东龙口或青岛上岸，经济南、开封、郑州到西安。七七事变前后任教于北洋工学院，后来成为我国著名冶金学及冶金物理化学家的魏寿昆，在天津大学（前身为北洋大学、北洋工学院）110年校庆时回忆当时西迁的情形：

> 天津沦陷后，当时在津的师生都进入英、法租界暂避，并向政府提出内迁的要求。1937年年底，北洋师生开始了西迁入陕。当时北洋大学在国内各高校中已算较大规模，在校生400多人。

> 接到西迁命令的时候，陆路交通已经断绝，大家只能从租界经海路取道青岛，然后经济南、徐州辗转到达西安。我当时跟李书田等人第一批入陕，主要是为了和当地的校友联系解决校舍及学生住宿问题。但因为时间仓促，只能暂时租到一些仓库应急。我们第一批到西安的都没有带家属，他们是跟着后来的几批学生一起过来的。[①]

路途遥远、波折，再加上一路受日军各种关卡盘查，致使沦陷区与后方之间的交通、信息也都不畅。[②] 正如1938年2月9日，西安临时大学聘任的孙玄衔因不能按时到任而给西安临大工学院教授张贻惠的信函中所说：

> 前奉赐函嘱来西安效力，实深铭感！时弟适在乡间沪寓得讯当即电复，电端一面电知弟处即日此行，不料淞沪防军骤然后退，敝乡成为日军后方，困居无法首途。日前转辗苏浙乡间迢迢得到达沪上，为时已隔三月，致误教务，深厚感情以为歉，尚望亮察，将来亲面再当谢罪。现在隔情势尚安，临时大学第一学期谅已结束，环境艰难，维持之功，鼎力为多，曷深钦佩。兰圆兄谅已前来，化工方面负责有人否？并闻学校或有迁蜀之议，究复如何？得盼尚乞不吝珠玉见复为荷。[③]

专任教师不能及时到任，给正常教学带来不少困难。为此，西安

---

① 《魏寿昆：机遇与前半生的回忆》，中国钢铁新闻网，网址 http：//www. csteel-news. com/special/602/604/201206/t20120627_ 68280. html

② 《呈报两月来筹备经过各情形请签核由》，陕西档案馆档案。转引自北洋大学—天津大学校史编辑室《北洋大学—天津大学校史资料选编（一）》，天津大学出版社 1991 年版，第 351、355 页。

③ 《张贻惠电上海孙玄衔电：请由港速来西安（1938 年 2 月 26 日）》，陕西省档案馆馆藏国立西北工学院档案，全宗号 61，目录号 1，案卷号 3。

临时大学在开学半个月后，就近向东北大学请求帮助："敦请贵校教授惠予代课，每人至多以每周六小时为限。"①

这种就近寻取师资的变通方法正是教育部所希望的。教育部曾以高壹26第1792号指令，对西安临时大学上报的各处院系主任名单做出调整，认为该大学"开办伊始，设备缺乏，需款殊多"，所以"教职员人数应以绝对必要为限度。学系之可暂并者应暂并。如机械工程电机工程两系，可暂并为机械电机工程系，纺织工程系亦暂可并入。各学院院长应由一学系系主任兼任。每系教授讲师，至多不得过五人。各学系有设置助教之必要时，始得置助教，仍以每系二人为限。其利用东北大学或西北农专设备及师资之各系，教授讲师人数，并应参照减少"，并要求西安临时大学再拟定各院长系主任及教授名单报教育部备案。

西安临时大学建校之初，根据教育部的指令，也曾与东北大学、西北农专两校进行了联系，并进行了详细考察。筹备委员会在给教育部的复函中称："与东北大学教学合作问题，因本校土木工程系人数已多，而各年级课程，两校先后排列不同，未能合班讲授。本校只能借用其一部房屋与设备，并未借重其师资。"②

截至1938年1月26日，全校职教员总数为316人，其中职员93人、教员223人。职员（由教师兼任者或兼任教师者未列在内）包括常务委员4人、处主任2人（均系兼职）、秘书2人、处员4人（兼任1人列教员内）、组长8人（兼任2人列教员内）、组员40人、事务员7人、办事员1人、打字员1人、书记28人、校医2人（均系兼任）、助

① 《西安临大致函东北大学：为本校所请教授以道阻尚未到校拟请贵校教授代授特先函致希惠元见复》，陕西省档案馆馆藏国立西北工学院档案，全宗号61，目录号1，案卷号1。

② 《关于西安临大聘用教职员及设立各学系的请示》，西安档案馆档案。转引自北洋大学—天津大学校史编辑室编《北洋大学—天津大学校史资料选编（一）》，天津大学出版社1991年版，第351、352页。

理1人、护士主任1人、护士长2人、助产士1人、护士1人（兼任），总计93人。教员包括院长6人（内2人由常委兼任）、系主任23人（内3人由院长兼任）、教授79人、副教授6人、专任讲师25人、兼任讲师39人、助教34人、军事主任教官1人、军事教官3人、军事助教7人、军训队副官1人、技士2人（农场、林场技士各1人），总计223人（兼职者以1人计，故分类人数与总数不同）。①

据《西安临大校刊》第4期《本校教职员》一文统计，各院系主要师资力量如下：

1. 文理学院

文理学院下设国文系、历史系、外国语文系、数学系、物理系、化学系、生物系、地理系等八系，学生共有439人（内含借读生50人）。院长由刘拓（字泛池）教授兼任。

（1）国文系

国文系教师主要有教授黎锦熙（兼任系主任）、罗泽根，副教授曹联亚（即曹靖华），专任讲师陈叔庄，讲师冯成麟（字书春）、高元白等。

（2）历史系

历史系教师主要有教授许寿裳（兼任系主任）、李季谷（原名宗武）、许重远、陆懋德（字咏沂）、谢兆熊（字渭川），讲师周传儒（号书舲）、蓝文征（字孟博）、黄文弼，助教王兰荫（字竹楼）等。

（3）外国语文系

外文系教师主要有教授佘坤珊（兼任系主任）、张杰民、谢文通（字华庄），讲师金保赤（字少曦），助教易丕荣等。

（4）数学系

数学系教师主要有教授赵进义（字希三，兼任系主任）、杨永芳、

① 《本大学职教员人数统计》，《西安临大校刊》第8期。

刘亦珩（字一塞）、傅种孙（字种嘉）、张德馨、曾炯（字炯之），助教齐植朵等。

（5）物理系

物理系教师主要有教授张贻惠（字少涵，兼任系主任）、杨立奎（字据梧）、林晓（字觉辰）、岳劼恒，讲师谭文炳（字星辉）等。

（6）化学系

化学系教师主要有教授刘拓（兼任系主任）、赵学海（字师轼）、周名崇（字修士）、陈之霖、朱有宣（字仲玉）、张贻侗（字小涵），讲师王毓琦（字景韩），助教杨若愚（字道生）等。

（7）生物系

生物系教师主要有教授金树章（兼任系主任）、郭毓彬（字灿文）、雍克昌、容启东、刘汝强，助教王琪（字荃孙）、项润章等。

（8）地理系

地理系教师主要有教授黄国璋（字海平，兼任系主任）、湛亚达、殷祖英（字伯西）、王钟麒（字益厓），副教授郁士元（字维民），助教姜玉鼎（字定宇）、王心正等。

2. 法商学院

法商学院下设法律、政经、商学等三系，学生有279人（内含借读生35人）。院长由校常委徐诵明教授兼代。

（1）法律系

法律系教师主要有教授黄得中（字觉非，兼任系主任）、王治焘（字聪彝）、赵愚如、王璥（字式儒）、李宜琛（字子珍），讲师王捷三、吴英荃（字季荪）等。

（2）政经系

政经系教师主要有教授尹文敬（字伯端，兼任系主任）、章友江（字芋沧）、吴正华（字西屏）、李绍鹏（兼）、沈会春（字志远），副教授季陶达，专任讲师康仑先（字正五）、于鸣冬（字风亭）、方铭竹（字筠新）、刘毓文（字钟岳），讲师孙宗钰（字式均）、曹国卿（字伟民）等。

（3）商学系

商学系教师主要有教授寸树声（字雨洲，兼任系主任）、李绍鹏，讲师刘景向（字经斋）、陈建晨、张云青（字青坪）、夏慧文、董建平、阿亲泽斯基。

3. 教育学院

教育学院下设教育系、体育系、家政系。院长由李建勋（字湘宸）教授兼任。

（1）教育系

教育系教师主要有教授李建勋（兼领系主任）、方永蒸（字蔚东）、程克敬（字述伊）、金澍荣、鲁士英（字岫轩）、熊文敬、高文源、马师儒（字雅堂）等，专任讲师康绍言，讲师汪大捷、张光祖（字绳武）、郭鸣鹤（字闻远）、胡国钰（字仲拦），助教许笭生（字筱墀）、郝鸣琴（字荫圃）等。

（2）体育系

体育系教师有教授袁敦礼（字志仁，兼任系主任）、董守义、［美］沙博格、谢似颜，专任讲师刘振华（字博森）、郭俊卿（字师典）、刘月林（字靖川）、王耀东、陈仁睿（字静庵）、孙淑铨，讲师朱淳实、苗时雨（字润田），助教白肇杰、凌洪龄（字会五）、罗爱华等。

（3）家政系

家政系教师主要有教授齐国梁（字壁亭，兼任系主任）、程孙之淑、王非曼，助教张琴书等。

4. 农学院

农学院下设农学、林学、农业化学等三系，学生共有 133 人（内含借读生 10 人）。院长由周建侯教授兼任。

（1）农学系

农学系师资主要有教授汪厥明（兼任系主任）、易希陶（字少屏）、夏树人（字德甫）、姚鋈天（字天沃）、陆建勋（字暨澄）、李秉权（字正暄），专任讲师苏麟江（字尚皓）、季士俨（字若思）、舒联莹，讲师陈兰田（字秀夫）、王金钹（字相伯）、沈文辅（字支仁）、刘钟瑞，助教昝维廉（字节民）、王淑贞，农场技士郑子久（字恒寿）等。

（2）林学系

林学系师资主要有教授贾成章（字佛生，兼任系主任）、殷良弼（字梦赉）、周桢（字邦垣）、王正（字义路），助教江福利（字秋白）、范济舟（字及舟），技士王战（字义士）等。①

（3）农业化学系

农业化学系师资主要有教授刘伯文（兼任系主任）、陈朝玉（字润山）、王志鹄（字思九）、虞宏正（字叔毅），副教授罗登义（字绍元），助教王来珍（字献堂）、罗元熙（字页凡）等。

5. 工学院

工学院下设土木工程、矿冶、机械、电机、化工、纺织等六系，有学生 386 人（内含借读生 18 人）。院长由校常委李书田教授兼领。

（1）土木工程系

土木工程学系是工学院学生最多的学系，学生占工学院学生总人数的 1/4，师资条件也最为可观。系主任为土木及军事工程教授周宗莲博士。水利及卫生工程教授为刘德润博士，铁道及道路工程教授为赵玉振。另外又聘定了构造工程教授李荣梦博士，同时还在接洽测地工程教授董钟林博士，在新聘任教授未到任上课之前，由名誉教授李

① 据《北京林业大学校史》（北京林业大学校史编辑部编，北京林业出版社 1992 年版，第 29 页）记载，当时林学系主任为贾成章，教授为殷良弼、周桢、王正、杨权中等，副教授为郁士元，专任讲师为齐植朵，讲师为段兆麟，助教为江福利、范济洲、孙金波等，技师为王战。这与 1938 年 2 月 7 日出版的《西安临大校刊》第 8 期的统计略有出入。

仪祉先生、工程力学专任讲师孟昭礼、测量学专任讲师黄秉舰、石工及基础学兼任讲师徐宗溥、兼任讲师崔宗培博士等分担。助教有李奎、梁锡伯两人。“该系教授、讲师、助教皆极一时之选，而且除名誉教授李仪祉先生外，均系前国立北洋大学及国立北洋工学院该系先后所造就之工程教育人才。”①

（2）矿冶系

矿冶系师资主要有教授魏寿昆（字镇雄，兼任主任）、雷祚雯（字漱云）、张遹俊（字伯声），讲师孙镜清（字涤尘），助教李荫深、周同藻（字友芹）等。

（3）机械系

机械系师资主要有教授潘承孝（字永言，兼任系主任）、何绪缵（字述三）、李酉山、李廷魁（字海文），讲师李良玺（字了瑕）、梁锡琰（字兰坡），助教赵正权（字叔平）、张洪锡（字百朋）。

（4）电机系

电机系师资主要有教授刘锡瑛（字毓华，兼任系主任）、王翰辰（字董豪）、余谦六（字骞陆）、樊泽民，讲师黄苍林、王际强（字健庵）、张恒月（字霁秋），助教王钦仁（字敬甫）、韩幕乾。

（5）化工系

化工系师资主要有教授萧连波（字仲澜，兼任系主任）、李仙舟，助教罗素一、毕淑英（字俊逸）等。

（6）纺织系

纺织系师资主要有教授张汉文（兼任系主任）、崔玉田（字崐圃）、张佶（字朵山）、郭鸿文（字雁冰），助教李金铸（字溶经）等。

6. 医学院

医学院不设系。院长由吴祥凤（字鸣岐）教授担任，共有学生

① 《工学院土木工程学系组织完成》，《西安临大校刊》第6期。

86 人（内含借读生 25 人）。教师主要有教授徐佐夏、严镜清（字子峰）、蹇先器（字孟涵）、王晨（字侈仁）、林几（字百渊），副教授毛鸿志（字抟风）、王同观，专任讲师黄万杰、刘士琇（字新民），妇产科助教徐幼慧，小儿科助教万裔华等。

二 教学活动

（一）日常教学

国民政府及教育部在抗战形势严峻、经费十分困难的情况下，依然将战区高校内迁和教育复兴作为紧要事情，稳定了战乱中师生的情绪，迅速恢复了基本教学秩序。

西安临时大学在筹备委员会及全体师生员工的努力下，于 1937 年 11 月 1 日开学，15 日正式上课。为了完成因战事影响而落下的课程，第一个学期“除二十七年（1938 年）元旦停课一日外，所有年假寒假，均不放假”①。全校 1938 年 2 月 18—20 日停课，21—26 日举行学期试验，28 日起停课一星期，办理学期结束事宜，② 原来的寒假也因此缩短为一周时间。

截至 1937 年 12 月 10 日，西安临时大学总共有学生 1472 名，其中借读生 151 名。具体地说：文理学院有学生 439 人，内含借读生 50 人；法商学院有学生 279 人，内含借读生 35 人；教育学院有学生 149 人，内含借读生 13 人；农学院有学生 133 人，内含借读生 10 人；医学院有学生 86 人，内含借读生 25 人；工学院有学生 386 人，内含借读生 18 人。③

西安临时大学创建于国破家亡之际，师生共赴抗日决心，努力教

① 《西安临大常委会决议》，载西北大学西北联大研究所《西北联大史料汇编》，西北大学出版社 2012 年版，第 690 页。

② 《学期试验布告》，《西安临大校刊》第 8 期。

③ 《本校学生人数统计（1937 年 12 月 10 日制）》，《西安临大校刊》第 2 期。

学工作，以实际行动报效国家。正如1937年12月17日为纪念北平师范大学建校35周年，地理系学生薛贻源在纪念文章中所写：“为着国土的沦亡，使我们原在北平的母校，迁到西安来了。今天又迫着我们不得不在西安来纪念北平母校的校庆。这一桩国破校散的悲痛事变，给予我们的刺激太大了！我们如果还不能燃烧起火一般的热情，努力抗战工作，保卫祖国，恢复母校，那简直不配做时代的青年！那简直不配来纪念母校的校庆！”① 薛贻源的观点代表了从平津迁到内地的广大师生的心声：在国难当头之时，唯有努力工作和学习才是自己应该做的。1938年1月2日工学院第一次院务会时院长李书田的发言也强化了这种同心为国的心愿。他说：“本学院所有六个学系所担负造就之专门技术人才，均系抗战期间及抗战后复兴建设之所亟须。同仁等使命重大，自应及时尽力积极推进为国培植专才，所有本学院应行办理及改进事宜，均希从详讨论决定。”②

西安临时大学在教学中遇到不少困难。比如，全校分三处办学，称为第一院、第二院、第三院，工学院所在的第二院与东北大学共处一院内，铃声信号是双方共同确定的，而第一、第三两院的时间自成系统，给兼在一、二、三院上课的教师带来诸多不便。故临大常委与东北大学臧启芳校长商议，以后两校上课时间均以鼓楼时间为准，以求与第一、第三院统一。③ 再如，学校基础设施简陋。以工学院所在的第二院为例，“向无电灯之装置，近总务分处以煤油不易购买，蜡烛价格太昂，且欠明亮”为由，1938年1月拟请装电灯以资补救。西安临大校常委会讨论后，要求第二院总务分处“尽量缩减预算，重造估价单……其缩减预算办法，以减少电灯盏数，非必要者缓装；灯罩用纸代磁，其他材料可向东北大学廉价商让，不敷时再向索价最低

① 薛贻源：《在西安纪念北平师大的校庆》，载《国立北平师范大学三十五周年纪念专刊》，民国二十六年十二月十七日。

② 《本大学工学院第一次院务会议记录》，《西安临大校刊》第5期。

③ 《本校上课以鼓楼时间为标准》，《西安临大校刊》第11期。

之商铺购买”[①]。此外，各系教材奇缺，只得以订购期刊予以补救，但是限于经费及运输困难，往往要过许久或是收不到期刊。更不用说，西安临时大学分三处上课，教师散居西安各处，上课要走不少路程，辛苦万分。

虽然困难重重，但为了给学生提供更多选课自由，充分激发学生自主学习的兴趣，西安临时大学实行学分制，同时规定“本校课程，在可能范围内，应准各系学生互选，但以得本系系主任之许可者为准”[②]。

学校的正常运转得到了新任教育部长陈立夫的认可。陈立夫在听取了西安临大校常委李蒸及李书田的工作汇报后，“极表满意，以为本校所以迁移至较为安全地带者，非但使师生减少施教研学上之不安，抑以求图书、实验设备之能充分运用”[③]。

（二）实验实训与参观考察

西安临时大学由平津四校匆促南迁合组而成，原校之仪器、设备、图书、资料等大部未及带出，给教学、科研造成了相当大的困难。为此，西安临时大学提倡学生在西安附近实习和参观，并专门制定了《本校实习参观规则》，对实习和参观的时间、指导人费用、舟车费等进行了规定。[④] 各学院根据需要尽力安排学生实训、参观，以扩大视野、增加知识面。因史料限制，下文仅列举工学院、文理学院、农学院的部分实验实训及参观考察活动。

1. 工学院

和平时期，为使学生易于掌握相关理论，训练学生实物运用与现象观察的技能，培养实验研究的能力，工学方面的教学特别注重实验

① 《本校第二院筹备装设电灯，第一院电灯亦将改良》，《西安临大校刊》第6期。

② 《准各系学生互选课程》，《西安临大校刊》第6期。

③ 《本月29日两常委飞汉口向陈汇报工作》，《西安临大校刊》第7期。

④ 《本校实习参观规则》，《西安临大校刊》第12期。

实训。西安临时大学成立后，工学院院长李书田经多方努力，通过接管、借用、索赠、购置等途径使工学院获得了一部分实验设备：第一，接管山西省桑乾河及汾河两个河务局的测量仪器，以充实测量仪器；第二，借用陕西省工业试验所矿物标本，作为矿物学实习之用；第三，借用陕西省机器局木工、铸工、锻工、金工、钳工各厂，作为机械制造实习场所；第四，借用东北大学电机实验室，进行直流交流电机实习；第五，向陕西省水利局索赠长途汽车 1 辆，向陕西省公路管理局借用旧载重车 5 辆、旧坐车 3 辆，以备训练学生汽车拆装修理所用；第六，向东北大学借用有线电报器材仪器，以为训练有线电报安装修理运用之需；第七，向交通部陕西省电政管理局借用有线电话器材若干种，以为训练有线电话安装修理运用之需；第八，置备少量无线电讯仪器器材——以为训练无线电报电话安装修理运用之需。①

1937 年 12 月 12 日，纺织工程学系全体教授率领所有学生前往西安大华纱厂参观。②

1938 年 1—2 月，工学院矿冶系历时一个多月赴安康探查矿产情况，推测汉江河底沙层含金较多，宜用掘金船从事开发。③

2. 文理学院

文理学院组织学生进行了多次参观考察。

1938 年 2 月 18 日下午，教授陆咏沂带领历史系考古学班及其他班同学共计 30 余人，赴陕西考古学会参观了四个陈列室。师生非常认真地聆听陕西考古学会负责人何乐夫讲解展品两个多小时，很有收获。④

西安临时大学第二学期于 3 月 7 日开始注册，各系学生利用开学的前一周纷纷结队赴外县参观实习。比如，文理学院女生六十余人由

① 《工学院实验实习设备之筹办》，《西安临大校刊》第 6 期。
② 《纺织工程学系参观大华纱厂》，《西安临大校刊》第 5 期。
③ 《本校探矿队推测汉江中河底沙层含金》，《西安临大校刊》第 12 期。
④ 周国亭：《陕西考古学会参观记》，《西安临大校刊》第 11 期。

教员率领赴咸阳一带乡村参观，此外各系学生赴终南山王曲等处作修习旅行者络绎不绝。校常委对于“申请结队赴外县旅行参观调查、实习者无不批准”，一是因为“连日春光明媚，正男女青年锻炼心身之最好时节，裨益于学业不浅。虽值国难严重，究不可疏忽正当娱乐与修养”；二是因为“校内仪器标本等设备不甚完全，准令学生出外实地体察亦可为正常课程之助”。①

其中，地理系的参观考察尤其活跃。为了便于教学与开展研究，让师生充分了解陕西地形，西安临时大学第一学期开学不久，地理系就派人赴陕西省陆地测量局，调查陕西各种地图，并借来“咸阳航测全图一幅悬置本系办公室内，同学参观极为踊跃，藉知航测表示地形之逼真，加益常识”②。为了四年级学生做好毕业论文，地理系不仅请校秘书处代为备函介绍学生前往西安各机关搜集资料，而且各个年级于1937年12月停课三天，由教师将学生分成三组赴外考察：教师郁士元率领20余人赴终南山考察；教师殷伯西带领8名学生赴灞桥考察；殷伯西和姜玉鼎带领8名学生考察西安未央宫遗址。③此外，1938年1月13日，学生赴警察局调查户口统计后，又调查了商务运输等；2月28日，系主任黄国璋带领学生到泾阳县做为期一周的乡村调查，以“训练各级同学实地调查之技能及明了本地农村地理之详情”。④

为了补救因设备简陋给教学带来的不利影响，增进学生对西北的了解，地理系在校内举办了七次公开学术演讲，取得了较好的效果。具体情况如表3－1：

---

① 《各系学生纷往外县参观实习》，《西安临大校刊》第12期。

② 《地理系工作报告（自开学至十一月二十六日）（原为十月二十六日，有误，更改）》，《西安临大校刊》第1期。

③ 《地理系工作报告（自十一月二十七日至十二月终）》，《西安临大校刊》第5期。

④ 《地理系第三次工作报告》，《西安临大校刊》第11期。

表 3－1 **地理系在校内开展的演讲**

次数	时间	演讲者	题目	地点
第一次	1937 年 12 月 29 日	李仪祉、刘钟瑞	泾惠渠之水利问题	第三院
第二次	1938 年 1 月 11 日	刘慎愕	中国西北之植物地理	
第三次	1938 年 1 月 21 日	利查逊博士（Dr. Richandson）	甘肃之地理与农业	
第四次	1938 年 1 月 29 日	刘钟瑞	渭惠渠工程概况	
第五次	1938 年 2 月 9 日	史悠明	甘肃青海两省之见闻	
第六次	1938 年 2 月 11 日	孙健初	甘肃青海两省之地质	
第七次	1938 年 2 月 15 日	卫楼博士（Dr. Willer）	中国西北部之地形	

3. 农学院

西安临时大学农学院的教师利用各种机会到相关机构参观，加强与外界的联系，并征集实验标本，以利于教学。

位于武功县张家岗的西北农林专科学校是首选之地。1938 年 1 月，农学系派郑子久前往西北农林专科学校征集各种作物标本及实习材料，得到了西北农林专科学校校方及各组场主任的热情接待并征集到各类实习材料，“计有农作物穗及种粒三十余种，园艺作物种子六十余种，昆虫酒精浸渍及干制标本各十余种”①。

1937 年 12 月下旬，农学系讲师舒联莹、助教咎维廉前往陕西棉产改进所参观，了解了棉产改进所的组织情形、开展调查的过程、推广良种与技术的方法、棉产试验的种类、目前在棉业改进方面存在的问题、对陕西棉花品质的研究与分级等，并获得该所赠送的 6 种刊物、6 种籽棉作为教学标本用。②

为了解西安乳牛业情形，1938 年 1 月 24 日，农学系畜牧学教授李正谊率领畜牧组学生参观了西京牧场。牧场经理陪同参观了场内各

① 《农学系征集标本》，《西安临大校刊》第 5 期。

② 《农学系讲师参观陕西棉产改进所》，《西安临大校刊》第 5 期。

部，并对营业状况、经营方针、乳牛饲养情形及繁殖方法、牛乳清洁及装瓶方法等项作了详细介绍。[①]

鉴于食品问题在抗战中的重要性，农业化学系学生组织的战时食品问题研究会1938年1—2月开展了一系列食品及营养调查。如，20余名同学携带大批表格，到西安东关十八陆军医院及各分院调查伤兵营养状况，“蒙该医院杨院长及贾副官之殷勤执行，结果颇为圆满”[②]，又对学生及洋车夫的饮食进行了调查，获得大量数据。[③]

（三）战时教育的渗透及以国防教育、西北教育为主旨的学术演讲

尽管处于战时，但是西安临时大学坚持教育部确立的“战时应作平时看”的教育方针，各个方面一如既往严格管理。以入学考核为例：1937年11月，西安临时大学开学之初，筹备委员会常务委员即联名给教育部去函，称：“新生试验已举行完竣，投考者竟达六百余人，其成绩刻正由各教授分别评阅，择优录取，借读生申请人数亦在五百以上，南北各省各大学学生所在皆有。但已设临时大学之原校学生，只准其经过转学试验及格后方可入学，系一例外。拟即组织借读生审查委员会严格甄别，庶不使学生分子因数量之增加致素质之降落，影响学风殊失教育意义。总之战时教育不应遽失平时教育模型。”[④]

当然，校方也意识到，不能无视战时的特殊需要，“至于应付抗战与国防之特殊知识与技术，自应随时因势利导、集收标本，兼

① 《农学系畜牧组同学参观西京牧场》，《西安临大校刊》第8期。

② 《农业化学系同学组织战时食品问题研究会》，《西安临大校刊》第8期。

③ 《农业化学系战时食品问题研究会工作近况》，《西安临大校刊》第9期。

④ 《呈报两月来筹备经过各情形请鉴核由》，西安档案馆档案。转引自北洋大学—天津大学校史编辑室编《北洋大学—天津大学校史资料选编（一）》，天津大学出版社1991年版，第356页。

顾相得益彰之效”[①]。也就是说，在坚持平时教育的基础上，同时考虑到了抗战的特殊需要，一方面适当加入了一些与抗战有关的课程，如军事、政治、救护、技术等课外训练，另一方面专门制定了《本校学术讲演办法》，规定“在此非常时期，其讲演内容应注意：①国防科学、文学与艺术；②战事有关之国际问题；③战时政治经济与社会情形；④非常时间教育；⑤西洋文化及历史、地理、资源各问题；⑥青年学生之修养问题。其他与抗战有关之重要问题可随时加入”[②]。

在此背景下，西安临时大学每个星期邀请各界知名人士给学生演讲，介绍抗战形势，让学生既做好准备以应不时之需，又树立起历史的使命感与责任感。比如，工学院在《本校学术讲演办法》指导下，借东北大学礼堂之便利，自 1937 年 11 月开学到 12 月 29 日共不到两个月的时间内，组织了 5 次全院性讲演和 3 次土木系讲演。具体情形如下[③]：

表 3－2　　**工学院 1937 年 11—12 月讲演情况**

主要听众	讲演者	题目
全院师生	陕西民政厅厅长彭昭贤	《“不得了，了不得”》
全院师生	陕西省水利局局长李仪祉	《抗战力量》
全院师生	航空委员会第十三科科长顾校书	《防空工程》
全院师生	陕西省建设厅厅长雷宝华	《求学态度与抗战时期应有之修养和准备》

① 《呈报两月来筹备经过各情形请鉴核由》，见西安档案馆档案。转引自北洋大学—天津大学校史编辑室编《北洋大学—天津大学校史资料选编（一）》，天津大学出版社 1991 年版，第 356 页。

② 《本校学术讲演办法》，《西安临大校刊》第 3 期。

③ 根据《第二院每周敦请校内外专家讲演》（载《西安临大校刊》第 2 期）、《工学院敦请李乐知先生讲演隧道工程》（载《西安临大校刊》第 3 期）的相关信息编制。

续表

主要听众	讲演者	题目
全院师生	华北水利委员会工程队队长徐宝溥	《在北战场办理军事工程之经过》
土木系师生	本校地质学教授张伯声	《西北地质》
土木系师生	本校土木工程教授刘德润	《土壤力学》
土木系师生	导渭工程处总工程师刘钟瑞	《导渭工程》
土木系及矿冶系师生	陇海铁路西段工程局副局长兼副总工程师李乐知	《隧道工程》

西安位置邻近延安，常有延安的共产党军政要员出入，因此西安临时大学的学生经常可以听到共产党方面的消息或演讲，并受到熏陶。据西安临时大学经济系1937级学生傅道义回忆：“当彭德怀将军在西安要做报告的消息传出时，大家闻之雀跃，蜂拥前去，聆听党的声音。”西安临时大学另一学生李可风的回忆录中也提到：“当时常有八路军政工人员路过西安，临大学生多次组织请他们来校作报告。他们就以国内外政治、前线军事形势和敌后群众运动从理论与实际结合上加以分别论述。说服力强，生动感人，对激发同学爱国热忱、增强抗日胜利信心，收到了很好的效果。同学们听后，普遍支持我党全民抗日的主张，赞赏八路军英勇善战。”①

三 师生社会服务

正常的教学活动之外，西安临时大学师生积极开展社会服务，以更充分地发挥大学的功能。

（一）教职员以国防建设、资源开发为主的社会服务

西安临时大学的成立，给文化、经济、科技落后的陕西带来了一

① 李永森：《抗战中的西北联大》，《陕西地方志通讯》1987年第1期。

批学有专长、富有担当精神的学者。他们在正常的授课外，积极参加陕西及周边地区的国防建设、资源开发、汽车养护等工作。如，土木工程系主任周宗莲尽心于邻近飞行港的扩充，刘德润博士致力于勘估商洛公路；矿冶工程学系教授魏寿昆、张伯声、雷祚雯前往安康调查砂金矿；陕甘运输管理局也敦请机械工程学系教授研究改善本地铸造的汽车零件，使之经久耐用。①

陕西省建设厅也积极主动地与西安临时大学联系，希望能发挥西安临时大学的科技力量为抗战服务。陕西省建设厅调查陕南安康区的矿产资源时，请西安临时大学矿冶系教师“率领三四年级学生前往安康区各县调查，及计划开采砂金，藉以开发资源”②。西安临大工学院矿冶工程学系毅然担负起这一责任，1938 年 1 月 10 日，系主任魏寿昆率领该系学生十余人，前往安康调查金矿；③ 1 月 13 日魏寿昆带领学生乘汽车由宝鸡县出发，是日宿双石铺，沿途秦岭、凤岭、紫关岭等山路崎岖，行走困难，驾驶汽车夫若无经验，都视为畏途；14 日下午安全抵达汉中，“借宿于联立中学，本校第一宣传队亦宿该校，全部同学晤聚汉中，甚为欢洽”④；随后向安康进发，到达安康之后即展开了勘探工作。据魏寿昆推测，“汉江中河底沙层含金较多，干支流长千余里，宜用掘金船，从事开发”⑤。

1938 年 2 月，魏寿昆在给校常委的报告中较为详细地报告了此次赴安康探矿的情形：“于上月十日自西安出发，二十二日到达安康。……到此之目的，拟略改为研究砂金生成之原因、地层之构造，富矿带之有无及所在地，欲达此等目的，非同人下最大决心，努力爬山岭，冒危险，追本溯源，择相宜地点掘探不可。……采探试验结

---

① 《工学院教授各方纷纷顾问》，《西安临大校刊》第 6 期。

② 《陕西省建设厅委托本校代为调查陕南金矿》，《西安临大校刊》第 3 期。

③ 《魏寿昆教授率领学生前赴安康》，《西安临大校刊》第 5 期。

④ 《本校矿冶系赴安康勘矿队已抵汉中》，《西安临大校刊》第 7 期。

⑤ 《本校探矿队推测江汉中河底沙层含金》，《西安临大校刊》第 12 期。

论：一、长枪岭砂砾层无成岩砂砾者不含金；二、砂砾层含金者，俱有多数之火成岩……而非得自安康附近千枚岩层之石英矿脉；三、洵阳一行计三百余里，从未见及火成岩地层，证明金之来源甚远，至少在镇安县之北；四、洵阳一行证明陆地测量同出版之地图形错误不符处甚多。”[①] 工学院师生参与此次安康资源调查，不仅是对地方建设的支持与帮助，而且“顺便在该区从事抗敌救亡宣传，以期唤起民众，组织民众，为抗战之后盾也”[②]。

（二）学生以抗战救亡为主的社会宣传

为了应对战时的特殊环境与需要，西安临时大学不仅重视对学生的救亡教育，认为“凡所教学训遵之方，悉宜针对国难时艰，积极设施，以厉行非常时间之救亡教育”[③]，而且鼓励学生课外深入民间宣传抗战。对此，校常委陈剑翛在《西安临大校刊》发刊词中有明晰的表述：西安临时大学“合平大、师大、北洋极有历史之三校院，经过不少之曲折历程，始在此西北重镇宣告成立，在教育史上实一创举；其因革损益变迁之迹，随非常环境而演化，在院系组织上，学科教材上，处处可以窥见。且为适应战时之特殊需要，特于课外厘订军事、政治、救护、技术等训练，并由教授指导学生组队出发，下乡宣传，以尽匹夫匹妇救亡之责”[④]。

的确，西安临时大学成立后，把唤醒民众的救亡意识作为最重要的责任之一，广泛动员学生组织宣传队赴陕西各县做抗战宣传。为了宣传队能有序、有效地开展抗战救亡的社会宣传，西安临时大学常务委员会制定了详细的计划大纲，对队员提出明确要求，如下：

① 《本大学安康探矿队报告（总领队魏寿昆等报告）》，《西安临大校刊》第12期。

② 《矿冶系将往安康调查砂金宣传救亡》，《西安临大校刊》第3期。

③ 《本校布告》，《西安临大校刊》第1期。

④ 陈剑翛：《发刊词》，《西安临大校刊》第1期。

1. 本校学生均有下乡宣传之义务，除女生及身体过弱之男生得酌予免除外，一律均须遵照本校指定办法办理。

2. 下乡宣传之目的，为唤起民众及抗战常识，以期民众之组织化及发挥自卫能力。

3. 本校学生，下乡宣传，分期实行，每期下乡时间，以两周至三周为限，每期出发以四队为准。

4. 宣传队以20—30人为一队，由教职员一人至三人率领指导，并指定学生一人为队长，二人为队副。

5. 本校宣传地点，以不与东大及陕省府宣传地点重复为原则，本校应偏重陕南各县。

6. 宣传内容，注重“抗敌情况”“服兵役”“服工役”“国家观念”“公民常识”“防空常识”等项。

7. 宣传材料，以简明图书为最佳，简短之小册子亦可，可向抗敌后援会及民政厅索取样本以资参考。

8. 宣传方法，以采取谈话形式为佳，如环境适宜得召集大会演讲，能化装表演尤佳。

9. 宣传队除向地方当局请求予以必须之宣传便利外，不得收受任何招待，对民众必须有最谦和之态度。

10. 宣传队队员由学校津贴，每人每日膳资三角，除赴远处县份，能乘火车时，准许乘车以节省时间外，余均步行。

11. 宣传队队员必须能吃苦耐劳，自身所用之行李，必须能自身携带。

12. 宣传队在出发前，需受一星期之训练，于个人生活、宣传技能等项，应有相当准备，此项训练由领队教职员担任，并得请学校外有经验者参加指导。

13. 宣传队下乡后，应记日记，并须于每三日向学校报告一次，一切宣传经过地方情形，均须记载。

14. 宣传队抵达各县时，以不在县城而在乡镇宣传为佳，如遇有集市之地点，更应利用之。

15. 宣传队队员之行为，务须特别谨慎，万不可使民众有任何□□之印象。

16. 宣传队应借助公共场所，以学校庙宇为佳，只要有屋可避风雨，盖草铺地即可。在宣传期间，应充分利用机会，锻炼耐苦。

17. 宣传队队员，对于民众不良习惯，不应直接说明其不当应用，应用和蔼态度与和平方式说明其厉害。

18. 宣传队实行军事组织，队员对队长及指导员须绝对服从。

19. 宣传队队员，如行为不检或不听指导员命令时，本校应予以适当之惩处，其有重大过犯者，虽开除学籍，亦不姑息。

20. 宣传队宣传成绩优良，队员行为亦均妥当，经指导员报告，查明属实者，学校予以适当之奖励，其队员中有特别表现者，并予以个别之奖励。

21. 宣传队下乡宣传成绩，作为学业成绩之一步，指导员负评定之全责。

22. 宣传队行经之路段及地点，均须事先商得县政府之同意，并接受其协助。

23. 宣传队宣传之能否收效，视其自身之是否健全，宣传队全体队员必须切实互助合作。

24. 宣传队队员，除患病不能参加工作并有医生之证明其不能随队行走者外，不得中途离队。

25. 本大纲及队员须知经常务委员会议决施行。[1]

① 《组织宣传队分赴陕境各县宣传》，《西安临大校刊》第1期。

学生外出宣传之前，校方要开展宣传技术的培训。比如，1938年1月23日校常委陈剑翛就给临大近郊宣传队讲了《宣传的技术》，提出“宣传可以用文字，也可用语言。但使宣传的人所发出来的东西，简单扼要，无论是语言或文字必能给大众容易了解”[①]。

1938年1—2月，西安临时大学教授董守义、罗根泽、佘坤珊、徐佐夏、王同观、郭俊卿等带领学生100余人组成宣传队分赴陕西各县宣传，以陕南为主。宣传内容注重“抗敌情况”“服兵役”“服工役”“国家观念”“公民常识”“防空常识”等。[②] 前往陕南的宣传队从宝鸡翻越秦岭，发现沿途“教育程度之低落、风俗习惯，偏于保守……一般人多习于怠惰，不事生产，富源虽多，均未开发，吸鸦片者且遍地皆是，街头巷尾之商肆中，无他物亦惟有烟斗而已”[③]；宣传人员路过宝鸡、褒城时即对民众进行常识的普及，受到群众欢迎，每次听众自六七百人至千余人不等，其中学生占十分之三四，农民占十分之六七，民众持标语在郊外相迎。[④] 赴汉中宣传队，除依照原定计划宣传外，还“协助地方办理壮丁训练，保安队体育训练，社训军官之体育指导等工作……代县政府计划农村俱乐部之组织，及其应筹备之事项。……对于训练民众、组织民众之工作不遗余力，深得地方民众之信任”[⑤]。

西安近郊宣传队分成四个大队，分别以西安四周为宣传地点，西郊以鱼化寨为中心，南郊以庙坡头为中心，东郊以韩森寨为中心，北郊以井上井为中心。[⑥] 宣传活动以“兵役扩大”为主题，有专门的组

① 陈剑翛：《宣传的技术（一月二十三日向临大近郊宣传队讲）》，《西安临大校刊》第7期。

② 《本大学下乡宣传队近讯》，《西安临大校刊》第6期；《本大学下乡宣传队近讯（续）》，《西安临大校刊》第7期；《本校慰劳下乡宣传队》，《西安临大校刊》第10期。

③ 《本校学生宣传队第三队第二次报告》，《西安临大校刊》第2期。

④ 《本大学下乡宣传队近讯（自汉中寄）（续）》，《西安临大校刊》第7期。

⑤ 《本大学下乡宣传队近讯（自汉中寄）》，《西安临大校刊》第6期。

⑥ 《近郊兵役扩大宣传举行办法》，《西安临大校刊》第8期。

织机构[1]，并拟定了《近郊兵役扩大宣传举行纲要》[2]。

1938 年 2 月 12 日下午，西安临时大学校方举行了慰劳下乡宣传队的茶叙会。会上，总领队董守义、魏经武、陈先奎、艾经毅等依次详细报告了途中所见所闻，被“问及所到各处之政治社会情形，每为吾人所未前闻，殊甚有趣，但言及乡下吸食鸦片人数众多与夫农村经济困穷之处，莫不令人闻之慨叹”[3]。

四 师生业余生活

（一）学生课外生活

除了自由活动外，学生的课外生活与社团息息相关，绝大多数学生都是某一个或几个社团的成员。

1. 学生社团的恢复与新建

组成西安临时大学的主体高校在平津时均有较为悠久的办学历史，学生社团林立，有学术研究性的，有文艺活动类的，也有社会宣传类的……极大地丰富了校园生活。西安临时大学组建之后，旧的社团逐渐恢复，新的社团也迅速组建。

工学院的学生社团之一矿冶工程学会 1937 年 12 月 25 日在第二院召开了迎新大会。会上，工学院院长李书田以北洋大学的校训“实事求是”激励新旧会员“勤勉从事，以开发中国资源，弘扬母校精神”，并说：“现值国难严重，同学应加倍努力万不可因敌机之威胁而自馁，须知全国各地，均非绝对安全之区，目下既有机会求学，自应潜心攻研，培植能力，以备异日担负复兴与建设大业之重任……更宜熟察地方情形，准备协助地方政府，开发资源，兴建

---

① 《近郊兵役扩大宣传职务分配一览》，《西安临大校刊》第 8 期。
② 《近郊兵役宣传举行纲要》，《西安临大校刊》第 8 期。
③ 《本校慰劳下乡宣传队》，《西安临大校刊》第 10 期。

西北。”①

农业化学系同学会是农业化学系全体学生组织的学术团体，它于1938年1月22日（星期六）晚举行了非常热烈、持续四个多小时的会议，有教师演讲，有在陕毕业同学和新同学的交流，还有游艺活动。②

2. 课外体育运动及特殊训练

西安临时大学在正常的每周两小时体育课之外，还成立了由王耀东、朱淳实、刘靖川、刘博琛、罗爱华等五位教师组织的课外运动委员会，办理全校课外运动事项。③

1937年12月8日，西安临时大学课外运动委员会召开第一次会议，通过了《大学生课外运动报名须知》，设立了面向学生的课外运动项目，男生有足球、篮球、排球、垒球、国术、竞走、体操、越野赛跑等，女生有小足球、篮球、排球、垒球、国术、竞走、旅行、体操与游戏等。④ 学生踊跃报名，组建了多支运动队。比如，第一院和第三院男生组织的七个篮球队（潜水艇男子篮球队、战队男子篮球队、铁鸟男子篮球队、先锋男子篮球队、黑铁男子篮球队、商先男子篮球队、华豫男子篮球队）、四个排球队（七七男子排球队、健身男子排球队、法一男子排球队、湘队男子排球队），第一院男生组建的垒球队——北农垒球队，第一院和第三院女子组建的四支运动队（临时女子垒球队、女子篮球队、复兴女子排球队、无名女子排球队），第二院男生的十九支篮球队（天队、铁队、健群队、奋起队、五一四队、五社队、Kodak队、老鹰队、西沽关队、良队、曙光队、北洋升队、九年班队、八一三队、复兴队、游击队、平倭队、乌云队、南北

① 《李书田院长在工学院矿冶工程学会迎新大会上的讲演》，《西安临大校刊》第4期。

② 《农业化学系同学会举行欢迎会》，《西安临大校刊》第8期。

③ 《本校课外运动办理经过》，《西安临大校刊》第6期。

④ 《课外运动委员会第一次会议记录》，《西安临大校刊》第6期。

队、四四队），两支排球队（抗队、老北风队），一支足球队——凑队，第二院女子三支篮球队（老面队、十友队、临时队），两支排球队（无名队、临时队）等。此外，学生国术队、体操队及越野赛跑队也在开展活动。①

这些运动队开展了多场友谊赛，不仅活跃了校园气氛，而且促进了学生运动水平的提高。比如，1938 年 1 月 15 日第一院女生组织的姊妹班排球赛，“当时天气虽甚阴寒”，但“出场者仍极踊跃，观众组啦啦队以助兴”，结果一三年级联队以 2 ∶ 1 战胜了二四年级联队。② 1938 年 2 月 11 日下午第一院女生的两支篮球队——“时队”和“零队”进行了一场篮球友谊赛，打得非常精彩，观众把赛场四周围得水泄不通，“零队”的“于爱琴技术巧妙，虽在极严密之守卫下，亦能躲闪攻入，每中一球，观众莫不拍掌称妙”③。第一、三两院女同学于 1938 年 2 月 12 日下午举行的姊妹班篮球赛（共两场，一场是四年级对二年级，另一场是三年级对一年级）也非常引人注目：“四年级之大姐姐孙明琦、何玉贞老练稳重，投掷标准……三年级队长王义润君，技能纯熟，百投百中，加以安氏孪生姐妹联络得手，陈丽君守卫严密，一年级之小妹妹虽极努力，然因无机可乘，亦只徒唤奈何而已，是役一年级几全体出场，精神最佳，异以身材短小，诸多失利。”④

一场大雪也能助力学生的体育活动。1938 年 1 月 20 日，大雪纷飞，体育系罗先生组织第一院两队女生在操场上展开攻防雪战，冲在最前面的“敢死队”英勇奋战，在后方制造雪球“手榴弹”的“工兵”刻苦勤劳，助威呐喊的观众热情、激动，校园内充满了笑声。⑤

---

① 《课外运动委员会第三次会议纪录》，《西安临大校刊》第 7 期。
② 《第一院女同学姊妹班排球赛》，《西安临大校刊》第 6 期。
③ 《女同学篮球友谊赛》，《西安临大校刊》第 8 期。
④ 《女同学姊妹班篮球赛》，《西安临大校刊》第 10 期。
⑤ 《冰天雪地中第一院女同学会战操场》，《西安临大校刊》第 7 期。

西安临时大学为适应抗战需求，1938 年 12 月 26 日第 46 次党委会通过了《本校军事管理暂行办法》，将全体学生编为“国立西北联合大学军事训练队”，全部接受军事训练。[①] 学校还专门组织特殊训练队，其“所训练之课目，偏重各种战斗教练及距离测量、地形识别，与夫冲锋突击及纵深突击等技术”，经过两个月的训练，学员们的“一切生活，有如军队之住营坊，整齐相互，殆已做到”，但学生们“颇感二月来所得军事学识与术科训练尚差，倘令充任军队中下级干部，深虑不胜”，故“全体队员联名请求学校当局延长训练期满，改良实施办法”。后校常务会准予在不影响正式课程原则之下延长一月，结束后发给出队证，并准油印受训同学录，拍照团体相片。[②] 训练结束后，全队进入国民革命军陆军第 28 师某团见习班长职务。学校当局及军事当局对西安临大学生的这种抗战精神“无不嘉许”。[③]

特殊训练队在办理军事队的同时，也办理了政治队。政治队是 1937 年 12 月开始的，由商学院政经系主任尹文敬博士担任队长。坚持上课并参与考试的共 38 人。受训的课程参酌西安行营政训处政工人员训练标准而定，理论与实际兼顾，其中有关理论方面的功课，主要由本校教授担任，实际方面则聘请军政工作者担任。最终有 24 名参与了训练的学生志愿暂时离校参加抗战工作。[④]

（二）教师生活

西安临大时期，教职员宿舍紧张，到 1938 年 2 月尚未能圆满解决：“第二院虽有卧室 27 间，究未能容纳教职员达到半数，第一、三两院房舍，多为负事务上实际责任人员与夫低薪职员所占用，更不俟论。数月以来，竟使教职员寄宿问题未得圆满解决，洵为流亡生活中

---

① 《本校军事管理暂行办法》，《西安临大校刊》第 5 期。

② 《特殊训练延长一月》，《西安临大校刊》第 11 期。

③ 《特殊军训生入伍见习》，《西安临大校刊》第 12 期。

④ 《本校特殊训练队政治队办理经过报告》，《西安临大校刊》第 12 期

难堪之事。……今在此为环境物质条件所限，学校当局纵力求完善，终觉筹谋莫展，偶有小问题发生，彼此执词不同，转易引起误会。"为解决此问题，学校"拟将目前所有房间分为一人、二人或三人住居不等，略订租金价目，以房大住人少者纳金最多，余则以递减，最低率或为每人一月二元"。①

西安临时大学组建初期，师生就诊与东北大学在一起。稍稳定后，西安临大常务委员会议决以国币800元作为开办费、每月100元作为日常消耗费筹备校医室，方便全校师生就诊。到1938年2月，校医室基本就绪。②

休息日，西安临时大学教师常常组团考察西安周边的名胜古迹，既作为业余生活的调剂，又作为考察汉唐遗址、领略西安风土人情的好时机。西安临时大学附中教员赵慈庚这样回忆当时的情况："每于假日或星期日均在西安郊区作长足旅游，无学生，皆由教职员组队步行数十里。予曾参加者计有大雁塔、少陵原、王曲、曲江池（俗称武家坡，有王宝钏窑洞，实为武典坡，因字音相近，遂附会为薛平贵戏妻之所）。曲江池在汉代为名胜地，文人雅士辄会此讽诵，今一无所存，唯黍离遗叹而已。此次前游，百余人在窑洞外坡上吃烤牛肉（自制铅丝架，烧木柴烤食），为最盛一次。游王曲（传为汉元帝王皇后故里）为最远一次，往返约70里。少陵原在杜曲，为杜甫读书处。这两次都是自带食品。"③

---

① 《教职员宿舍将定办法》，《西安临大校刊》第11期。

② 《校医室布置即刻就绪》，《西安临大校刊》第8期。

③ 赵慈庚：《西安临大南迁琐记（1993年5月）》，转引自李溪桥《李蒸纪念文集》，中国社会科学出版社1996年版，第255页。

第四章

南迁苦旅：西安临时大学的南迁

一　南迁准备

1937年11月9日太原失陷后，日军沿同蒲线南下，迅速占领临汾、侯马，直逼潼关。西安告急，日军飞机不断轰炸西安西门外飞机场，西安临时大学的师生难以安心上课。

国立西安临时大学一年级学生郭雨东（1937年从开封高中毕业后考入国立北平大学应用化学系，1937年10月底收到入学通知）回忆1937年底到1938年初西安的紧张情形："后来战事更为逼近，敌机从运城起飞，警报还未拉响，飞机已到头上，东北大学紧挨着飞机场，机场是敌机轰炸重点，我们只能匆忙跑到院外农田里趴下，冬天田里空荡荡的，也无从掩蔽，只好听天由命。有时还看见有汉奸给敌机发信号弹，大家十分气愤，可爬起来又找不出哪个是汉奸。至于市里的同学如何躲警报就不知道了，估计大家的学习都受很大影响。"①

学校的下一步发展问题摆到了校常委面前，他们经过商讨，形成

---

① 郭雨东：《回忆惨遭肢解的西北联大》，"郭南阳_ 272"的新浪微博，https：//m. weibo. cn/2348962394/4432021692199251。

共识："西安接近晋鲁豫战区，当此抗战严重时期已届前方不远，而军事瞬息万变，又为确切不移之性质，万一略有疏虞，不免进退失据，此亦不可不预防。……高等教育为国家命脉所系，尤为西北发展所需，无论战时平时，不能不有一比较永久不变之计划。"因此学校派李书田、袁志仁、张汉文三人于 1938 年 3 月 1 日启程到兰州、西宁等处考察，"相度地宜，衡量人事，并探察天然资源，以为计划发展本大学及西北教育之根据"。①

基于"战时需作平时看"的教育方针，以及"教育是立国的根本，尤其是当国家临到存亡绝续关头，成为绝对需要，这是一个国家最强韧、最可靠的生存力量"② 的认识，1938 年 3 月 2 日，蒋委员长西安行营主任蒋鼎文出面，命令西安临大向陕南南郑（即今陕西汉中城区）一带迁徙。李书田、袁敦礼、张汉文三人到天水后来电称"印象颇佳"，但其时西安的局势已经相当严重，校常委"已复电请其先往南郑布置"；3 月 7 日教育部来电准予"紧急时迁往南郑或天水一带"。③

其实，在政府和校方正式通知之前，尤其是风陵渡失守后，西安临时大学的师生已无心上课。到 1938 年 2 月底放寒假时，"人们便公开议论起迁校之事了"，甚至"各自准备旅行用品，已经公布要徒步南下，大家便都去买背包、油布等物"。④

西安临大在迁移地点的选择上可谓颇费功夫，当时校内有迁甘凉、新疆、四川、陕南、天水等种种议论。黎锦熙在同朋友谈到此事

① 《本大学教员赴甘青两省考察》，《西安临大校刊》第 11 期。

② 陈诚 1937 年 12 月在长沙临时大学的演讲，见陈诚《抗战建国与青年责任》，国民政府军事委员会政治部 1938 年印行。

③ 《国立西安临时大学常务委员会第 23 次会议记录（1938 年 3 月 9 日）》，陕西省档案馆藏国立西北大学档案，全宗号 67，目录号 1，案卷号 205.1。

④ 赵慈庚：《西安临大南迁琐记（1993 年 5 月）》，转引自李溪桥《李蒸纪念文集》，中国社会科学出版社 1996 年版，第 255 页。

时，认为“若具远略，宜指西北，度陇屯甘凉，趋新疆，是为左宗棠路线。若避入蜀，是为唐明皇路线。迁陕南，是为唐德宗路线。仅少西移，则为杨贵妃路线矣”。在他看来，远迁新疆是最佳选择，但其时道阻不能到达，而迁陕南至少有回复京师的希望。[①]

陕西省政府下令西安临时大学迁汉中后，南迁的各项准备事宜开始紧锣密鼓地展开。校常委会立即派总务处徐士度到汉中寻觅校舍。与此同时，西安临时大学校常委派闫步洲、尹荣琨、李荫深三人到宝鸡接洽准备南迁途中住宿之处、拉行李车辆事宜。

1938 年 3 月 9 日，西安临时大学召开常委会，决定成立以徐诵明、李蒸、李书田、陈剑翛、张贻惠、李冰、袁敦礼、齐国梁、周宗莲、罗根泽、佘坤珊、李廷魁、刘德润、谢似颜、郭俊卿、易价、方永蒸等为委员的 17 人“准备迁移事务委员会”（下设布置、运输及膳食三个分委员会），并修正通过《国立西安临时大学准备迁移事务委员会规程草案》，颁布《全体学生由西安至汉中行军办法》，决定将全校编为一个大队，三个中队，每个中队 400—500 人，再设若干区队，教职员编为独立区队，由校常委徐诵明任大队长；每个师生划分到分队，以行军的方式迁移；大队、中队、区队、分队均各自制作一面白布角旗，各组制作一面白布方旗，写明番号；全队另设参谋团进行辅导，由李蒸任参谋长。另外，会议设立“新迁校舍勘察及布置委员会”，由李书田、袁敦礼、张贻惠、贾成章、杨立奎、许寿裳、黎锦熙、张汉文、董守义、刘锡瑛、尹文敬、汪厥明、林几等人为委员，并以李书田为召集人，在召集人未到汉中之前由张贻惠负责召集。

---

① 黎锦熙：《国立西北大学校史（1944 年 5 月）》，转引自西北大学西北联大研究所《西北联大史料汇编》，西北大学出版社 2012 年版，第 653 页。

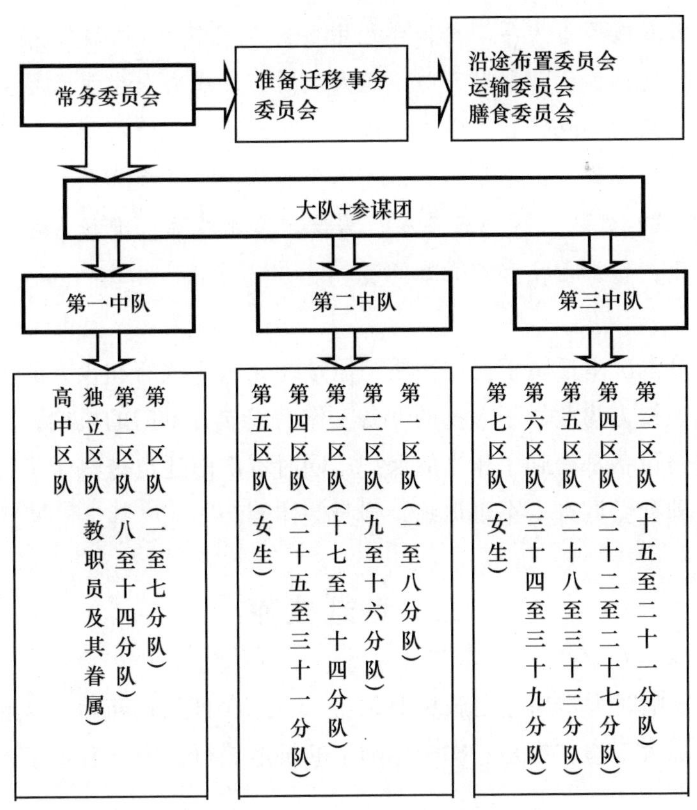

图 4－1　西安临时大学南迁组织情况

“准备迁移事务委员会”制定了较为完善的师生管理办法，以利于区别各种情况，按时到达陕南：

1. 本校教员以随同大队出发为原则，如因患病体弱或自愿可单独前往；

2. 本校职员须随大队同行，如确因患病或有不得已事件，经常务委员核准者，得于大队出发前起程，但须于 3 月 31 日以前到达南郑，向本大学办事处报到；

3. 学生于注册时声明，愿随大队同行者，自即日起由军事主任教官按照本大学“全体学生由西安至汉中行军办法”编队，候命出发；其于注册时声明不随大队同往，或由医生负责检查证明确实患病不克偕行之学生，应于大队到达南郑后一周内，即至南郑本校报到，逾期报到者，一律令其休学；又随大队同行之学生（借读生在内）因须置备旅行需要之零星物品，准每人由校借给五元，将来由校定期通知偿还。①

尽管本次南迁属于流亡性质，但是终究属于政府和校方的主动行为，加上校方为此做了大量的准备工作，成立有专门的机构，图书资料和仪器设备都得到了相当的保护，同时本次南迁也被赋予了特别的任务，即社会调查、军事训练、强身健体等。②

二　南迁之旅

西安临时大学南迁之旅从 1938 年 3 月 16 日正式开始。这既是一次教育的大迁移，更是一次全体师生的长途旅行，内中有艰辛，也有快乐。

时任西安临时大学秘书处文书组组长的佟学海所写的《本校迁移行军沿途经过纪录》和《膳食委员会报告》对这段旅程有系统的记录。《本校迁移行军沿途经过纪录》文字简洁生动，全文录于此处：

1. 本校行军组织系将全校职教员学生编为一大队，推徐委员诵明任大队长，军事主任教官李在冰任大队附。大队再分为三中队，每队四五百人，各设中队长一人，中队附二人。每中队又分

---

① 《国立西安临时大学常务委员会第 23 次会议纪录》，陕西省档案馆藏国立西北大学档案，案卷号 67—1—201—1。

② 姚远：《国立西北联合大学的分合及其历史意义》，西北大学西北联大研究所：《西北联大史料汇编》，西北大学出版社 2012 年版，第 8 页。

为若干区队、分队，另设警卫组、医务组、运输组、通讯组，统属于大队长。此外其他校委员及院长组织一参谋团随军参与指导行军事宜。自三月十六日夜乘火车自西安出发，次日中午抵宝鸡，依照预定计划徒步前行。第一日第一中队进驻大湾铺；第二中队进驻益门镇；第三中队暂驻宝鸡，以后按日分站继续递进。

2. 本校公物运输除图书仪器等雇用汽车或胶皮轮大车，另派专员押运外，各队米粮炊具伙夫均雇用汽车运送，以便先到前站预备饮膳，其随军行李均雇骡驮，然骡夫驴骡颇不习于有秩序之进行，乃由运输组将骡夫驴骡编号排次加以管理。至各中队行进先后规定：最前为警卫组，二为各分队，三为骡驮，四又为警卫组，教职员殿后，一行前进蜿蜒数里不绝，实为奉校前所未有之大规模旅行。

3. 由宝鸡至汉中须越过秦岭、凤岭、酒奠梁、柴关岭。过秦岭时适值雨后尚未放晴，道路泥泞，行步艰难，同行者觅取捷径，努力攀登，乃翻过一岭又逢一岭，层层重叠，无不叹秦岭之伟大。沿路翠峰斜坡冻雪，白石横枕急流，所有景致依山路盘旋而随时变换，云雾低迷，人如行于雾上，雾逐人移，前后行人稍远即时现时隐，旅行人至此攀登虽劳，然兴趣盎然。酒奠梁及柴关岭较秦岭为低，而道路之难行过之，公路修筑较秦岭盘旋尤多，汽车迂回公路，尚不若行小道之速，故同行中，有与当时经过汽车争先者，汽车与人，旋合旋离，一呼一应，历若干次，笑乐之声动山谷。大队长、中队长命令全队由公路前进，不准走小路，以免秩序紊乱，及发生意外危险。但当越岭之际，因小路为捷径，省力甚多，同学纷纷离队走小路，秩序不能维持，但身体较弱、性情稳健者，仍随中队长缓步沿公路前进。不过愈向前走愈感觉走小路实在近得多，于是大队长参谋团亦均不愿遵守命令多走冤枉路，遂绕小路下山。在山下休息好多时，方见中队长率领一部分队员整队赶来，其始终遵守“行不由径”之古训精神，诚不愧为道德学之教授（第一中队长为教育系教授谢似颜先生，亦担任道德学科目之教学）。徒步行军，在学生均年轻力壮毫无问题，惟教职员中颇有疲乏狼狈情形，可资为笑料者不少，但亦均兴致勃勃精神上异常振奋。柴关岭下看留侯庙，中有紫柏峰，所谓授书楼在焉。登楼远望，四面山水风景尽在目中，旧有小西湖之称，经过者多流连不忍去，此为徒行十余日所过风景最美之地。

4. 行军膳食以沿途无处购买，各队均自带锅饼（西安有名之干粮）、大米、军用锅、伙夫等，每晨烧水、煮饭各一次，中午于途中打尖，食所带锅饼、咸菜，晚间炊饭、烧水各一次。每晚所到城镇，青菜、豆芽、豆腐、粉条等，均被收买一空，然亦为数不多，不足应用，以各该城镇村庄所产蔬菜本少也。伙夫熬菜、煮饭，均以铁锹为调动之具，既具烹调之知识，复有泥水匠之技能，而职教员学生等以行路辛劳，食欲加强，又以沿路城镇食品缺乏，故每当开饭前职教员学生多已持箸碗环立鹄候，迨伙夫一声报熟，启锅分盛，无不食之津津有味。有外籍沙博格、克敦二人亦羼入分取，享受一口辛劳之酬报。

5. 各队住宿以事前派有前站，先向该地保甲长，按站借用民房，事后酬以每人每日五分租金，故各当地居民最初尚持支应普通军队过境态度，其后乃喜出望外，接待殷勤。然沿路城镇乡村穷困异常，本为陕川栈道所谓“穷八站”，破屋颓垣人畜杂居，本校教职员学生所住各处，亦不免有与猪为伍之叹。又各中队所设通讯组，每晚以收音机收听中央广播消息，次晨以大纸书写张贴于外，不特各队队员得以明悉当日新闻，而各当地居民识字者亦多停立围观，藉知现在国家大势。

6. 西汉公路依山沿河而筑，沿路河水遂为本校员生洗濯沐浴所取资，各队行至褒城得见有名之鸡头关，高峰耸立，巨石嶙峋，远望之如鸡冠。山上有石门，内有石门铭，下有魏王所书“衮雪”巨石横枕中流。此地河水宽阔，土地空旷，经山谷行十余日，骤然抵此豁然开朗之处，心胸为之一快，且此地水浅而清，实为一天然浴场，本校员生以等候修理校址，住于褒城累日，多浴于此。

以上本校迁移行军，自宝鸡起至汉中共二百五十五公里，费时约十二日。同行职教员学生除因公或疾病搭乘汽车或大车骡驮外，其余绝大多数均步行到达汉中等处，幸无任何事故发生，堪为本校一大纪念。徒以旅行匆匆，记载鲜详，所述不免失之片段耳。①

佟学海的《膳食委员会报告》同样值得全文展示：

本校于二十七年（1938）三月十六日起，由西安迁至南郑城固一带，所有行军途中关于全军饮膳事宜，事前曾经常务委员会议决定组织膳食委员会负责筹备及管理，当即分别函请齐璧亭主席、李蒸兼代主席、佟学海、唐绍言、张煜之、沈树祯、萧野耕、范润泽、王毓琪、郭家泽、余梦祥、龙韶九、刘俊翘、唐崇华、吴长祺、高明堂、姜玉鼎、张德培、贾占豪、周松林、汪诚诸先生为委员，请齐主任璧亭兼主席，开会时公推佟学海为书记，共计开会三次，议定购办米粮、饮具、咸菜等办法，规定行军时早晨食粥，中午打尖食自带之锅饼咸菜，晚间食干饭汤菜，并分配前站人员，前站人员姓名及先往布置地点如下：

① 佟学海：《本校迁移行军沿途经过纪录（1938 年 11 月 1 日）》，《西北联大校刊》第 3 期。

刘俊翘、唐崇华	益门镇
吴长祺	大湾铺
高明堂	观音堂
姜玉鼎	东河桥
张德培	草凉驿
贾占豪	凤县
周松林	双石铺

以上前站人员，仅自益门镇向南分配至双石铺各站，自双石铺再南如南星、庙台子、留坝、马道、褒城各站，由以上各站人员按自北向南顺序于第一、二、三中队经过完了后，陆续赶往南星以下各站分驻预备膳食。每位前站膳委于到达各站后，即须先与保甲长接洽，号定宿舍，购存木材，待各队到达时，即分别导引各队搬入指定宿舍，随即购置猪肉、青菜、豆芽、豆腐、粉条，协助督促伙夫预备膳食，各队去后，并须按照所住人数以每人每日五分计价分付各房主房租或捐助学校款项，事毕后又须骑驴、骑车步行赶往前站如法办理，无间昼夜，不蔽风雨，极为辛苦。

齐主任最初主持颇为尽力，乃以与他人有约同雇汽车先行不可中止，请假遂请其顺便到南郑时，与原在该处主持勘察校舍及购置米粮之张教务长贻惠、董教授守义等共同办理米粮北运接济队员食用事项，主席一席，遂由李常务委员蒸兼代，李委员为行军参谋团主席团之一员，任务重大繁巨，膳食事务学海即为膳委会书记，遂不得不增加负担，勉力支持，且启行在即，尤不容丝毫瞻顾。不过学海既无庶务于粮站之知识与经验，又赋性憨直，以致一路行军膳食之供给既感困难，而人事之应付尤多烦恼，迄今提起此事，仍有回苦之感也。

兹者本校拟继续编印校刊，以本校迁移为大学重要史实，拟发行专号以纪之，常务委员命行军各委员会负责人撰具报告，以供编辑，学海以膳食委员会书记资格又始终其事，自应遵照拟具报告，然其所述未免率直，特事实俱在，亦不便加以文饰。

（一）行军干粮以锅饼为最适合于易携不腐之条件，然购集困难，运输笨重，最初膳委会有主张发款由学生购置总运者，亦有主张代购由学生分带者，待最后决定，仍为由学校总办，纯系为学生减轻负担着想，当时距起程时间已迫，即请庶务组组员胡铭佑先生于定雇胶皮轮大车之便，托大车公会会长代为购集，至开车前，始由该大车公会会长之妻某氏，率同各制卖锅饼小贩分头送至车站火车之旁，随即陆续过秤，登记斤数，惟各家锅饼分量不同，而所用之秤又为旧秤，并须拆合新秤，同时该秤秤鼻及挂饼袋之绳细而且旧，不堪重负，既不能多秤，且随秤随断，随系随秤，适值天已昏黑不便购买更换，只得勉强对付，良久始竣，计秤得锅饼三百一十七袋，八千六百七十六斤。正拟指引该妇人前往会计方面领款，乃该妇人所具收条只系庶务组组员胡铭佑先生所开，令彼照开收条之式样，既不具收条之形式，更勿论图章与印花，当即嘱其赶紧更换，而该妇谓："以货换钱，何须收据。"理直而气壮，且恐火车开行无处索款，情急心伤，哭索不已。虽如何譬慰，并告以即便开车，如此款不清，余亦不他去，无如彼不肯信，正纠缠间，适有本校学生来劝，误为不应与妇人为难，是真令人啼笑皆非矣。

（二）咸菜共买三千余斤，系分向西安各酱园购买腌萝卜，但西安各大酱园每家所存酱菜数量无多，且不肯全数出卖，恐因全卖后，将无以应付经常主顾，等于停止营业，乃不得不分头购集，费事误事，此皆事前所不及料者也。

（三）饮具以系前购置，故尚无何项困难，唯运输颇为费力，最初计划拟在大队起程前由前站膳委率领伙夫先行运走，待运抵车站，客车不准装载，仅膳委会及伙夫先去，饮具等件仍然运回，至起程时，又派萧野耕、范润泽两先生担任督运，雇定胶皮轮大车六辆，由第一院装运，所运饮具名数如左（下）：

咸菜十七袋，盐二袋，秤一个，行军锅二十三口，炉二十三份，铁锹九个，提灯十八个，镐六个，小铁勺九十九个，洋灯六箱，小桶四十二个，木盖十八个，刀二十九把，火剪三个，面板三个，菜墩三个，煤油三桶，水壶三个，扁担一个，水勺二十八份，小铁锅十七个。

（四）伙夫系由唐崇华先生向本校厨房及校外开小馆者招募，言明每人每日工资二角，头目三角，彼等均以到汉中后无法谋生为虑，当晓以果该伙夫等无大过失，到汉中均酌令包办学生伙食，或派充校工，该伙夫等始安心应募，一路早起晚眠，极为劳苦，故学海总待以“彼亦人子也，应善视之”之态度。

附伙夫名单：

梁国林、杜玉繁、王光、周焕祥、周世金、杨锡友、赵良臣、赵文波、韩玉德、曹振勇、杨栓泰、王万明、张小小、韩廷玉、刘金榜、沈鸿恩、陶一心、雒福堂、冀玉宝、陈金善、张华亭、张增元、周玉文、赵盛业、樊吉和、杨沛林、杨富春、王光财、梁永和、赵文林、韩树刚、郭白将、石兰婷。

（五）三月十六日晚全军搭乘火车竣事，座位甫定，即议及次日之膳食，决定于车抵宝鸡时即行分发锅饼及咸菜，乃连夜督率伙夫于火车开行中分割锅饼咸菜，大小分量使略相等，预备即毕，车已行抵宝鸡，乃将锅饼咸菜先运下车，随即分配于各队员，每人按每日锅饼一斤，咸菜一块计，先发四日份，搬运、唱名、过数，往复扰攘数小时始罢。

（六）第一中队第一晚赶抵大湾铺，大湾铺前有小河，小河上有木桥，为三四枯树所拼置，上铺枯草沙石，圆滑敧颇通过甚难，水流甚急，体重较大之人经过即颤动不已，行军锅及米粮均抬运过河，其困难可以想见，此时业已午夜，月色朦胧，乃于河两岸设岗置灯，由萧野耕、范润泽两先生督促伙夫往返抬运，勉强渡过时已夜二时矣。

（七）行军参谋团决定第二日在大湾铺休息一日，夜四时即呼伙夫开始烧水煮粥，水未烧开而取水者已纷至，学生随取，伙夫随添，如此情形水开甚难，无法下米煮粥，乃限制用水时间，不准自舀并不准用开水盥洗，派员监视，秩序稍稍良好，得将饭菜按照预定时间炊熟，分配时，将某队在某处分食第几锅用粉笔分段标于墙上，于饭菜热后，将锅桶分抬至各该段，人数即分，想今日行军大湾铺等处之旅客，或尚可见粉字遗迹。汤菜所用材料，均系按照膳委会议决定，在到达各站尽量收购青菜办理，一路普通均系食用猪肉、豆芽、豆腐、粉条汤等。

（八）第三日过秦岭，秦岭高峻，大车难行，大队至东河桥，而载运炊具等大车久未至，事后据膳委萧野耕、范润泽两先生报告：大车无法过岭，途中强备黄牛三头帮套，并督促伙夫加入推挽，至夜三时始达。在该两辆大车未到达前，乃将存于东河桥之米，分散各队员，由队员分向所住民家商请代炊，一餐困难渡过。至黄牛铺为行军之第四日，次日即须发锅饼，以所带锅饼不敷，一面电请宝鸡购运，一面向黄牛铺市上收买，竭全镇饼贩之人力物力连夜赶制，仅交足二百五十余斤，第四日至草凉驿，第五日至凤县，第六日至双石铺，第七日至南星，以大车落后，炊具、米粮又生问题，是时较在东河桥尤为困难，以东河桥尚有存米，仅待炊作，今则运米也无，更感棘手，又向联保主任商托代为购集，而联保避而不见，幸遇当地小学教员帮忙，分向各家零星凑齐，小学教员所存之米七斤亦一并计入，过秤，分款，至晚七时始毕，最后召集各学生来领，以茶杯为量具，学生领出又须向民家借用锅灶炊作，而柴水又感缺乏，膳委既已劳而寡效，而学生亦有苦难言，相传由宝鸡至汉中有“穷八站”之称信矣，以学海观之，南星尤为穷八站之最穷者。

（九）第八日至庙台子，此处有留侯庙，风景极佳，饮膳亦便，较之南星，不啻天堂地狱之比，而运粮骑车适至，拨归第一中队支配，尤感便利，第九日至留坝，十日至马道，又在当地收买锅饼，第十一日至褒城，奉令暂驻待命，学海个人膳委职务，遂告一段落。

（十）此次行军由宝鸡至汉中共二百五十五公里。每日至少须步行十余公里，多者三十余公里，路远人劳，于是运粮胶皮轮大车及后来汽车遂为一部体力不支者所认为最可利用之代步。然好逸恶劳，人之常情，此例彼援，重量骤增，车辆遂难进行，于是规定，须有病而经大队长许可者方可搭乘，然真病与否，非途中所能诊断，且大车之最后，欲乘车者每设法脱队慢行，待与大车相遇时登车，此车既有人管理，请命大队长时，而队长数里，往返之间，已历若干时矣，故终于无法限制，以致胶皮轮大车行动甚缓，影响炊饭时间不少。

（十一）学海随第一中队行进，于管理本队膳食之外，并须顾及第二、第三中队之前站及米粮、锅饼、炊具，除在东河桥以北所用之米粮，系由宝鸡所带及由宝鸡向南补送锅饼、蒸馍、咸菜一二次，由南郑向北补送锅饼、蒸馍一次，其数目另有主管记载外，兹将各站所分存之米面略记如下：

东河桥　米二十包计六百斤；

草凉驿　米一十二包计三百六十斤，面四袋；

白家寨　米八包计二百四十斤，面二袋；

凤县　米十五包计四百五十斤，面三袋；

双石铺　米五十八包计一千七百四十斤，面九袋；

留坝　米五十七包计一千七百一十斤，面九袋。

以上所述情形，仅记大略，而职员、伙夫姓名、饮具、米粮数目，中间增减甚多且剧，仅凭个人日记摘录，错误遗漏之处在所难免，所望同行有知其详者，予以补正之，则幸甚。[1]

工学院学生王玉琳的回忆可与佟学海的整体记述相映照：

工学院属第二中队，共五百余人，中队长为母校土木二十二年班学长刘德润博士。迁校采行军编制，中队下层分区队及分队，每系每班为一分队。出发前校方按人配发干粮，即陕西一般行旅必备的锅盔（系山东制大饼名称）。每人必须随身携带的衣物、行李由校方雇用大车随行，其余文具书籍等交校方专人护运直达迁校目的地。一切考虑周到，学校当局费尽心机。

第二中队出发日期已无案可稽，只记得在晚饭后乘汽车到陇海铁路西安车站登车，车厢甚坏，为有顶的货车，每车有电灯一盏，车上人对面不相识。天明到宝鸡。中间经过咸阳、马嵬坡等名胜或古迹，惜在夜间均不能见。宝鸡虽以后成为交通重镇，但当时仍落后，车站附近连做买卖的都没有。当日继续行车到宝鸡南面十五华里的益门镇，益门镇后来发展成一小工业区，但当时仅有数十农户而已。为与第一中队保持距离，在益门镇住了一周余。好像“暗渡陈仓”的陈仓道口即在该地。数日闲住，不过睡大觉和吃大锅饭两大“工作”而已。

宝鸡到褒城一路，陕人称为“穷八站”，其穷苦情形不但现在住在台湾的人难以想像，即便当时在大陆各地也甚少对手，可见中国西北区域的落后。在此一段路上系沿着川陕公路徒步行军，每日三十至八十华里不等，视两住宿地中间距离而定。现在尚能记忆的

① 佟学海：《膳食委员会报告（1938 年 11 月 1 日）》，《西北联大校刊》第 1 期。

各站（当时称宿营地）名称为黄牛铺、草凉驿、双石铺、东河桥、凤县、留坝县、庙台子、马道及最后宿营地褒城（可能有遗漏及顺序颠倒之处）。中间要爬过三个岭，秦岭最有名，但非最高，最后者似名柴关岭，另一岭已忘其名。各岭高度若干不复记忆，只记得爬到垭口处，见云雾均在脚下，颇兴“小天下”之感，山顶寒风刺骨，爬山者均穿起棉大衣，真是“高处不胜寒”。

三月间行军至褒城，因等候分配校舍，在该处住了近月，该地有胜石门及衮雪二处，衮雪系在褒河中一块大石上留有曹操题字“衮雪”而称古迹。周幽王所宠之褒姒，据说即生于褒城县之褒姒铺。后校方决定将土木工程系设在城固县之古路坝山中，借用天主堂房屋作为教室及宿舍。1938 年秋，四校工学院合并成国立西北工学院，即以该教堂基地添建房屋而作为校舍。

为节省篇幅，长话短说，不必将途中各地均描述一番，实在我的生花（锈）妙笔也无能为力。唯一值得一提的就是庙台子，又称张良庙。该庙占地广阔，风景优美，为避暑胜地。庙在公路一侧的半山坡上。最高处的建筑物为赤松子楼。赤松子或谓黄石公，为张子房老师，可能是留侯假托之人。

下文记述几件较有趣味的地方或事情。

留坝县有县城，步行绕城一周约需十余分钟，大小可知。城内四分之三为一秃山盘踞，上无住户，山下余地即为县政府，好像有一家豆腐店补足空白，真可算得“衙门打板子，城外听得见”。该县的“西门町”确在东门外，有大小商店住户数十家，全中队的宿营地即在该“町”。此地据说就是张子房向刘邦要求的封地，刘邦见他的胃口奇小，对他很放心，可谓“明哲保身”。

不记得是在上述宿营地的哪一站，我分配住在一家堂屋中。在对房门的北墙上，贴有整幅红纸（春节写对联用者），上以恭楷大字写有“恭贺某府老太爷令郎某某老爷高等小学毕业之禧”

字样，高等小学毕业即已读完国小六年级之意，此户虽非当地首富，也必是有头有脸人家，所以能有子弟念完国小六年，可能也是物以稀为贵，故有报录高悬堂上。

双石铺传为“失街亭”之街亭，为宝鸡到褒城的中点站，汽车行旅均在此打尖或住宿，有小饭馆一家。我与两位同学到得最早，一见饭馆，垂涎欲滴，进入饭馆后几乎将该馆的“高级”菜（肉、蛋而已）全部照点，独占该馆后的一间雅座，大吃大喝（陕西名酒为凤翔酒，又称太白酒）。正在酒酣耳热时，外间进来三位教授，其中一位土木系主任周宗莲博士（字泽书，母校土木系十七年班学长，英庚款出国），正是顶头上师（非司）。于是三人鸦雀无声，如坐针毡。三教授各自取出锅盔，嘱饭馆用肉烩一烩。饭馆告以适才三位先生已将肉点光，用菜汤烩烩罢。于是三教授吃了菜汤烩饼，同时离去。警报解除后，吾等雀跃三尺，庆幸未被发现，免去一场尴尬场面。

第二中队有女生数十名，那时大学女生不是大官千金就是富家女，从未受过苦难，徒步爬山更休论矣。有几位女生好逞强，不吃早饭即出发，希望争取最早到达目的地的荣誉。我与二位同学均善走路，虽早饭后出发，不出十里仍能追及。内奚姓同学乃山东大汉，身强力壮，在将赶上该等女生时，在路边拾起两块大石头，以麻绳系于旅行手杖两端，担在肩上，然后口中念念有词：“如不用重石压肩，早就到宿营地了，男生天生一切优越。”女生听到后气得七窍生烟。女生也有阻挡奚大汉超车办法，在羊肠小路上（为缩短行程，善走者均走短路，不随公路盘旋）二人并肩，并用旅行手杖向后大幅摆动。奚大汉几次接近均被打回，相持半小时以上，及至小道接公路后，我等方始相继超越，然后回首相视，彼此皆面露胜利的微笑。

本来就记忆所及，尚有几则类似趣事，但为节省纸张印刷费，不续述。①

时为学生的郭雨东后来这样回忆这段行军经历：

抗战时已修好公路，但秦岭海拔千米，翻越仍很不易，尤其平津大学生未经锻炼，男男女女，一天走几十里已是筋疲力尽。我记得走的最长的一天走33公里，平常只有20公里左右。有时因为给养供不上，还歇一两天不走。因为人数太多，分几队，每队也有大几百人。陕西山地很穷，不能就地采购食物（白糖只在药铺作药引才卖，食油只有少量罂粟油），全靠学校自运自带，主要是锅盔（一种干硬大饼），每天用行军锅煮些菜汤就锅盔吃。锅盔带太久有的已发霉，掰开已拉丝了，但也舍不得扔。住常是借学校教室。有时也租民房，每人每夜付五分钱，老百姓还很高兴。②

当时就读于国立西安临时大学的朱兰训的回忆文章《秦岭行军》也对南迁有生动的记述：

自西安乘火车至宝鸡，下车后住进泥土造的房子，睡在那铺满草的土炕时，已泪流满面，当时虽然年轻，但心中却铭记一句名言“国家兴亡，匹夫有责”，所以也就化眼泪为悲愤。抗战！抗战！直到胜利，决不罢休。

次日，我们开始行军，每人背上了锅饼，跟在那荷枪的领队后边走，边走边唱……穿过渭河大桥、进入秦岭。经过黄牛铺、草凉驿、古凤州，一带皆极荒凉，黄土飞扬，每人心境沉重……行过南

① 王玉琳：《迁校—由西安到古路坝》，台湾校友会主编《国立北洋大学记往》，台湾广源印刷公司出版1979年版。

② 郭雨东：《老郭回忆录》，http：//wangxiu1002005. blog. 163. com。

星镇，山势陡峻，景色绝佳，白云从身边脚下飘过，仿佛到了神仙境界。路旁有万尺深的山涧，潺潺流水声，不知名的鸟儿婉啭歌唱，数不尽的珍花异草，有种类似塑胶花朵，形似雏菊，红色、黄色，艳丽宜人。我们串成花环，围在草帽上。……庙台子为赤松子张良之祠……行至留坝，见大石碑一座，上写“萧何追韩信于此”

……走了12天才到褒城，已出秦岭入汉中盆地，当时已近黄昏。褒城县长对我们讲话，他说：“褒城因褒姒而得名……”

在该城停留很多时日，教授、学生们闲着无事，到处凭吊古迹，寻找诸葛武侯之栈道，游览山水名胜。汉水上游水皆碧绿，流入褒城则涡流甚多，江中石上，刻有曹操所写的“衮雪”二字……①

西安临时大学高中部教员赵慈庚在《西安临大南迁琐记》中也记下了自己的南迁感受与见闻：

旅途上的安排，要费一点思考。学生全体都要步行，主要领导人也要步行，这不成问题。教职员中年老体弱的，中年携幼奉亲的，当然允许人家自费乘汽车南下，这样走的教职员也不少。说到这里有一插曲要叙述一下。有二三十家有老人的包了四辆汽车，在大队出发前登路，车到留坝时，前面枪响三声，汽车停下。一伙强盗上车抢劫。他们堵住车门，一个个地搜身。有位小姐戴着个象牙戒指，强盗逼她摘下来，象牙环不能拆解，越急越摘不下来。强盗拿着刺刀，要砍这只手指。小姐忙说：“别砍，别砍，我有手表摘给你。”强盗一听，即刻宣布：“你们这些人都有手表，都摘下来给我们。”还有位老太太，坐在车的最后边，别人都被搜身下车了，她却稳坐不动，强盗硬拉她起来，发现她身下有个手绢包，包

① 朱兰训：《秦岭行军》，载《学府纪闻：国立北平师范大学》，台北：南京出版公司1981年版。转引自李溪桥《李蒸纪念文集》，中国社会科学出版社1996年版，第25—26页。

着一大把金条。强盗抢劫后还要枪毙首车司机，他说："我们响第一枪，就该停车，你为何不停?"群教授为之求情，才得开车。这件事轰动了陕西省，不久留坝县长被撤换了。

当时陕西治安情况确实不好，所以旅途上要考虑安全问题。步行师生分四个大队，每队有安全员四人，荷枪实弹走在队前，执其事者多为体育系学生。山里也有猛兽，我们就看见过豪猪，这都归安全员防卫。

其次是食宿问题。四个队各配一份锅灶及四五位厨师。锅是铁板铆成的敞口圆筒，口径二尺方，底径不足二尺。灶是铁圆筒，一侧留灶门，上缘凿气道，锅架其上。只能煮粥烧水。每队大概有两三份炉灶。另租卡车一辆，专载米和锅盔（从西安出发前定做了几吨锅盔），每天将末队的炉灶及厨师在晨饭后运往超前一站，再折回最后队，准备送下一班炉灶，并在沿途各站发放米和锅盔。有人在车上专计各站人数分配食品（我记不清午饭是怎样吃法了）。我们每顿饭是领一块咸菜，分一块锅盔，自己盛粥吃。每人自带一个搪瓷茶缸，一双筷子，吃过饭后，自己到河边去洗碗筷。早晨起床后，自己捆好行李交给驴驮夫，然后到河边洗漱。吃完早饭，集合号一响，大家便结队前进。

每队有两人负责安排宿处。他们随汽车赶往前站，手中拿着该队各单位的人数表，到了一处，就查看民房，用粉笔在农家门外写上某单位几人，例如"高中部女生"，"高中部十人"等，待本队到达时，便可对号住宿。

大队租的这辆汽车，是西安东大街亚洲汽车公司的。经理姓殷，和我是小同乡，所以我知道一点运输情况。这辆汽车还负有一个任务：准备病员乘坐，大概全程只有一位女生坐过。

第一大队由临大全体女生、教职员及临大高中部师生组成。名为第一大队，但行军时位于最末尾。临大四个常委，我记得云亭校长是在这一队里步行的。大家穿的都是制服，李校长没有制服，大概临时买了件皮夹克。徐诵明也是在这一队里，不记得有李书田，第四位常委我不认识，不知他是步行还是乘车。

高中部在西安置备的一点家当，弃之可惜，便决定将课桌黑板用马车运走，由王伟烈、杨祝华、贾晰光押车先出发。魏庚人、高元伯、王化三、金少曦搭汽车走，其余教员和主任方永蒸共12人，都和学生一同步行。3月16日晚饭后，大家登上西去的专车，午夜开车，于第二天下午3点才到宝鸡。第一大队住在渭水南岸的大湾铺和益门镇。为了把四个大队的距离拉开，第一大队便在大湾铺与益门镇停留一日。

附中师生趁休息这一天，筹划以后的山路如何走法。每人一条棉被，让女生和老先生背着走几百里也有困难，于是决定就地雇十几头毛驴专驮大件行李，大家轻装前进。

3月19日由大湾铺起程，中途经过东河桥、黄牛铺、草凉驿、凤县（今凤州）、双石铺（今凤县）、南星、庙台子、留坝、马道驿，最后到达褒城是3月29日（其他队当然要早到两天），其间在庙台子停了一天。大队行军时，一路上夜间的宿处有：仰见星斗的破庙，三面敞开的戏楼，还有周仓脚前，古墓河滩。晚上，学生们总要请一两位老师住在他们的宿处，大家甘苦与共，出入相顾，关系更加亲密。

那时川陕公路还没有完全筑成，隔几里地就有十几个工人坐在路边砸石头，为铺路面准备石子，公路可以通车，但汽车很少。大队穿行在峡谷之中，永远有河水作伴，时而滂沱雷鸣，好像山也在怒吼，时而湛平如锦，似提醒我们要冷静。

每天一出发，大队便唱起抗战歌曲。《义勇军进行曲》每天不知要唱上几遍。其他像：

“枪在我们的肩膀，血在我们的胸膛……”

“大刀向鬼子们的头上砍去……”

“工农兵学商，一起来救亡……”

歌声，水声，筑路工的锤声，交织成沸腾的声浪，在山谷中回荡，宛然是雄赳赳赴敌之兵，震撼着寂无人烟的山峦。歌声停了，话声来了。山上的一石一木也会引起议论，不然就从张子房烧栈道说到诸葛亮出祁山。沉寂下来便只听到脚步声与远处的流水声。郝圣符先生怕沉寂下来会产生疲劳感，便向前方喊了一句：“王鑫，唱！”于是歌声又起……王鑫是高三的学生，行军中时常由他领唱。

从东河桥到黄牛铺路程很短，抵达时天色尚早。学校买了几十斤猪肉，我们做了一锅红烧肉。炖肉的技师是高二女同学何其珍。据说她能做酒席。肉炖好之后，由郝圣符掌勺均分。大家说他是今日的陈平。行军中就打了这一次“牙祭”。长途行军虽然有些劳苦，但精神上却是愉快的。

……

学校决定停在汉中，校长们急去寻觅校舍。四个大队的人员住在褒城等候。4 月的汉中平原已是阳春天气。桃红柳绿之郊，黄花片片。褒谷内外都是我们的游憩之区。石门的鸡头关下，有许多摩崖石刻，都是汉魏名品，使我们饱享眼福。褒河清湍，又逗起大家游泳的兴趣。4 月 4 日，马久斋先生率领十几个孩子开始泅入。两三天后，又有几位老师也跟着下水了。有一天晚上，附中师生还在山外河滩上开过一次营火会，节目内容以抗战为主体，插入一些行军中的趣事。①

工学院教授刘德润是第二中队队长。他的《第二中队迁移行军纪

① 赵慈庚：《西安临大南迁琐记》，李溪桥《李蒸纪念文集》，中国社会科学出版社 1996 年版，第 255—261 页。

要》记述了第二中队的行军情况：

第二中队总计518人，主要为工学院学生及教育学院一部分学生。中队长为刘德润，副中队长为朱淳实，指挥为罗师李。下设运输组、设营组、警卫组、纠查组、交通组、医务组、通讯组。其中运输组的任务较重，因为校方原预定的15辆拉运行李的胶皮轮大车没有到，只得“临时雇用驮夫八十余个，直至晚五时半方出发，途中驮驴且走且卧，同学嗟怨之声，不绝于耳，交通之不便，运输之艰难，诚令人浩叹”。运输组行李员以校方未备运输工具，十五里路犹如此困难，未来更不堪设想，故纷纷向中队长刘德润辞职。好在3月22日找到汽车一辆、胶皮大车18辆。但车辆时好时坏，影响行军进程。过柴关岭时，有42位同学“或推或拉”才使车子得以继续前行。3月29日晚五时，全队宿在留侯庙内，大家感慨“天堂也，欢欣之声盈耳”。3月30日晨刘德润前往留侯正殿作揖抽签，均上上签。刘作为第二中队的中队长，深感带500多人行军，“食住行与夫安全均成极大难题，今虽秦、凤、柴关三岭平安越过，路行已大半，然南去留坝马道，均系穷八站之尤者，土匪出没无常，本校同仁汽车在马道之南被截，吾队是否能以安全通过，殊不敢必，余负重责，值此危境，故不能不想尽方法以策安全，抽签盖亦聊慰精神抑郁之一途也”。4月2日第二中队到达马道，因住宿条件差，“房屋破陋狭小”，设营组备受责难。4月4日全队到达石门，与第一、三中队的同学汇合。刘德润“十余日来犹如石悬，今一旦欣然若有所获，不禁感谢苍天者再”。此后第二中队一直在褒城待到4月16日才离褒赴校，19日到达城固。①

西安至汉中的旅程，虽然不及长沙临时大学从长沙迁至昆明的种种艰辛，也不及国立杭州艺术专科学校在抗战期间颠沛流离于

① 刘德润：《第二中队迁移行军纪要》，《西北联大校刊》第4期。

浙、赣、湘、黔、滇、川六省的曲折，但西安临大师生们“或驱车险路，或徒步荒原；或褰裳涉水，或策杖攀崖，餐风露宿，戴月披星，载饥载渴，载驰载奔”[①]，一步步从关中大平原越过巍峨的秦岭来到汉中盆地，不仅仅是一次长途跋涉，而且是一次民族文化的播种之路，是中华民族弦歌不辍的精神力量的写照。正如校常委李书田所说：这次“迁移所费达一月有奇的长久时间，全体师生徒步近千里的路，过渭河，越秦岭，渡柴关，涉凤岭，从事这样的长途旅行，在我们学界，却是破天荒的大举动。我们对于沿途各地的风俗习惯，得有详细调查的机会，对于自己的身体健康，亦得到不少的益处”[②]。

当然，旅途中也遭遇了土匪抢劫、食宿难筹等困难，甚至有一名学生病逝途中，教授周明群也“因身体素弱，不胜长途之苦，至汉中病逝”[③]。

三　乱世桃源：抗战时期的汉中

（一）汉中行政建置的变迁

汉中，位于陕西省西南部、汉江上游，北倚秦岭、南屏巴山，地势南北高、中间低，汉江蜿蜒其间。它有“汉家发祥地，中华聚宝盆”的美誉。因气候适宜农作与人居，又有秦岭巴山作为天然屏障，在传统社会是避乱之地，也是兵家争夺之处，留下了无数名胜古迹和历史故事。

公元前312年，秦惠文王首置汉中郡，为秦36郡之一。其时郡治设于西城（今天的安康）。公元前206年，汉王刘邦以汉中为基地，

---

① 高明：《国立西北大学侨寓城固记》，李永森、姚远：《西北大学史稿·上卷（1902—1949）（修订本）》，西北大学出版社2002年版，第366页。

② 李书田：《徒步千里的破天荒大举动》，《西北联大校刊》第1期。

③ 陈剑翛：《迁移经过与校名更名的意义》，《西北联大校刊》第1期。

筑坛拜韩信为大将，明修栈道，暗度陈仓，逐鹿中原，统一天下，成就了汉室四百多年的基业。东汉末年，张鲁借助五斗米教在汉中建立割据政权将近三十年，汉中成为战乱年代的一方乐土。三国时期，汉中是魏蜀两国交战的主战场，刘备自立为汉中王；诸葛亮在汉中屯兵八年，六出祁山，北伐曹魏，鞠躬尽瘁，度过了他一生最后的岁月，最后归葬定军山下的武侯墓。

自东汉始，汉中郡由安康迁治南郑（即今汉中汉台区）。南郑的名称起源于西周。《水经注》称："南郑之号，始于郑桓公。桓公死于犬戎，其民南奔，故以南郑称。"自秦开公十一年（公元前687年）置南郑县以来，除西魏改置光义县外，隋唐至明清及民国，一直保留南郑县的建制。中华人民共和国成立后，1949年12月6日汉中解放，即将南郑县政府迁至铺镇，并划出城区及近郊设置为南郑市。1954年改南郑市为汉中市，1964年8月改为汉中县，1980年9月又改为汉中市。

明朝时汉中的下辖县基本成形。洪武三年（1370年）改兴元路为汉中府，降洋州为洋县，1374年降沔州为沔县，1485年改宁羌卫为宁羌州。清代基本延续了明时的建制，汉中府下辖宁羌州及南郑、褒城、城固、洋县、西乡、沔县、凤县、略阳八县和留坝、定远、佛坪三厅。

中华民国建立后行政设置略有变化，1913年改府为道，汉中被称为汉中道；下辖的州、厅改称县。1928年废汉中道的设置，下辖的南郑县、城固县、洋县、沔县、西乡县、镇巴县、宁羌县、略阳县、留坝县、佛坪县、褒城县等十一县由陕西省直管。1935年国民政府将上述十一县（1942年将宁羌县改名为宁强县）及凤县划归陕西省第六行政督察专区，专员公署驻南郑县城区。①

① 汉中市地方志编纂委员会：《汉中地区志（一）》，三秦出版社2005年版，第10页。

西北联大时期，今汉中市辖区的行政建置即1935—1949年的陕西省第六行政督察区及其下属的十二县。当时的“南郑县”，大体包括今天的汉中市汉台区和南郑县北部部分地域。国立西北联合大学医学院和国立西北医学院所在地（即今汉台区七里乡文家庙村）当时属南郑县。西北联大时期的褒城县属地划归今汉台区和勉县。沔县1964年起改名为勉县。凤县从1960年起划归今宝鸡市。西北联大时期的略阳县、留坝县、洋县、西乡县、佛坪县、城固县、镇巴县、宁强县至今保留县名和辖区。

需要说明的是，今天的汉中市，在明代和清代行政建制叫“汉中府”，1928年以前的民国时期叫“汉中道”。西北联大时期，按官方的正式称呼，它的行政建制名为“陕西省第六行政督察区”，但是，当时民间不少人一直沿用习惯上的叫法，把它叫“汉中”。比如，在1938年8月出版的《西北联大校刊》第1期中，城固县县长余振东的一次讲话名为《汉中地理、生活、政治、财政、教育、运输状况》，联大四常委之一李书田的讲话《徒步千里的破天荒大举动》也是讲“本校迁到汉中……”。

（二）群众日常生活

抗战前汉中总面积近3万平方公里，长江最大的支流——汉江穿境而过，形成土壤肥沃的汉中平原。汉中境内有平原、丘陵和山地等三种地貌，分别占总面积的34.62%、28.1%、37.2%。

汉中属亚热带气候，温和、湿润，物产丰富。山地和丘陵地带以小麦、玉米、红薯等杂粮为主，兼种水稻，也有的种植柑橘、桃、杏、枇杷、梨、葡萄等果木。平原地区以水稻、小麦等为主，兼种胡豆、玉米等杂粮，亩产量一年可达500斤上下。汉江两岸的沙地多种桑树，桑蚕业发达。

多年以后，西北联大学生史志超回忆起汉中，依然忍不住感叹它的土地之肥沃、农产之丰饶：

> 南郑古称汉中，……汉水居中流过，土地肥沃，水利发达，一年可收数次；割稻之后再种蚕豆，不必耕耘施肥，只用木棍在地上插个小洞，把蚕豆丢入，也不必掩埋，蚕豆自然能长到腰深。①

如此富庶的地区，群众本应过上温饱日子。不幸的是，民国以来，驻扎在汉中的军阀横征暴敛，1929 年至 1932 年又天灾不断，庄稼产量大受影响，甚至出现颗粒无收的现象，再加上 1929—1935 年汉中匪患严重，不时有小股土匪窜扰民间，肆无忌惮地抢掠，1930 年代前半期的汉中一片萧条。1935 年，陕西省设立第六行政督察区后，对汉中进行整顿和建设，情况有所好转。然而，全面抗战开始后，各种捐税、摊派应接不暇，比如“义壮费、枪械修理费、墙城修补费、送丁费、民工代用金等，按亩多少强迫征收，人民痛感抽壮丁、纳租税种种压榨之苦”，“农民生活困苦不堪，衣不蔽体，住破屋中，四壁萧条，除了一灶一床外，什么也没有，这种人家在农村中的确不少，尤以被抽壮丁之抗属家庭为最，他们吃的是苞谷稀饭，油盐菜更谈不到”。②

的确，西北联大时期，即使在肥沃的汉中平原，不少种米的农民无米可吃，只能以杂粮度日。大米饭和用米浆蒸成的米皮竟成了招待贵客的稀有食品。

在广大农村，民房多是土坯草顶房，只有少数家境比较殷实的人

① 史志超：《医学院琐忆》，转引自西北大学西北联大研究所《西北联大史料汇编》，西北大学出版社 2012 年版，第 663 页。

② 陕西省委统战部：《陕西省委统战部关于国立西北大学概况调查材料整理（1941 年 8 月 24 日）》，载中央档案馆、陕西省档案馆编《陕西革命历史文件汇集（1941 年至 1942 年）》，西安出版社 1994 年版，第 71—72 页。

家盖有土坯瓦房。用灰色砖头砌墙、黑灰色瓦覆顶的灰砖瓦房仅见于当时的南郑县城区（今天的汉台区）、大的集镇和教堂。

普通百姓无论男女，穿衣多是土布，男性穿黑色、白色、蓝色，年轻女性喜穿红、绿色，中老年女性喜穿黑色。服装多采用平面式剪裁，宽松，很难衬托出身体线条。服装样式，男女老幼都是上衣下裳，有一定身份和社会地位的成年男性以长袍和瓜皮小帽为礼服。至于鞋子，夏季以草鞋居多，其他时节穿手工缝制的布鞋。皮鞋即使在汉中城内（即当时的“南郑县城区”）也不多见。

汉中中老年人以西北联大师生从平津等大城市带来的时装为稀奇，但一些爱美的年轻人则由羡慕而模仿。比如，西北联大女生夏天流行穿短裤，城固县城个别大胆的当地姑娘就换下长裤，穿上短裤，老年人最初以“伤风败俗”“不知羞丑”加以反对，后来则逐渐接受了。[①]

百姓日常以务农为主。冬季农闲时，女性忙家务，成年男子做副业以贴补家用，有的三五成群拿着尖担和砍刀进山砍柴，然后到集镇变卖，有的走村串巷做些手艺活，如木匠、砻子匠、石匠等，也有的做些小生意。

总体来说，汉中人在劳作之余比较注重享受，喜欢吃肉、坐茶馆，在外地人眼里，可谓奢靡怠惰。西北联大学生高振业当时这样说：“在此蕞尔小城，肉铺达四十三所；百户乡村，肉铺至两所。到处茶馆棋布，座客满堂。大有‘金鸡未唱座已满，更鼓两声客未离’之慨。‘一等吃，二等穿，三等住’为城固流行之谚语。”[②] 1942 年在西北师范学院讲授“儿童保育”课程的学前教育家张雪门也感叹自己在城固的一年，入乡随俗，过的“是抗战时期中最安定最舒适的，和城固郊外的

① 李巧宁、陈海儒 2010 年 11 月对城固县陈孟林的访谈。

② 高振业：《抗战期间城固县之民众教育》，转引自西北大学西北联大研究所《西北联大史料汇编》，西北大学出版社 2012 年版，第 507 页。

罂粟花一样美丽，可是这美丽中含有毒素应警惕”[①]。

（三）照明

西北联大时期，汉中居民大多用当地生产的土蜡烛或桐油灯碗照明，亮度低，稍见风吹就火光摇曳，而且烟大。如果在灯烛下看书学习，不仅耗费眼力，而且半个小时鼻孔中就会乌黑。

1937 年，国民政府资源委员会派陈昌华在汉中办电厂。1939 年，电厂开始供电，12 月，汉中城内开始供电。[②] 由于该电厂供电能力非常有限，当时仅供汉中城内的照明，而且时常限电、断电。汉中城外，包括乡村地区和周边几个县城，当时都没有给普通百姓供电，只给一些重要的内迁军政单位如山西兵工厂城固分厂等供电。

老百姓最初看到电灯，觉得非常神奇和不可思议，尤其是老人，视之为奇观。比如，抗战中从太原迁来的山西兵工厂城固分厂刚用电灯时，就有些老太太一到天黑便端着小凳子坐在兵工厂门外，远远地一边欣赏电灯，一边啧啧称奇。[③]

西北联大跟周边的居民一样，一直没有通电，照明用的是土蜡烛和汽灯，“学校每日发学生每人土蜡一支，另在教室燃汽油灯供晚间自修之用”[④]。抗战期间，汽油紧张，政府把有限的石油优先供给军用，就连有钱人都买不到私家汽车所用的汽油，只好把原先以汽油为燃料的汽车改造成以木炭为燃料，更不要说连日常经费都紧张的西北联大能有充足的汽油了。因此，汽灯并不能经常供教室使用，最日常的照明只能靠土蜡了。且看 1938 年进入西北联大体育系就读的陈海

---

① 张雪门：《幼稚教育五十年》，台湾书店 1969 年版，第 53 页。转引自何晓夏《简明中国学前教育史》，北京师范大学出版社 1990 年版，第 240 页。

② 《汉中大事记》，汉中市政协文史资料委员会编《汉中市文史资料 · 第 1 辑》，汉中印刷厂 1983 年版，第 45 页。

③ 李巧宁、陈海儒 2010 年 11 月对城固县陈孟林的访谈。

④ 刘季洪：《教育生涯漫谈》，台湾商务印书馆 1986 年版，第 167 页。

涛40多年后对城固几年照明情况的回忆：

> 城固那时还没有电灯，晚上自修怎么办呢？发蜡烛，蜡烛是土法制造的，光线不够亮，而且摇摇晃晃，不够稳定，虽然每人一支，一间自修室里有十几上二十支，但是光度仍然是不足的，每天大家就靠着这个光度，来温习白天讲过的功课，来整理白天的笔记，来做习题，来……一年三百六十天，天天如此，眼睛还能不出毛病吗？所以近视眼之多，不计其数。[①]

出乎意料的是，西北联大不常使用的汽灯竟引发过一次飞机失事。据曾任西北大学校长的刘季洪回忆，1945年某夜“有一飞机在西大法商学院上空盘旋甚久，竟在附近降落失事，人机俱毁，可能误将校中长排教室汽灯照明，认为汉中机场，以致发生意外”[②]。

（四）交通

西北联大时期，汉中交通渠道主要有汉江、宝汉公路、汉宁公路、汉白公路、古栈道、乡间小路。

汉江水运是汉中传统的重要交通方式之一。汉江从宁强大安起，即可放木筏、竹筏，也可通小船，顺流而下，经勉县（时称沔县）、汉中、城固、洋县、西乡、石泉、汉阴、安康，进入湖北境内，过老河口、襄樊，直达汉口。

汉江水运严重受制于水位和天气的影响。“从湖北汉口进货，历年全赖汉江水运，每值天旱水位降低，船被搁浅；若遇洪水泛滥，船被停泊，通常梗阻在汉江中下游，因进口货不能及时运到汉中，就造

---

① 陈海涛：《最苦与最乐》，见丁德先等《学府纪闻：国立北平师范大学》，台北：南京出版有限公司1981年版，第444页。

② 刘季洪：《教育生涯漫谈》，台湾商务印书馆1986年版，第167页。

成缺货，价格暴涨，所以物价极不稳定。”[①] 即使在正常水位，汉江水路全程也艰险无数：“汉中到老河口，约2200多里航程，亘山夹水，河床尽沙，大滩300多处，小滩无数，水流急湍，一泻千仞，汹涌澎湃，尤以黄金峡一段最为险峻，号为汉江咽喉，航程90里，竟有险滩99处，船行其间，飞沙走石，触目惊心，不寒而栗。从老河口至汉口，1500多航程，河宽水深，最大木船顺流而下，可载10万斤。夏秋之际南风最多，若遇暴风，发生江难（沉船），常有所闻。”[②]

尤其在汉中境内，不少物资的集散需要通过汉江水运，因而在汉江沿岸形成了不少码头，大的码头附近往往形成比较繁荣的集镇，如当时南郑县城以东的十八里铺（今称铺镇），是县城以外最大的集镇，不仅有不少货栈，还有多家商铺。

汉中有公路交通，始于1935年宝汉（宝鸡至汉中）、汉宁（汉中至宁强）两公路通车，北抵宝鸡与陕甘公路接轨，南可从宁强达成都、重庆。1938年8月，汉白路（汉中至白河）通车，在白河与湖北省营公路相接，可达武汉。[③] 西北联大时期，这三条公路上汽车、骡马拉的胶轮畜力车、骡马、骆驼几种运输工具承担了汉中对外陆上交通的主要任务。但是，战时汽油紧缺，公路上汽车很少。

穿越秦岭、巴山的古道也是汉中对外交通的重要渠道之一，但因栈道狭窄，只能行人通过，货物传递靠人力担挑。

乡间道路，大都宽不过一米，货物的往来，全需人力，非背即挑。“此背运之法，由来久矣，有一木制背架，将货物装上，由人背

---

① 汉中市工商联合会：《解放前南郑工商业概况》，汉中市政协文史资料委员会编：《汉中市文史资料·第4辑》，汉中印刷厂1986年版，第8—9页。

② 汉中市工商联合会：《解放前南郑工商业概况》，汉中市政协文史资料委员会：《汉中市文史资料·第4辑》，汉中印刷厂1986年版，第10—11页。

③ 《汉中大事记》，汉中市政协文史资料委员会编：《汉中市文史资料·第1辑》，汉中印刷厂1983年版，第39页。

起，并手持木杖为助，依栈道而行，休息时不必将背架卸下，只将木杖支在背架之下，人向后靠，即可休息也。”[①]

此外，滑竿、黄包车也是当地常见的代步工具。滑竿是两根结实的竹竿并立，中部固定一个有扶手和靠背的座椅，客人坐椅上，由两人一前一后合抬。乘坐滑竿，价格便宜，很受欢迎。黄包车是一种人力车，1935 年宝汉公路通车以后汉中开始出现。据说它最初由日本引进，车身涂黄漆，因此人们称之为黄包车。西北联大时期，黄包车只是富人和有一定身份者的代步工具，一般群众很少租用。比如，西北大学校长陈石珍当时孤身一人在城固，身体较弱，为了出入办事方便，自备一辆黄包车，西北大学闹学潮时，情绪激动的学生因此认为他生活腐化，竟放火烧了他的黄包车；[②] 刘季洪 1944 年接任西北大学校长时，学校就给他备了一辆专用黄包车，刘季洪认为不实用，让人把它改造为给食堂运木柴的架子车。[③]

（五）人口与商业

全面抗战爆发后，大量的机关、工厂内迁，稍有办法的老百姓都纷纷到大后方逃难。向来封闭的汉中，一时成了理想的避乱之地。尤其是 1938 年初，太原陷落，潼关危急，西安不时遭到日本飞机侵袭，西安原有的一些机关和内迁到西安的机构陆续迁到汉中，汉中人口迅速膨胀，尤其是城区和几个平原县的县城。具体的人口增长数目，因战时人口流动性大，一直没有确切的统计。但是，旅馆人满为患、民房被大量租用、古庙也成栖身之处，足见人口的猛烈增长。

---

① 史志超：《医学院琐忆》，转引自西北大学西北联大研究所《西北联大史料汇编》，西北大学出版社 2012 年版，第 663 页。

② 陕西省委统战部：《陕西省委统战部关于国立西北大学概况调查材料整理（1941 年 8 月 24 日）》，中央档案馆、陕西省档案馆《陕西革命历史文件汇集（1941 年至 1942 年）》，西安出版社长安印刷厂 1994 年版，第 93 页。

③ 刘季洪：《教育生涯漫谈》，台湾商务印书馆 1986 年版，第 167 页。

人口增长给商业发展提供了广阔的市场，汉中几个主要的城镇迅速新添了不少饭馆、茶馆、照相馆、妓院、露天娱乐场。以汉中最大的城镇——今汉中城区（当时称南郑县城）为例：

餐饮业，“由外地迁到汉中的西餐馆、小食堂，越来越多。北方、南方、广东、江苏、浙江、湖南和四川的餐馆，都集聚在汉中。爱吃辣味的到湖南香口菜社与香口礼堂；爱吃甜味的到满庭芳或中央菜社；还有西安的坛子肉烩馍；东北、平津等地的牛羊肉涮锅。上述大小餐馆各具地方风味，品种既多，色香味各别，高朋满座，顾客如云，极一时之盛”。①

茶馆是汉中老百姓日常普遍光顾的去处，外地迁来的人们也入乡随俗，不时到茶馆小坐。于是，原有的茶馆之外，又热热闹闹开张了不少新的门面，或简陋，或雅致，分布于街巷之中，各阶层的人们在其中休息、聊天、会友。当时迁居汉中的很多文化名流也是茶馆的常客。

照相馆在汉中的出现始于1917年开张的“兴记镶牙照相馆”，它是留日学习口腔专科归国的湖南籍人士符少初经营的，当时因照相价格昂贵，他担心单设照相生意清淡，就与镶牙同时经营。该馆1936年转让他人经营，改名为“容光照相馆”。抗日战争以前，汉中仅有“兴记镶牙照相馆”和“容光照相馆”。1937年下半年，随着大量人口迁到汉中，“安琪照相馆”（经理张琪）、“皇后照相馆”（经理王资生）相继开业。此后直到1945年，郑鸣玉开设的“玉光照相馆”、潘晓夫开设的“长江照相馆”、潘宝德开设的“国光照相馆”、任林福开设的“上海摄影社”、袁玉泉开设的“正大照相馆”、董卜一等人合股开设的“启新摄影社”、西北大学美术教师白丁开设的“白丁业余摄影社”等都在汉中城（即当时的“南郑县

① 汉中市工商联合会：《解放前南郑工商业概况》，汉中市政协文史资料委员会编《汉中市文史资料·第4辑》，汉中印刷厂1986年版，第17页。

城”）占一席之地。[①]

妓院的数量也有增加。1949 年 12 月汉中解放前夕，仅是在警察局领取过营业执照的妓院就有 20 多家，合法妓女有 120 多人，此外还有分布在偏街僻巷的暗娼；妓院营业分“打茶”（吃茶点、听弹唱，随意调笑，但不留宿；按妓女服务时间收费，每小时 3—5 元钱）、“留宿”等几种；妓女有“青倌”（未成年的处女）、“红倌”（非处女）之分。[②] 西北联大时期，汉中城内的妓院与妓女数量绝对不低于此数，因为抗战胜利后非本地人口大量迁离汉中，包括妓女和妓院老板。

露天娱乐场所比战前更加人头攒动、生意红火。就拿当时南郑县城东南角的饮马池游艺市场来说，有说书的、说相声的、唱各种地方戏曲的、表演杂耍的、卖小吃和各种小玩艺的……大人、小孩穿梭其间，熙熙攘攘，热闹非常。不少表演中，既有行业绝活，又渗透着强烈的抗日爱国情怀，很受观众欢迎。比如有一个相声段子，每次表演都能赢得观众的阵阵喝彩。有人这样回忆它的内容：

> 日本人是潘金莲的后代。……潘金莲是个大淫妇，她的后代自然可悲可憎。何以说日本人的祖先是潘金莲呢？这意思是说他们是武大郎的后代。何以证明：一、日本人个子都矮，因祖先武大郎是“三寸钉，地谷皮”。二、日本国旗，是武大郎卖烧饼的幌子或招牌。三、日本鬼子信的“武士道”，应是“武氏之道”。四、武大郎死了，成了神，是神武天皇，这是日本开国君主。五、日本叫次郎、三郎的多，排行老大，叫什么什么“一”，或叫“太郎”，不能叫“大郎”，那样就犯了圣

① 李庆禄：《照相艺术在汉中的发展》，汉中市政协文史资料委员会编《汉中市文史资料·第 6 辑》，汉中印刷厂 1988 年版，第 48 页。

② 袁怡云：《解放前汉中妓院罪恶一瞥》，汉中市政协文史资料委员会编《汉中市文史资料·第 5 辑》，汉中印刷厂 1987 年版，第 50 页。

讳。六、武二郎叫武松；武大郎叫什么名字？他叫武皋。“皋”字拆开是“白本”。同样，为了不犯对讳，却掉白字上的一撇为日，故国名叫日本。[①]

这样的相声段子，虽带着狭隘的民族情绪，但很能反映当时因日本侵略而流离失所的人们仇恨日本人的普遍情绪。

（六）文化教育

汉中因为交通落后，抗战前人们思想保守，对读书求学不很看重，文化氛围比较淡薄。1920 年代到抗战前夕，陕南第一大城市——南郑县城的图书业仅有益智图书公司、南郑县教育用品社、世界书局、大东书店和商务印书馆支店；抗战时期，增加了开明书店、新生书店、正中书店、汉中书店、大汉书店、义兴隆、欣欣书店等。[②]再加上陕西省立西京图书馆城固分馆 1939 年下半年建成并对外开放[③]，较大地改善了汉中的读书条件。

就学校教育而言，抗战前，汉中地区包括整个陕南没有高等学府，年轻人中学毕业后要想进一步深造，需要翻山越岭到平津或上海等地去，路途遥远，用费颇多。因此，很少有年轻人中学毕业后能够外出求学。

抗战时期，一些院校迁到汉中，除西北联大以外，还有国民党中央陆军军官学校第一分校、陕西省立医学专科学校、南京金陵大学农学院、河南省女子师范学院等，陕西省立师范专科学校也成立了南郑分校。[④] 这

① 马家骏：《饮马池游艺市场》，载汉台区政协文史委员会编《汉台区文史资料·第16 辑》，汉中印刷厂 2000 年印刷。

② 汉中市工商联合会：《解放前南郑工商业概况》，汉中市政协文史资料委员会编：《汉中市文史资料·第 4 辑》，汉中市印刷厂 1986 年印刷，第 18 页。

③ 谢林：《陕西省图书馆馆史》，三秦出版社 2009 年版，第 171—173 页。

④ 汉中地方志编纂委员会：《汉中地区志（三）》，三秦出版社 2005 年版，第 1502—1503 页。

些高校入驻汉中，给当地的年轻学子提供了非常便利的求学机会。

同时，内迁学府的一些师生创办中学，加上一些迁来的和本地人士创办的中学，丰富了当地的基础教育资源。仅在城固，抗战期间就有先迁城固古路坝、再迁城固县城东门外老爷庙的西北联大附中（后改名为西北师院附中），西北联大教师郁士元任校长、设在县城的北平私立文治中学，王尊一任校长、设在上元观的西安私立乐育中学，冯润璋任校长、设在上元观的陕西私立上大中学，西北联大学生曹鳌任校长、设在县城小东门外的北平私立五三中学等。到 1940 年夏天，城固县共有公私立中学 8 所（数量居当时全省各县市中学之首），就读的城固籍学生人数有 1177 人（其中初中生 965 人，高中生 80 人，其他专业学校 132 人）。不久，又有私立太原平民中学 1941 年迁到城固县城济川巷王家祠堂（不久又迁到汉中城内山西会馆）；刘云衢任校长，设在西原公原公寺的私立原才中学 1943 年创立；国立一中（原河北中学）1944 年迁到城固；城洋佛简易师专 1945 年在城固王家庄成立。[①] 而在抗战前，城固仅有一所中学——城固中学，它 1924 年创立，1933 年因学潮被查封，直到抗战初期才重新招生。

内迁学府的师生到周围的中小学兼课或做专题报告，甚至学生毕业后担任当地的中小学教师，这有助于汉中基础教育师资力量的充实和教学水平的提升。

西北联大时期，除了内迁院校的师生外，尚有大量的其他文化界人士避乱汉中，仅绘画界名人就有工笔花鸟王闻影、花鸟画家叶访樵、擅长画牛的阎松父、专画仕女的齐含章、画虎名家任曼逸、齐白石的得意女弟子孙竹青等。[②] 他们的到来，使汉中的艺术氛围空

① 刘振寰：《抗日战争前后城固教育简况》，城固县政协文史委员会编：《城固县文史资料 · 第 3 辑》，汉中印刷厂 1985 年印刷，第 44—46 页。

② 柳坡：《汉水明月思故人——记语言学家黎锦熙与青年女画家孙竹青》，载汉中市汉台区政协文史委员会编《汉台区文史资料（第 14 辑）》，汉中印刷厂 1998 年印刷，第 190 页。

前浓厚。

（七）鸦片烟毒

民国初年，政府虽颁布法令禁止鸦片种植，但是，1920 年前后，先后割据陕南的军阀刘存厚和吴新田为了多收捐税，暗中鼓励群众大种鸦片，而普通百姓以种鸦片的收入高于种粮食的三四倍，也竞相多种鸦片。因此，“陕南各县，种植、吸食大烟竟成风气。农民种烟，大都挑选其肥沃土地，深耕易耨，增施优肥，使其叶肥苗壮达到高产。种烟面积，要占耕地总面积的 30% 左右，种烟农民，几乎不漏一户”，各县大小集镇，均有烟土市场，交易频繁。比如勉县菜园镇的老爷庙沿街全是烟摊，摆放着各种成色、品种的鸦片。①

1934 年汉中地方政府发布命令，要求“三年禁种，六年禁吸”。1935 年开始，各县陆续成立了戒烟科、禁烟所，进行烟民登记，采取措施使之逐步戒烟。但是，鸦片一旦成瘾，戒绝不易，更何况民间普遍吸食，烟民众多。据 1938 年不完全统计，城固县城就有烟民 6000 多人，占县城总人口的三分之一，其中家中专门设有烟灯者，约五六百家以上。②

到 1940 年，原定的六年戒烟期到，政府设立的专营鸦片的烟膏店撤销，更不许民间私售鸦片，但是暗售暗吸仍有存在。陕西省第六行政督察区行政公署设立缉私队，又有便衣明察暗访，一旦发现吸售者，以死罪论处，对执法不力的官员，也严厉处罚。到此，汉中地区烟毒泛滥才大为收敛。

---

① 郭志理：《在大烟泛滥的年代里》，勉县政协文史委员会编：《勉县文史资料·第 3 辑》，1987 年印刷，第 56 页。

② 《城固县余县长：汉中地理、生活、政治、财政、教育、运输状况》，转引自西北大学西北联大研究所《西北联大史料汇编》，西北大学出版社 2012 年版，第 494 页。

（八）日机轰炸

西北联大时期，日本飞机不时轰炸汉中，老百姓在这种极不安定的环境中跑警报、挖防空洞，正常的生活受到很大干扰。据不完全统计，有文字记载的袭扰就有约30次，其中有12次记载较详细（见表4－1）。

表4－1　有较详细文字记载的日军轰炸汉中情况

顺序号	时间	地点	轰炸情况
1	1937年12月	汉中上空	十二架飞机侦察，未轰炸。
2	1938年3月13日上午9时	汉中西郊机场	日机二十四架，轰炸汉中西郊机场，油库被毁，浓烟滚滚弥漫云霄；西关民房被毁无数，受灾严重。
3	1938年3月14日上午11时	汉中西郊	日机二十六架，轰炸汉中西郊，投有燃烧弹，烧毁民房四十余间。
4	1938年11月4日	汉中西关	敌机二十六架，狂炸汉中西关一带。
5	1939年5月16日	汉中城关	日机十五架，轰炸汉中城关，投弹数十枚，受伤群众百余人。
6	1939年5月17日	汉中石灰巷	日机十二架，投弹四十八枚，均系重型炸弹，毁房屋五十六间，死伤八人。石灰巷中央银行仓库被炸，仅石灰巷投下炸弹七枚。
	1939年10月20日上午10时	城关	日机二十六架，轰炸汉中城关。
7	1939年10月25日午后2时	城内	日机三十五架轰炸汉中。从东关东郊吴基庄起，沿何家庄、七里店、五郎庙、王家巷、东关正街公兴大、城内中学巷、石灰巷到文庙巷的桑园，投下炸弹难以计算。炸死八十三人，伤七十余人，毁房屋七十八间。

续表

顺序号	时间	地点	轰炸情况
8	1939 年 10 月 26 日	汉中东关、东北城角	日机十六架，轰炸汉中东关和东北城角。死者达百余人。不少新兵（被征新兵）死于非命，伤三十四人。
9	1939 年 10 月 30 日上午 10 时	汉中东关	日机二十六架，轰炸汉中东关一带。
10	1940 年 5 月 20 日晚 9 时	东郊黄家坡、文家庙、西北医学院	日本飞机十二架，趁月色朦朦之际，轰炸汉中东郊黄家坡西北医学院一带，投弹四十多枚，炸死黄姓母子等十四人，内有医学院耳鼻科教授杨其昌。伤者十七人。
11	从 1940 年 6 月起		日机连日飞来汉中侦察、轰炸，或去四川轰炸重庆，路经汉中（镇巴、西乡、城固境地）进行骚扰。
12	自 1940 年元月以来		1940 年元月以来，连日不断夜晚分批飞往重庆，架数不明。干扰汉中不宁。
13	自 1940 年 7 月 1 日起		汉中各县警报频传，每日达八九小时。
14	1941 年 1 月 31 日午后 1 时		日机二十架轰炸汉中西郊机场及南关一带。投弹二十多枚。弹落西郊机场跑道北侧、南关小学西侧及汉江河中。内有定时炸弹数枚，午后六时始爆炸，南关陈姓房屋被炸毁三间。
15	1941 年 5 月 21 日上午 10 时		日本飞机四十架，轰炸汉中城区。死伤三十人。
16	1941 年 8 月 29 日		日本飞机两批，共二十八架，狂炸汉中城区，投弹七十余枚。内有定时炸弹数枚，在当天和次日爆炸三枚，余下四枚为我防空部队摘除。这次袭击目标是南门新市场。

续表

顺序号	时间	地点	轰炸情况
17	1942 年 4 月 17 日，4 月 30 日		1942 年起，日机多次侵入汉中城郊，机枪扫射，伤亡人畜无法统计。4 月 17 日，日机十二架轰炸汉中南关。同月某日，北教场开教职员大会，突遭日机轰炸扫射，迅即逸去。4 月 30 日下午，中国空军在汉江上空击落敌机一架，落陈家寨。
18	1943 年 2 月 8 日		日机十二架炸汉中。
19	1943 年 3 月 9 日，4 月 20 日、21 日，7 月 4 日，10 月 3 日		3 月 9 日，日机九架；4 月 20 日，21 日，敌机十九架连续轰袭城内；7 月 4 日、10 月 3 日，数次袭城内。死伤甚众。是年夏，日机一侦察机窜入汉中上空，被驻汉空军两架飞机击落起火，坠入洋县南山。机内二男一女同时毁毙。
20	1944 年 6 月 9 日夜 10 时		日机一批夜袭汉中北郊十里铺和八里桥。投小型炸弹数百枚，想炸第四军械库的火药库未中，弹落农村秧田中。
21	1944 年 8 月 10 日，9 月 8 日，9 月 11 日，10 月 7 日		8 月 10 日、9 月 8 日和 9 月 11 日，敌机四架，投弹四十六枚；10 月 7 日日本飞机狂炸投弹六枚。

资料来源：根据余晴初《日本飞机狂轰滥炸汉中情况》（政协汉中市委员会文史资料研究委员会编《汉中市文史资料 · 第 5 辑》，汉中印刷厂，1987 年，第 104—109 页）整理而成。

幸运的是，汉中城以外的其他区域虽然不时有警报，但很少有真正的轰炸。

总体上看，西北联大时期，大量的机构和人口迁到汉中，原本因交通落后而偏僻的汉中地区一下子成为“陕西仓库”① “抗战后方文化重镇”，就连城固县城也被时人称为“小北京”②。

---

① 高振业：《抗战期间城固县之民众教育》，转引自西北大学西北联大研究所《西北联大史料汇编》，西北大学出版社 2012 年版，第 507 页。

② 李巧宁、陈海儒 2010 年 11 月对城固县陈孟林的访谈。

第五章

联辉合耀：国立西北联合大学的风采（一）

一　国立西北联合大学设立及校址确定

1938 年初，国民政府渡过了抗战初期的慌乱，长期抗战的思想逐渐确立，国家的各项方针政策也从被迫应付日本帝国主义的侵略向抗战建国转移。1938 年 3 月 29 日，国民政府主持的临时全国代表大会在武汉召开，通过了《抗战建国纲领》《战时各级教育实施方案纲要》，对全国各级教育进行了通盘考虑，对内迁学校做了原则性的规定："对于全国各地各级学校之迁移与设置，应有通盘计划，务与政治经济实施方针相呼应。每一学校之设立及每一科系之设置，均应规定其明确目标与研究对象，务求学以致用、人尽其才，庶几地尽其力，物尽其用，货畅其流之效可见。"①

跟国立长沙临时大学迁昆明一样，国立西安临时大学南迁汉中既是战事逼迫下的产物，也是《战时各级教育实施方案纲要》的产物。1938 年 4 月 3 日，教育部下发国民政府行政院第 350 次会议通过的

① 陈东原主编：《第二次中国教育年鉴·总述》，商务印书馆 1948 年版，第 9 页。

《平津沪地区专科以上学校整理方案》，并命令："国立北平大学、国立北平师范大学及国立北洋工学院，原联合组成西安临时大学，现为发展西北高等教育，提高边省文化起见，拟令该校院逐渐向西北陕甘一代移布，并改称国立西北联合大学。院系仍旧，经费自二十七年一月份起由国立北平大学、国立北平师范大学、国立北洋工学院各原校经费各支四成为国立西北联大经费。"① 自此，迁到陕南的国立西安临时大学更名为国立西北联合大学。

西北联合大学成立之初，院系设置一如西安临时大学，为6个学院23个系。在领导机构上，教育部训令西北联合大学设立筹备委员会，成员为原西安临时大学筹备委员徐诵明、李蒸、李书田、陈剑翛、臧启芳、周伯敏、辛树帜等七人。1938年7月22日，教育部电令西北联合大学："该校筹备委员会应即撤销，改组校务委员会，原有筹备委员，改任为校务委员。"② 同时，因陈剑翛极力辞去西北联合大学校务委员的职务，就任湖北省教育厅厅长，教育部增聘胡庶华为西北联合大学校务委员，并指定李蒸、徐诵明、胡庶华为常务委员。③ 1938年10月，教育部又指令张北海为西北联合大学校务委员。

早在决定迁校陕南之时，西安临时大学就成立了由校常委李书田为召集人，袁敦礼、张贻惠、刘拓、李建勋、贾成章、杨立奎、许寿裳、黎锦熙、张汉文、董守义、刘锡英、尹文敬、汪厥明、林几为委员的15人"新校舍勘察及布置委员会"。④ 并随即派出徐世度先期赶往汉中勘察校舍。1938年3月2日，徐世度从西安火车站出发，当晚到达宝鸡，3月5日下午到达汉中城区，6日即开展工作。但是，汉中城其时

① 《国民政府教育部给西安临时大学的训令（1938年4月3日）》，转引自李永森、姚远《西北大学史稿·上卷（1902—1949）（修订本）》，西北大学出版社2002年版，第217页。

② 《改组校务委员会电令》，《西北联大校刊》第2期。

③ 《指定常务委员电令》，《西北联大校刊》第2期。

④ 《西安临大3月9日会议记录》，《西北联大校刊》第1期。

已为战略大后方，“军队甚多，房屋甚少，无处容本校”，徐世度便去访问沔县武侯祠及武侯墓、汉中天主堂等。3月7日，汉中天主教主教祁济众介绍说城固古路坝的教堂已经答应借给中央陆军军官学校洛阳分校，但祁主教更愿意借给西安临时大学使用，随后两人商妥了借古路坝教堂的口头协定。徐世度从汉中专员公署开具了致沔县、城固两县长的函。3月8日，徐世度持函到达沔县，访问沔县傅县长，傅介绍“沔县有武侯祠、武侯墓、马超祠及其他各庙宇，容两千人不难”，对于西安临时大学迁沔，甚表欢迎。随后几天，徐世度访问龙岗寺、圣水寺、古路坝等地，3月16日与天主堂祁主教签订了借用古路坝教堂的合同。3月18日上午，徐世度列席了西北联大新校舍勘察及布置委员会会议，报告了寻觅校舍的经过。3月19日徐世度同物理系主任张贻惠（字少涵）赴城固县上元观查看校舍，初步议定了租金。3月中下旬，校舍勘察及布置委员会的成员到达汉中后，展开工作。[①]

3月30日，新校舍勘察及布置委员会召开会议，初步确定文理学院、教育学院、法商学院、高中部设在城固，农学院、工学院及生物学系设在古路坝，医学院设在南郑（即今汉中城区）。4月10日，校务委员会决定自即日起遵用“国立西北联合大学”校名，并修正了校舍分配方案，决定：

（一）文理学院之国文、英语、史地、数学、物理、化学六系，教育学院之教育、家政二系，工学院之矿冶工程、机械工程、电机工程、化学工程、纺织工程等五系及土木工程系一年级，医学院之一年级均在城固城内上课。

（二）法商学院在城固小西关外上课。

（三）体育系、地理系及土木系二三四年级在古路坝上课。

① 徐世度：《奉派到汉中区觅校舍工作日记》，《西北联大校刊》第1期。

（五）高中部在上元观上课，如农学院在沔县，高中部在古路坝亦可。

（六）医学院除一年级外，余均在南郑（即今汉中城区）上课。

（七）生物系因课程与理、教、农、医等院系均有关系，在城固或沔县或古路坝上课均可，如农学院与生物系不在一处时，农学院所需要之生物学教员应请往农学院授课。①

西北联合大学能在城固觅得几处校址与城固籍人士卢怀琦（字伯玮）有相当大的关系。曾经任教于西安临时大学附中和西北联合大学附中的赵慈庚1993年回忆：北平师大附中（在北平厂甸时）的国文教员卢怀琦（字伯玮）是陕西省城固县人，20年代前半期毕业于北平师范大学，他家世代是城固县的富绅，住城固县城内福顺巷。1938年春，卢怀琦正在家里（不知他是抗战前就从北平辞职还乡的，还是在“七七”事变前后还乡的），听说西安临时大学要来汉中的消息后，希望联大能落在城固。原北平师大方面的力量为寻找校舍也想到如果找他帮忙，以他家的绅士地位在当地进行呼吁，会得到地方当局的重视与帮助。果然，在卢怀琦的努力之下，西北联合大学六个学院中的四个在城固得到了安置。②

筹备委员李书田在西北联合大学开学典礼上对校分三县六地有很乐观的叙述：医学院设于南郑，是因为“该地居民较多，可便利民众的诊病”；农学院设于沔县武侯祠是要“利用汉水开掘沟渠从事灌溉”；“体育、地理、土木三系及高中部均设于古路坝，利用大自然的形势和环境，研究地理，实地测量及锻炼身心”。③ 事实上，筹备

① 《常务委员会第24次会议记录（1938年4月10日）》，陕西省档案馆藏国立西北大学档案，全宗号67，目录号1，案卷号201.1。

② 赵慈庚：《西安临大南迁琐记》，转载自李溪桥《李蒸纪念文集》，中国社会科学出版社1996年版，第260页。

③ 李书田：《徒步千里的破天荒大举动》，《西北联大校刊》第1期。

委员们很清楚这不过是对无法找到一地容纳全体的状况苦中作乐的说法，因为校分三地给日常的教学活动和管理造成许多困难。

西北联合大学校址的选择受到了诸多因素的制约。首先是受战事影响，山西、河南等地的学校及工厂纷纷迁入陕南汉中，一些较大的庙宇、房舍均已被他方先占；其次是新迁校舍勘察委员会的行动路线是出了褒河之后即到褒城、沔县、南郑等地去寻觅，一遇到合适的办学地址担心被他方占去，所以随即与地方政府或相关管理机关签订协议，导致在校址的规划上未能整齐划一。如若当时事先有地方政府人员的大力帮助，也许不至于如此分散，不仅可以降低办学成本，而且能加强各学院之间的联系，便于管理。

1938 年 5 月 2 日，国立西北联合大学正式开学，全校于城固校本部举行了开学典礼。筹备委员陈剑翛在典礼上报告了更改校名为“西北联合大学”的意义：“一方面是要负起开发西北教育的使命，一方面是表示原由三校合组而成。”①

二　西北联合大学组织系统

国立西北联合大学是在国立西安临时大学的基础上设立的，建校初期基本上沿袭了西安临大的组织系统。1938 年 4 月 10 日，西北联大筹备委员会通过了《本大学组织系统说明》，全校仍设 6 个学院 23 个学系，设秘书、教务、总务三处及其他一些机构，具体如下：

一、本大学分为文理学院、法商学院、教育学院、农学院、工学院、医学院等六学院。

二、本大学文理学院分为国文系、外国语文系、历史系、数学系、物理系、化学系、生物系、地理系等八系；法商学院分为法律

① 《本校在城固本部举行开学典礼志盛》，《西北联大校刊》第 1 期。

系、政治经济系、商学系等三系；教育学院分为教育系、体育系、家政系等三系；农学院分为农学系、林学系、农业化学系等三系；工学院分为土木工程学系、矿冶工程学系、机械工程学系、电机工程学系、化学工程学系、纺织工程学系等六系；医学院（不分系）。

三、本大学行政部分为秘书、教务、总务三处。秘书处分为文书、出版两组；教务处分为注册、图书、军训三组；总务处分为会计、庶务、斋务三组。

四、本大学在南郑设办事处，在西安设留守处，均系临时行政机构。

五、本大学设立各种委员会，均系设计、研究及应付特种事件性质。

六、各学院设在城固城内大学本部者，一切行政事务均由本大学常委会所属各处组办理。其不设在大学本部之各处学院，由院长秉承常委会督率各该院事务室人员办理，遇有对外重要公共普遍性之事项并须由院送请常委会统筹办理。

七、凡不相关联之学系合设在大学本部以外之一处时，得组织分院院务委员会，代行院长一部分职务，但重要教务之执行，须征取相联系院院长之同意；其他事项与第六条规定同。

八、各学院或分院对于各处组仍维持原有正常关系；其行文与接洽事务均照旧规定办理。

九、在大学本部以外之各处、各学院所设事务室之主任暨职员，秉承各该院院长办理一切事务。其对内（大学本部及其他各部分）行文较重要者，均由各学院以便函行之，遇有直接接洽或申请事件之必要时，事务室主任得酌用签呈或签条，但其底稿须经院长签画。普通不重要事件得由事务室主任单独处理。

十、分院院务委员会下所设之职员秉承院务委员会办理一切事务。其对内行文及接洽或处理普通事件与第九条规定同。

十一、各处学院或分院之事务室主任或职员，因职务关系，得在其主管或经办事项范围内，直接商承大学本部有关之处组办理事务，但须于事前请示与事后报告各该学院院长或分院院务委员。

十二、各处学院或分院之事务室主任，其地位相当于大学本部之组长，其职员分别相当于组员、事务员、书记。

十三、各处学院或分院对外行文及向会计组、庶务组支款领物，或托办事项，另规定之。

十四、本件经常委会会议决议后实行。[①]

1938 年 7 月以后，随着西北联合大学工学院、农学院分别与他校院合并组建国立西北工学院、国立西北农学院，西北联合大学的组织系统发生了较大变化：

一是西北联合大学只剩下文理学院、法商学院、师范学院（原为教育学院，后根据教育部颁的师范学院规程而改名）、医学院等 4 个学院 14 个学系。

二是增设训导处，并在各学院分设导师会。导师会与军训、斋务两组及学生贷金管理部一同隶属于训导处；训导处主任由新任常委胡庶华兼任。[②]

三是裁撤总务处。总务处原设会计、庶务、斋务三组。因会计组独立，且改名为会计室，受常务委员之指导；除师范学院照部章组设庶务处外，文理学院、法商学院、医学院等三个学院也分别成立了庶务室；仅余斋务一组，与训导处有密切关系，已改隶训导处；经第四十次常务委员会议决议：总务处着即裁撤。[③] 同时庶务组改为庶务室，出纳股改为出纳室，卫生室改为校医室，会计、庶务、出纳、校医等四室由常务委员办公室直辖。[④]

---

① 《本大学组织系统说明》，《西北联大校刊》第 1 期。

② 《增设训导处》，《西北联大校刊》第 2 期。

③ 《总务处裁撤》，《西北联大校刊》第 2 期。

④ 《会计、庶务、出纳、校医四室直辖常务委员会办公室》，《西北联大校刊》第 2 期。

四是裁撤根据1938年4月18日校常务委员会通过的《本大学组织系统说明》设立的西安留守处和文理教工分院（设于古路坝）。西安留守处原是为办理西安临时大学南迁汉中后的遗留事务，经过一段时间，遗留事务大部分已经完竣，故经第四十次常委会决议，西安留守处着即裁撤，剩余校具由赵广瑞看管，其余人员分别调遣。① 国立西北联大刚成立时，安排文理学院一部分学生在古路坝上课、住宿，一些教师也因此长驻古路坝。为管理方便，学校在古路坝成立了文理学院教工分院（简称“文理教工分院”）。到1938年秋，国立西北工学院独立设置后，校方将文理学院师生全部安置到城固县城，因而将文理教工分院撤销。②

五是根据教育部师范学院规程，经1938年10月5日召开的第四十三次常务委员会议决议，改原直接隶属于常务委员会的高中部为国立西北联合大学师范学院附属中学。③

六是南郑办事处独立设置。最初为办事方便，南郑办事处附设在医学院，总干事以下各职员，亦由医学院庶务室主任及职员兼任，后因南郑办事处事务繁忙，有独立设置之必要，经1938年10月5日第四十三次常务委员会议决议独立设置，聘请秘书兼法商学院庶务室主任徐世度为主任，设办事处于南郑（今汉中市城区）中学巷九号。④

西北联合大学走上正轨之后，根据工作需要还设立了一些专门委员会以处理特别事务，如体育委员会，公费生、免费生审查委员会，建筑设备委员会，图书委员会，卫生委员会，仪器委员会，警卫委员会等机构。

---

① 《裁撤西安留守处》，《西北联大校刊》第2期。

② 《文理教工分院结束》，《西北联大校刊》第2期。

③ 《高中部改称本校师范学院附属中学》，《西北联大校刊》第3期。

④ 《南郑办事处独立设置》，《西北联大校刊》第3期。

三 校训、校歌及对日本空袭的应对

（一）国立西北联合大学校训：公、诚、勤、朴

校训是对一所学校办学宗旨、精神的凝练。国立西北联合大学校训形成于1938年10月。

1938年7月开始，西北联大各院系遵教育部之令，开始筹划重组与分设独立院校。为了不使这一过程影响正常教学，1938年10月下旬，西北联合大学第四十五次常委会决定取“公”“诚”“勤”“朴”四字为校训，与“忠孝仁爱信义和平”的国训一起制成匾额，悬挂在礼堂之中，昭示师生。

时任联大国文系主任的语言学家黎锦熙这样阐释校训的含义：“公诚勤朴”校训主要彰显的是京津四校内迁陕西合作办学，正处战事危急、国难当头之际，学校各方应摒弃门户之见，团结合作，公以去私，诚以去弱，勤以开源，朴以节流；合精神与物质，综古代与现代，提挈群伦，继往开来，研究科学，培育人才，唯在西北，必借教育学术之力，努力铸成“国族”以发扬之，增强抗战力量，复兴民族的时代特征。①

（二）校歌：联辉合耀

校歌是对校训的文学化、艺术化抒写和阐释。西北联大校歌歌词于1938年11月正式公布，是由联大教授黎锦熙、许寿裳撰写的：

并序连黉，卌载燕都迥。联辉合耀，文化开秦陇。汉江千里源嶓冢，天山万仞自卑隆。文理导愚蒙，政法倡忠勇，师资树人表，

① 黎锦熙：《国立西北大学校史》（1944年五月于城固），西北大学西北联大研究所《西北联大史料汇编》，西北大学出版社2012年版，第657页。

实业拯民穷，健体名医弱者雄。勤朴公诚校训崇。华夏声威，神州文物，原从西北，化被南东。努力发扬我四千年国族之雄风。[①]

“黉序”指学校。“燕都”指北平。“卌载”意为 40 多年。“迥”，即“远”，历史长。“并序连黉，卌载燕都迥”是说国立西北联合大学由国立西安临时大学改名而来，组成西安临时大学的国立北平大学、国立北平师范大学、国立北洋工学院、河北省立女子学院，几乎囊括了当时平津地区除国立北京大学、国立清华大学以外的所有国立高校，有些专业或学院的源头可以追溯到清代光绪末年。它们中的多数在北平已经有 40 多年的发展历史。

“联辉合耀，文化开秦陇”是说上述平津高校联合办学，使西北高等教育得以发展，民智大开。

嶓冢，地名，汉江源头。“汉江千里源嶓冢，天山万仞自卑隆”是说千里汉江源自嶓冢，万仞天山从低处一点点隆起。意思是希望迁到陕南的国立西北联合大学有立足大西北之情怀，但能脚踏实地一步一步谋发展。即《中庸》所讲的“行远自迩，登高自卑”。

“文理导愚蒙，政法倡忠勇，师资树人表，实业拯民穷，健体名医弱者雄”是分别对文理学院、法商学院、师范学院、工学院、医学院进行定位：文理学院开化民智，法商学院倡导忠勇，师范学院为人表率，工学院图谋富民强国，医学院追求国民强健。

“勤朴公诚校训崇”意思是，虽然按 1939 年 3 月第三次全国教育会议精神，全国学校的校训统一为“礼义廉耻”，但西北联大崇尚公、诚、勤、朴，公以化私，诚以化虚，勤以开源，朴以节流。

“华夏声威，神州文物，原从西北，化被南东。努力发扬我四千年国族之雄风”是说华夏文明发源于西北，然后向南、向东伸展。而今，希望诸位加倍努力，以发扬华夏民族四千年文明的雄风！

---

① 黎锦熙、许寿裳：《本校校歌》，《西北联大校刊》第 6 期。

公布校歌歌词的同时，西北联大常务委员会请许寿裳、齐国梁两教授介绍专家为校歌谱曲。可惜随着西北联合大学1939年8月的解体，歌谱没有了下文。

（三）对日本空袭的应对

1939年是汉中遭受日本飞机轰炸最为密集的时期。为了有效减少日本空袭对教学的影响，西北联大及时采取了一些应对措施。

1939年5月10日，西北联合大学公函城固县政府，商谈疏散学生到郊外上课事宜。公函称："兹因敌机近日轰炸南郑，本校为预防起见，拟于特别紧急时将员生向郊外疏散，借用当地庙宇维持上课。曾经派员与莲花池蔡家坝乡绅蔡文接洽，该乡绅热心协助，勘就该处老爷庙、台子庙、三善祠、三郎庙等处可以应用。本校必要时即分配员生前往该处上课。关于各该庙宇神像，本校届时应面告学生不准损坏，并不妨碍当地人民敬神习惯，相应函达，敬希查照，转知该乡绅蔡文及当地保甲长随时协助照料。"①

同时，西北联合大学就文理、师范两个学院的学生疏散工作进行了具体的安排：

> 一、俟文理学院师范学院移在城外上课时，法商学院拟恢复原来时间上课；
>
> 二、如遇大雨时，文理学院师范学院仍在校内上课；
>
> 三、尽量利用城外教室（自上午六时起至下午五时止），但留出十一点至一点两小时为学生午餐时间（晚七时至九时仍须在校内上课）；

① 《西北联合大学公函城固县政府（为本校拟将员生疏散至郊外上课，勘就地点请转知当地乡绅及保甲协助保护由，1939年5月10日）》，陕西省档案馆藏国立西北大学档案，全宗号67，目录号5，案卷号446.1。

四、借附中新校舍作先修班教室；

五、派工友一人乘自行车负报告责任；

六、城外教室教员休息室内部整理及设备请文理学院事务室及师范学院事务处负责合办，其整理及设备费于本月份文理学院借用全项下请常委批加300元；

七、一切问题请汪秘书与蔡家坝绅士蔡文先生接洽；

八、各庙佛像借庶务室所存旧席及竹竿遮蔽。[①]

位于南郑（现汉中市汉台区）城内的西北联合大学医学院在实施高等教育的同时，承担了部分公共医疗事务。1939年5月期间，南郑军政当局请求医学院办理南郑县防护团重伤医院，医学院已经应允，但因日军空袭，医学院在城内教学和施诊已经无法正常进行，给西北联合大学校方去函：

查本所前因南郑军政当局一再商请办理南郑县防护团重伤医院事宜，乃以情不可却，当即应允。讵于本月六七两日，南郑迭遭敌机轰炸，计此二日经本所治疗者七十余人，其中重伤住院者21人。自经此两次轰炸后，此间人心大起惶恐，每日晨起均纷纷逃至郊外，以致医学院方面亦不能安心上课。并之近日卫生院迭向本所交涉，解除借房契约，而地方当局又以被炸重伤住院病人在市区中心终非长计，乃经开会商请本所迁移城外，以谋安全。本所以敌机既已在城内滥肆轰炸，将来虽免继续侵扰，与其居住城内终日惶恐，莫若迁移城外，既应县方之要求，亦可供四五年级学生安心实习，庶无荒废，故决定暂行迁往城外，办理重

① 《西北联合大学便函（为议定城外上课各项办法应先由文理师范两院布置俟空袭时实行由，1939年5月10日）》，陕西省档案馆藏国立西北大学档案，全宗号67，目录号5，案卷号446.1。

伤医院。现地址已经南郑县府觅于南郑东关外黄家坡文家庙内，距县城约十华里之遥，定于本月14日全部迁移该处，所有门诊，因感于事实之不能，故暂停止。[①]

于是，医学院主动将师生迁至南郑东郊的孙家庙、马家庙、黄家坡黄家祠堂等地，并规定“二三年级在孙家庙、马家庙，四五年级在黄家坡黄家祠堂等处暂行上课，于5月29日迁移，5月31日起照常上课”。[②]需要说明的是，医学院一年级当时在城固县城校本部上课。

四　必修课设置

为了加强对高校教学的管理，整体提升高校学生的专业素质，1938年下半年，教育部打算统一各专业的基本课程设置。这一点从教育部1938年9月22日的训令中可以看出：

查大学课程，除医学院外，向由各校自行规定，得因人地之宜自由发展。惟以缺乏共同标准，遂致科目互异，程度不齐，未能发挥大学教育一贯之精神，而若干大学，分系过早。各系所设专门科目，又或流于繁琐，一般学生缺乏良好之基本训练，所得知识难免支离破碎，不能融会一科学术之要旨，亦非培养高深学术人才之道。本部有鉴于此，爰有整理大学课程之举，前曾一面调查全国各大学各学系科目，对各校实际课程，详加分析研究，一面分请各大学教授各学系主任对于大学课程发表意见，拟订各学系理想科目表，以供参考。嗣由本部根据各校实际情形，参酌各教授系主任意

① 《西北联合大学医学院函西北联合大学常委（1939年5月14日）》，陕西省档案馆藏国立西北大学档案，全宗号67，目录号5，案卷号451.2。

② 《西北联合大学通知医学院（1939年6月2日）》，陕西省档案馆藏国立西北大学档案，全宗号67，目录号5，案卷号446.1。

见，邀请专家厘订大学各学院课程，以谋建立共同之标准。①

为此，教育部先后于1938年9月、11月、12月颁布了大学文学院、理学院、法学院、工学院、商学院、农学院共同必修科目（见表5-1至表5-4）。

表5-1　　**大学文学院共同必修科目**

科目	规定学分	第一学年		第二学年		备注
		第一学期	第二学期	第一学期	第二学期	
国文	6	3	3			每两周须作文一次
外国文	6—8	3—4	3—4			每两周须作文一次
中国通史（注重文化之发展）	6	3	3			
西洋通史（注重文化之发展）	6			3	3	
伦理学	4	2	2			
哲学概论、科学概论任选一种	6			3	3	
数学及自然科学（数学、物理、化学、生物学、生理学、地质学）任选一种	6—8	3—4	3—4			数学应注重练习。自然科学演讲与实习并重
社会科学（社会学、政治学、经济学）任选二种	12	3	3	3	3	每种6学分
总计	52—56	17—19	17—19	9	9	
附注	1. 除表中所列必修科目外，党义、体育、军训均为当然必修科目，不计学分。2. 表中所列六至八学分之科目，各校得在此规定内斟酌情形决定学分数。					

资料来源：教育部印《大学文学院共同必修科目表（1938年12月）》，陕西省档案馆藏国立西北大学档案，全宗号67，目录号5，案卷号446.2。

① 《教育部训令（1938年9月22日）》，陕西省档案馆藏国立西北大学档案，全宗号67，目录号5，案卷号446.2。

表 5－2　　大学工学院共同必修科目

科目	规定学分	第一学年		第二学年		备注
		第一学期	第二学期	第一学期	第二学期	
国文	4	2	2			每两周须作文一次
外国文	6	3	3			每两周须作文一次
算学	8	4	4			
物理学	8	4	4			每周讲授三小时、实习三小时
化学	8	4	4			每周讲授三小时、实习三小时
应用力学	4			4		
材料力学	4				4	
经济学	3			3		可以移到第三或第四学年讲授
制图	4	2	2			每周上课六小时
工厂实习	2	1	1			每周实习二小时
总计	51	20	20	7	4	
附注	除表中所列必修科目外，党义、体育、军训均为当然必修科目，不计学分					

资料来源：《教育部训令（1938 年 11 月 2 日）》，陕西省档案馆藏国立西北大学档案，全宗号 67，目录号 5，案卷号 446. 1。

表 5－3　　大学商学院共同必修科目

科目	规定学分	第一学年		第二学年		备注
		第一学期	第二学期	第一学期	第二学期	
国文	6	3	3			每两周须作文一次
外国文	6—8	3—4	3—4			每两周须作文一次
商业史	3—4	3—4				包括中国和世界两部分

续表

科目	规定学分	第一学年		第二学年		备注
		第一学期	第二学期	第一学期	第二学期	
经济地理	3—4		3—4			
算学	8	4	4			注重商业上之应用及训练
经济学	6	3	3			
法学通论	4—6			2—3	2—3	
财政学	6			3	3	
会计	8—10	4—5	4—5			
总计	48—56	19—22	19—22	5—6	5—6	
附注	1. 除表中所列必修科目外，党义、体育、军训均为当然必修科目，不计学分。2. 表中所列三至四，四至六，六至八或八至十学分之科目，各校得在此规定内斟酌情形决定学分数。					

资料来源：《教育部训令（1938 年 11 月 2 日）》，陕西省档案馆藏国立西北大学档案，全宗号 67，目录号 5，案卷号 446. 1。

表 5－4　**大学农学院共同必修科目**

科目	规定学分	第一学年		第二学年		备注
		第一学期	第二学期	第一学期	第二学期	
国文	4	2	2			每两周须作文一次
外国文	6—8	3—4	3—4			每两周须作文一次
化学	6—8	3—4	3—4			包括中国和世界两部分
植物学	6	3	3			
动物学	3—6	3	（3）			注重商业上之应用及训练
地质学	3—4	（2）	（2）3			

续表

科目	规定学分	第一学年		第二学年		备注
		第一学期	第二学期	第一学期	第二学期	
农学概论或农艺	4	2	2			
经济学及农业经济	4—6			2—3	2—3	
农场实习	2	1	1			
总计	38—48	17—21	17—21	2—3	2—3	
附注	1. 除表中所列必修科目外，党义、体育、军训均为当然必修科目，不计学分。2. 物理及算学为农业工程系，农业化学系，农林学系之分系必修科目，各校得于第一二两学年中教授之，未列本表之内；3. 表中所列三至四，三至六或六至八学分之科目各校得在此规定内斟酌情形决定学分数。					

资料来源：《教育部训令（1938 年 11 月 2 日）》，陕西省档案馆藏国立西北大学档案，全宗号 67，目录号 5，案卷号 446. 1。

西北联大除了遵守教育部统一的必修课规定外，还增加了少量通识教育课程，如“乐歌”，并对“国文”等课程稍作调整。

1939 年 1 月 6 日，注册组签呈西北联合大学常务委员会，称：“本校各学院一年级本学年增设乐歌为必修科，因各学院人数多寡不同，师范学院拟分两组，文理学院各系一年级及医学院一年级分三组，法商各系一年级分两组，每组每周二小时。至各院二三四年级每院得设选修两小时，至排课时间于不得已时拟借用升旗后早餐前之时间是否有当，敬请示遵。”①

对教育部确定的大学一年级必修科目——国文，西北联大国文系黎锦熙 1938 年 12 月 27 日给西北联大常委会提出以下建议：

① 《西北联大注册组签呈常务委员会（1939 年 1 月 6 日）》，陕西省档案馆藏国立西北大学档案，全宗号 67，目录号 5，案卷号 446. 1。

> 部定大学一年级国文为共同必修科目，每两周须作文一次，本校似宜有统整有效之办法，正商拟间，适接到部颁“全国高级师范教育会议决议案”，内应查照遵办者第四案“师范学院学生应请重修养案”中，列办法四条，一为阅读须作“笔记”，二为反省须写“日记”。此段事殊与国文作文有关，鼎国文教员负责办理，训教合一，难期有效。如并作统整有效之计划，更可推行全校，不限于师院也。用商定办法数通，其目为：全校一年级生写作“修养日记”及“读书笔记”办法，附用纸格式。①

西北联大常委会采纳了黎锦熙的建议，并于1939年1月便函训导处，推行“全校一年级生写作‘修养日记’及‘读书笔记’”的办法。②

1939年4月，教育部对西北联合大学上报的各学院一年级共同必修科目实施情形进行了检查，认为：“查该校各学院一年级共同必修科目大致尚合，惟下列各点应予注意或改正：第一，文理学院所开之数学、物理、化学、生物、地质等五科，国文、外国文、历史三系可选修一科，其他各系应规定于二年级时再选修一科；第二，法商学院所开之数学、生物、地质等三科，法律及政治经济两系可选修一科，政治学、经济学、民法概要等科，该两系应规定于二年级时再选修一科。上述各科目除经济学一科外，其余各科及中国通史、伦理学两科，商学系规定修习。至算学、商业史、会计学及经济地理等四科，只限商学系必修，其他两系无庸必修；第三，医学院英文日文每周各授四小时，德文每周八小时较部颁科目表规定时数超出甚多，且不应

① 《国文系黎锦熙上常委会函（1938年12月27日）》，陕西省档案馆藏国立西北大学档案，全宗号67，目录号5，案卷号446.1。

② 《西北联大常委会便函训导处（为国文系所拟全校一年级生写作修养日记及读书笔记办法请查照分送各学院主任导师查照由，1939年1月23日）》，陕西省档案馆藏国立西北大学档案，全宗号67，目录号5，案卷号446.1。

规定修习两种第二外国语。数学、物理、化学等三科教授时间又较部颁科目表规定时数过少，未免太重视外国语而轻基本科学，应即照章分别予以增删。”①

为了能够让高校课程设置与战时需要相符合，1939 年 6 月教育部在保证公共基础课的前提下，还开设了一些战时课程。如，在文科中设立民族文学、抗战史料等课程；在法商科中设立日本问题、战时经济、战时法令等课程；在教育科中设立战时教育问题、军事心理学等课程；在理科中设立国防化学、国防地理等；在工科中设立军事工程、军事电讯、汽车修造等科目；在农科中设立战时食粮问题；在医科中设立战时救护等科目。教育部训令颁发后，西北联合大学即予以组织实施。②

① 《教育部指令（据呈报 1938 年度各学院一年级共同必修科目实施情形指令遵照，1939 年 4 月 3 日）》，陕西省档案馆藏国立西北大学档案，全宗号 67，目录号 5，案卷号 446. 2。

② 《教育部训令（令知实施战时教程由，1939 年 6 月）》《西北联合大学便函（奉部令实施战时教程希查照办理由，1939 年 7 月 3 日）》，均见陕西省档案馆藏国立西北大学档案，全宗号 67，目录号 5，案卷号 446. 1。

第六章

联辉合耀：
国立西北联合大学的风采（二）

1938 年 11 月黎锦熙、许寿裳为《国立西北联合大学校歌》写歌词时，农学院已于 7 月和西北农林专科学校合并组建为国立西北农学院，且到武功张家岗（即今杨陵）去办学，工学院虽独立，但还在城固，所以歌词中没有涉及农学院。其中的“文理导愚蒙，政法倡忠勇，师资树人表，实业拯民穷，健体名医弱者雄”五句话概括了西北联合大学五个学院的特点。

一　文理导愚蒙：文理学院

西北联合大学文理学院一如西安临时大学旧制，设立国文系、外文系、历史系、数学系、物理系、化学系、生物系、地理系等 8 个学系。

西北联大建立之初，因城固校舍不足，文理学院地理系、生物系的二、三、四年级均被安排在古路坝办学，为此校常委专门设立了古路坝文理教工分院院务委员会，聘请周宗莲、黄国璋等人为委员，并确定了文理教工分院职员：注册舒崇秀，庶务胡铭佑，会计尹容焜，斋务蒋应荣。[①] 后生物系因故没有在古路坝上课。

校舍问题初步解决之后，图书、仪器、设备不敷正常的教学、科研需要，成为文理学院面临的最为严峻的问题：补充图书、杂志、标本等的预算达到22万元。如此巨大的缺额显然在短期内不可能通过政府和庚款机关的补助来解决。好在北平大学、北平师范大学在卢沟桥事变后，曾抢救出一批珍贵的科学仪器设备存入平津的外国公司代为保管，文理学院谋划将它们运送到陕南，以弥补不足。[②]

因史料所限，下面仅对地理系、国文系、历史系、化学系作简要介绍。

（一）地理系

文理学院设在城固县考院。但初建校时，因城固县城内校舍有限，不能满足文理学院所有学系的需要，故将适宜做野外考察的地理系同工学院、师范学院体育系、高中部等设于城固县城以南巴山余脉的古路坝教堂。

地理系自1938年4月17日迁到古路坝上课，经过多方努力，师生教学因地制宜，日渐走上正轨。为了解决图书资料的匮乏，地理系一方面招考绘图员自行绘制世界气候区域及世界土壤分布等挂图，另一方面购买各县县志便于师生了解本地风土民俗及山川位置。1938年春夏，地理系因和高中部同在古路坝，四年级学生的教学技能训练进行得比较顺利，每个学生在高中部担任8小时的分组授课。地理系普通地质班的野外实习地点确定在地形复杂、岩石种类繁多的沔县。1938年7月1日至4日由郁士元率领全体学生至沔县定军山、高家泉一带考察，除鉴别地层外，并采集岩石标本多种。地理系二年级地理

① 《西北联合大学第25次常务委员会会议记录（1938年4月20日）》，西北大学西北联大研究所《西北联大史料汇编》，西北大学出版社2012年版，第695页。

② 《文理学院本学期经办之重要事项》，《西北联大校刊》第1期。

测绘课程的实习部分，选择离古路坝不远的盐井坝进行，测绘盐井坝的地形图。①

（二）历史系

历史系成立了历史系考古委员会，以许寿裳、李季谷、陆咏沂、黄仲良、何士骥、周国亭等6名教师为成员，利用汉中得天独厚的人文景观，考察沔县三国遗址、发掘张骞墓、参观城固周围的名胜古迹，不仅有利于教书育人，而且为地方文化建设作出了贡献。

张骞墓茔就在城固县城西边，是西北联合大学师生们常去瞻仰的地方。1938 年 5 月 2 日，西北联大师生即去作过调查，“自调查以后，石刻全部，虽尚未见，但由已见部分之作风观之，似为汉物无疑。复由所得之陶瓦片砖块等证之，其时代为汉，更属明确”。历史系考古委员会则不满足于这些推测，因为民间有墓前石刻“愈掘则入地愈深。每当夏季大雨，水涨石高，永远能保持其露面数寸之状态”的说法，便向校常委申请发掘张骞墓前石刻。1938 年 7 月 3 日开始发掘，不久就挖掘出两只石兽来，并制作石兽座子，分列墓前两边。在发掘报告中，何士骥、周国亭还考证出清朝人毕沅所著《关中金石记》对张骞墓门坐北向南的错误记载。报告称：“实不知其墓门之确在东而不在南也。现墓门之隐约可见者，仅其门楣弧形之一部，侧立砖共二十余，内有二砖虽残，已可确知其为汉代之绳纹砖。余因埋没土中，未有动视，不敢全定，骥等既得此种发现，即询诸联保长等，谓‘民国二十一年，确在此处经水冲出一洞，向内（即西）深至中尺八九尺，则见砖壁整齐，分列三门，建筑宏大，后因小孩入内为土所掩，遂复壁封。’又云‘有风水先生者，谓此墓墓门，确应向东’……吾人所欲急知者，即在此墓之本人究竟如何，时代如何，建

① 《地理系工作报告（1938 年 4 月 17 日至 7 月 15 日）》，《西北联大校刊》第 1 期。

筑如何，墓中所有之各种史料如何？倘能揭开各个墓门，作全部之清理，使国内外人士，既便于礼瞻，复于博望侯正史传外之添设一遗物陈列馆，则观感亲切，必更易动人。”①

1938 年 7 月间，历史学系考古委员会向西北联合大学常委会提出《张骞墓间古物探寻计划书》②，申请进一步发掘张骞墓。在征得陕西省政府、城固县政府等同意下，考古委员会于 8 月 24 日—9 月 2 日对张骞墓道进行了清理，“将其已毁之墓道，加以清理考查，虽因各种关系，全部计划未能完全实现，但就吾人已得之古物，已足证为西汉之墓”；9 月中旬，考古委员会在考古室展览发掘的古物，对校内外人士进行开放，弘扬民族精神。③

历史系教授黄文弼在查阅古籍史料后，对张骞出使西域的路线进行了考查，写出《张骞通西域路线图考》④ 一文，发表在《西北联大校刊》第 14 期。这是国内外研究张骞的首篇论文。

沔县作为重要的三国遗址聚集地，吸引着历史系师生的目光。历史系多次组织师生赴沔县考察，其中 1939 年 3 月 19 日至 21 日考察了沔县诸葛武侯墓、祠、读书台、阳平关、马超墓、定军山以及褒城石门等地，“并得汉砖汉瓦证明其地为汉代建筑遗址”⑤。陆懋德、周国亭等先后写出《汉中各县诸葛武侯遗迹考》⑥《沔县考古纪实》⑦等文，对诸葛武侯的丰功伟绩、历史遗迹进行了说明。

黎锦熙在《西北联大校刊》上连续发表的《城固县志续修例言》

---

① 何士骥、周国亭：《发掘张骞墓前石刻报告书》，《西北联大校刊》第 1 期。

② 国立西北联合大学历史学系考古委员会：《张骞墓间古物探寻计划书》，《西北联大校刊》第 1 期。

③ 《博望侯墓道古物校内展览记》，《西北联大校刊》第 10 期。

④ 黄文弼：《张骞通西域路线图考》，《西北联大校刊》第 10 期。

⑤ 杨其超：《本大学历史学会沔县考察记》，《西北联大校刊》第 18 期。

⑥ 陆懋德：《汉中各县诸葛武侯遗迹考》，《西北联大校刊》第 6 期。

⑦ 周国亭：《沔县考古纪实》，《西北联大校刊》第 15 期。

《城固新修县志方案》等①是对方志学的重要贡献之一。尽管因各种条件限制，城固新修县志并未结稿，但是黎锦熙在《城固新修县志方案》中论及的方志学基本方法，实为方志学研究的理论集大成者。

历史系还承担了抗战史料纂集工作。根据教育部要求，历史系成立了抗战史料纂集指导委员会，聘请李季谷、许寿裳、陆懋德、许重远、谢兆熊、胡鸣盛、何士骥、吴世昌、唐祖培、周国亭、何竹其等为纂集指导委员，以“提倡民族复兴之助……使珍贵之史料得有系统之保存”② 为目的，拟定了详细的《抗战史料纂集大纲》③，以中国部分、国际部分、日本部分分类编辑，兼以详细的分目。

（三）国文系

国文系除承担国文专业学生的教学工作之外，还承担了师范学院、法商学院、医学院、文理学院其他专业一年级学生“国文”课程的教学。1938 年 12 月 8 日，国文系对全校一年级学生通过国文、英文考试，视程度将每个学院的学生编入不同的组别，以利教学的实施：将文理、师范两院的国文系一年级学生分为甲组，文理学院的其他一年级学生分为乙、丙两组，师范学院的其他一年级学生分为丁、

---

① 黎锦熙：《现代方志之“三术”与“两标”——〈城固县志〉续修例言之一》，载《西北联大校刊》第 4 期；《方志广“四用”破“四障”议——〈城固县志〉续修例言之二》，载《西北联大校刊》第 5 期；《方志拟目（总纲之部）——城固新修县志方案之一》，载《西北联大校刊》第 8 期；《方志拟目（自然之部）——城固新修县志方案之二》，载《西北联大校刊》第 9 期；《方志拟目（人口志）——城固新修县志方案之三》，载《西北联大校刊》第 10 期；《方志拟目（农矿志）——城固新修县志方案之四》，载《西北联大校刊》第 11 期；《方志农村调查法——城固新修县志方案之五》，载《西北联大校刊》第 14 期；《方志拟目（工商志）——城固新修县志方案之六》，载《西北联大校刊》第 15 期；《方志拟目（交通志、水利志）——城固新修县志方案之八》，载《西北联大校刊》第 16 期；《方志拟目（合作志）——城固新修县志方案之九》，载《西北联大校刊》第 17 期；《方志拟目（吏治志）——城固新修县志方案之十》，载《西北联大校刊》第 18 期。

② 国立西北联合大学历史学系抗战史料纂集指导委员会：《历史系征求抗战史料》，《西北联大校刊》第 6 期。

③ 《抗战史料纂集大纲》，《西北联大校刊》第 1 期。

戊、己三组，将法商学院的一年级学生分为庚、辛两组，医学院分为壬组。[①]

全校一年级学生国文课的教本是由教师选定的。1939 年 1 月 21 日，确定以谭戒甫、许寿裳、卢怀琦、唐节轩、吴子臧、罗雨亭、卢季韶、高元白、陈叔庄、张建侯、黎锦熙、曹鸣岐为次序，负责选定下周付印的教学内容。[②] 如，选定的课文有《汉书·张骞李广利传》[③]（这样的选择显然是有深意的，一来张骞为民族英雄，值得表彰学习，二来张骞墓即在城固，是学生常去之所）、《左传·韩原之战》《章太炎书十九路军御日本事及十九路军死难战士公墓表》[④]、曾涤生《圣哲画像记》[⑤] 等。1939 年 3 月 31 日，普通国文教员第九次谈话会上，做出了选定教材的规定：一、变通 1939 年 1 月 21 日议决之选文办法，借学期结束及寒假之便，负责选择教学内容的各位教师于 4 月 6 日前分别选出两单元之讲读篇目与参阅篇目，交国文系办公室，汇齐后，由系主任黎锦熙整理编次，于 4 月 8 日普通国文教员谈话会时提出讨论，通过后作为下学期教材；二、每人选定之篇目，须将全文准备，或取书交书记照抄，或自抄，或有已印成之单篇备用；三、每人在寒假之一周中，担任所造两单元教材之校勘、标点、分段，并于必要处加以注解，然后付印；四、凡讲读之教材，无论文言白话，均以能作模范文为限（白话以明白通畅者为主，文言以清真雅正之唐宋以降文为主），参阅教材则不拘。[⑥]

---

① 《国文系普通国文教员第一次谈话会纪录》，《西北联大校刊》第 8 期。

② 《国文系普通国文教员第六次谈话会纪录（1939 年 1 月 21 日）》，《西北联大校刊》第 11 期。

③ 《国文系普通国文教员第一次谈话会纪录》，《西北联大校刊》第 8 期。

④ 《国文系普通国文教员第二次谈话会纪录》，《西北联大校刊》第 9 期。

⑤ 《国文系普通国文教员第五次谈话会纪录（1939 年 1 月 7 日）》，《西北联大校刊》第 11 期。

⑥ 《国文系普通国文教员第九次谈话会纪录（1939 年 3 月 31 日）》，《西北联大校刊》第 14 期。

为了改进全校一年级学生的作文教学，使学生能有确实的进步，国文系将教育部规定的每两周写一次作文的规定，改为“作文”“修养日记”“读书札记”等交替进行的办法，并由黎锦熙代为拟订《全校一年级生共同必修国文“作文”统整办法》《全校一年级写作“修养日记”“读书札记”办法》[①]，要求学生必须遵守。比如：“写日记时交文言白话随便，但须养成随写随加标点之习惯；字体可用行书及简体字，但须行款整洁，不可潦草难辨。”[②]

国文系在学生作文题目的选择上，也颇具慧心，有与时事相关者，如“如何纪念一·二八”，有与学习有关的，如“学然后知不足”[③]，或与地方有关者，如“城固县春节记事”[④]，或是根据时事变化随时加以修订，如汪精卫投敌叛国后，作文题随即改为“拟上国民政府请通缉汪精卫书”[⑤]。

（四）化学系

化学系的图书、仪器药品缺口很大，一开学即紧急订购图书共96种203册，其中原版书1种、挂图1种、翻版杂志一套共17卷、原版杂志一套共30卷等，并与汉口、香港等地的大商店接洽急需的仪器和实验耗品等，以保证各班基本化学实验的正常进行。

同时，化学系师生不放松对于实用问题的研究。比如，化学系教师看到“汉中一带，无造胰工厂，并无造胰之基本原料（牛油），而

---

① 《国文系普通国文教员第三次谈话会纪录（1938年12月24日）》，《西北联大校刊》第9期。

② 《本大学普通国文教员第十一次谈话会纪录（1939年4月1日）》，《西北联大校刊》第15期。

③ 《国文系普通国文教员第七次谈话会纪录（1939年1月28日）》，《西北联大校刊》第11期。

④ 《国文系普通国文教员第八次谈话会纪录（1939年3月4日）》，《西北联大校刊》第14期。

⑤ 《本大学普通国文教员第十三次谈话会纪录（1939年4月29日）》，《西北联大校刊》第17期。

胰子又为日常生活必需用品之一，拟利用此间土产之牛油制胰，以资补救”，且迅速着手调查工作及学理方面的研究，一俟药品仪器购到之后即开展实验，并提出“本地出产之木油，为量甚富，其用途亦拟加以改进”。①

二　政法倡忠勇：法商学院

法商学院设有法律系、政治经济系、商学系，延续国立北平大学时期的制度，在课程设置方面较有特点，教师讲授马列课程的较多，而且集中了一批前共产党人，如许寿裳、曹靖华、罗章龙等，学生大多以俄语为第一外语。

西北联大成立之初，法商学院院长由校常委徐诵明兼任，后徐诵明“因校务繁忙，请辞兼代院长职务”。经 1938 年 9 月第 38 次常务委员会议决议：“准徐代院长辞去兼职，聘请许寿裳先生为法商学院院长，仍兼历史系主任职务。”② 后许寿裳因院务繁忙，改由李季谷兼任历史系主任。教育部委派的督学张北海到达西北联合大学后，法商学院教职员多被警告或解聘，许寿裳无法继续工作，函请辞职。西北联大第 48 次校常务委员会决议批准许寿裳辞去法商学院院长及兼代政经系主任等职务，“聘许寿裳先生为本校建筑设备委员会主席”“改聘张北海先生为法商学院院长”③。出于对许寿裳威望的承认，教育部 1938 年 12 月电令西北联合大学“加聘”许寿裳为国立西北联合大学校务委员。④

自张北海兼院长以后，法商学院原本活跃、自由的气氛陡然低

---

① 《化学系本学期所经办之重要事项》，《西北联大校刊》第 1 期。

② 《聘请许寿裳先生兼任法商学院院长》，《西北联大校刊》第 2 期。

③ 《聘请张北海先生为法商学院院长、聘请许寿裳先生为本校建筑设备委员会主席》，《西北联大校刊》第 6 期。

④ 《加聘许寿裳先生为本校校务委员电令》，《西北联大校刊》第 7 期。

沉下去，人心惶惶。资深教授徐褐夫于1939年7月2日给校常委徐诵明的辞职函中可以看出法商学院的人事纠缠。函称："仆此番之所以急欲求去者，自亦有隐痛在仰，……盖法商年来纠纷皆起自人事问题，仆坚信人事合理解决之日乃法商安定之时，间常与觉非、芹生诸前辈……一再言之，不意北海先生前此赴渝之际竟将仆列入商学系主任人选之内，逢迄今未予通过，已为仆稍余颜面，然此席未可久悬，而爱仆者终为感情所蔽，由是惴惴……尤以代院长履新在即，此问题愈见萦回于诸长者脑海，仆深恐卷入漩涡，故不若行其三十六计……借免法商与人事相终始。"7月3日，徐诵明回函给徐褐夫慰留，称："台端辞意恳切，对于法商院务困难尤慨乎言之，足见关怀学校及难进易退之雅量，至为钦佩，惟是风雨如晦，正待惠而好我者携手共进方能于事有济，务请极本爱护法商之意，勿再言辞。"①

三　师资树人表：教育学院（师范学院）

西北联合大学成立时，依西安临时大学旧制设立教育学院，下设教育系、体育系、家政系等三系。

1938年7月，西北联大教育学院依据教育部《国立中央大学、国立西南联合大学、国立西北联合大学等校设立师范学院办法》改名为师范学院，下设体育系、国文系、英语系、史地系、数学系、理化系、家政系，并颁布师范组织大纲。

师范学院拥有许多不同于校内其他二级学院的优惠政策，拥有比较大的自主权利：在行政安排上，院内设有教务、训育、事务三个处室；教育部单列拨给建设费用，如1938—1939年度拨给经常费5万

① 《徐诵明便函徐褐夫（1939年7月3日）》，陕西省档案馆藏国立西北大学档案，全宗号67，目录号5，案卷号452.1。

元、建筑费 2 万元。[①] 1938 年 9 月 24 日，师范学院设立第二部，并发出《本校师范学院招收第二部学生简章》，计划在体育系、国文系、英语系、史地系、数学系、理化系、家政系，各招收第二部学生一班，每班以 20 人计；要求申请者须于 10 月 31 日以前具函申请报名，将毕业证书或证明书、历年成绩单、半身二寸相片、曾在学校服务之证明书寄与城固；考试的公共科目有公民、国文、英文三科，专门科目每系三种由各系自定。[②] 此外，师范学院还设有师范研究所（招收研究生）、小学教育通讯研究处（进行函授教学）。

师范学院为了加强训育处与任课教员、各处组的联系，以便于训导学生，一方面专门印制学生操行随录册，致送各教职员，随时记录学生行为，交训育处作为参考，另一方面请军训、斋务、注册、校医各组，分别将各系学生之性行、生活习惯、学业成绩、健康情形，抄送各系，转发各导师参考；此外，要求学生每日把教员批改后的修养日记交训育处查阅，各系导师亦可随时前往调阅，以了解学生的思想情况。[③] 学生的操行成绩由导师、主任导师、导师常委会、军训组、教务处等五部分打分组成，其中导师打分的分值所占比重较大。[④]

师范学院学生社团有读书会、篮球队、音乐会等，按时开展活动，极大地丰富了学生的课外生活。[⑤]

（一）教育系

教育系办学历史长，师资水平高，有好几位全国一流的知名教

---

① 《本大学师范学院第一次院务谈话会记录（1938 年 12 月 16 日）》，《西北联大校刊》第 10 期。

② 《本校师范学院招收第二部学生简章》，《西北联大校刊》第 2 期。

③ 《师范学院第一次训导会议纪录（1938 年 12 月 27 日）》，《西北联大校刊》第 11 期。

④ 《师范学院第二次训导会议纪录（1939 年 1 月 31 日）》，《西北联大校刊》第11 期。

⑤ 《师范学院第三次训导会议纪录（1939 年 4 月 4 日）》，《西北联大校刊》第 15 期。

授，如李建勋（字湘宸）、李蒸等，在师范教育、教育理论的研究方面处于全国最前沿，教育部有关师范教育的若干文件最早大都是从这里开始酝酿的。

教育系一迁到城固，就迅速将毕业生派往附中实习，以完成实习工作。实习内容分为教学行政、参观与实习等。行政分为校务、教务、训育、事务四项，每人共计进行五小时；教学参观与实习每人18小时；除此之外，举行两次批评教学、两次指导员与实习生谈话会，并进行纪念周报告、升降旗训话等训练。①

教育系有自己的教育理念，在课程设置上不唯教育部规定为上。1938年11月4日的教育系系务会议，详细讨论了教育部颁布的师范学院训练目的、课程设置、导师制等方案，认为："部颁训练目的只有造就师范学校教员一项，未免过狭，似此则副科分组，均无设置必要"，而本校师范学院的原有训练目的则为"训练中等学校师资，培养教育行政人员，养成教育学术专才三项"；教育部规定的课程设置，公共必修科目改为教育概论6学分、教育心理6学分、中等教育6学分、教学法4学分，将教育测验与统计一科取消，这于毕业学生将来教学研究不无妨碍，提请将教育概论、教育心理各减2学分，加添教育测验与统计4学分；部定课程分为普通基本科目52学分、分系专门科目72学分、教育基本科目22学分、专业训练科目24学分（分科教材教法研究8学分，教学实习14学分），似此普通基本科目如是之多，第一学年每学期21学分，本系第一学年除教育概论外，其他教育基本科目不易加入，故第一年级之道德学及伦理学拟即删去，二三四年级课程暂仍照旧课程标准不变动。②

教育系很重视导师制，除制定了《教育系导师制实施办法》③之

① 《教育系自本校迁移以来所经办之重要事项纪要》，《西北联大校刊》第1期。

② 《教育系系务会议纪要（1938年11月4日）》，《西北联大校刊》第6期。

③ 《教育系导师制实施办法》，《西北联大校刊》第1期。

外，还多次举行导师与学生谈话会，将导师制的各项规定落到实处，取得了较为突出的成绩。1938 年 11 月 24 日，教育系召开了导师联席会议，讨论了导师制实施的情形，认为：上半年教育系创制的导师训导纲要、实施办法及各种调查表，得到各方好评，只因制度出台时间不长，还有未能见诸实行者，望今后能全部施行。随后，各导师就如何使学生明了导师制之真谛、如何注意积极指导、如何校正学生过于自负之心理、如何指导学生求学途径等交流了心得与感受。1938 年 12 月 25 日，教育系一年级导师李建勋和高味根组织学生进行了谈话会，李建勋报告了导师制实行的原因及导师制的起源等，高味根则指出，学生只有对自身责任、自然环境及导师有清醒的认识，方能取得学业、修养上的进步。[①] 1938 年 12 月 31 日，教育系续开导师联席会议，规定“导师每人每星期与学生谈话之时间规定最少一小时”，每班或每组个别成立由各该年级或该组导师负责、指导学生组织的读书会等。[②] 1939 年 1 月 14 日，教育系二年级导师鲁世英、胡国钰召集黄开茂等 17 名学生举行了谈话会，提出：学生应明了导师制之根本精神，导师训导学生应侧重积极的指导，不重消极的管理，侧重将来的改进，不计已往的错误；导师应注意为学生解决实际问题，指导学生求学途径，注意养成重礼貌之习惯，设法多与学生接触，注意对于学生作多方观察，并常与学生交换意见；学生组织的读书会每两周开会一次，每次以两小时为限，其有在此外自己选择者，须先得导师之同意。[③]

教育系对学生的毕业论文工作十分重视，延续北平师范大学教育系 1931 年以来的一贯作法——在四年级添设“论文研究”课程，每

① 《教育系一年级导师与学生谈话会纪录（1938 年 12 月 25 日）》，《西北联大校刊》第 9 期。

② 《教育系导师联席会议纪录（1938 年 11 月 24 日，12 月 31 日）》，《西北联大校刊》第 10 期。

③ 《教育系二年级导师学生谈话会纪录（1939 年 1 月 14 日）》，《西北联大校刊》第 10 期。

周两小时，由三名教授担任，分别讲述论文作法、学生选题、征材整理所得、解释结果等。虽然因七七事变后仓促西迁，北平师范大学大量图书没能随迁带到西安，再迁汉中，图书资料依然极少，教育系的"论文研究"课因参考资料缺乏，开展非常困难，但教育系认为"此科目的在于训练学生对于教育问题研究能力，不在作品之优劣，困难虽多，如努力为之，亦非绝对不可能"，因此一直坚持，效果不错。1938 届毕业生完成了 15 份毕业论文，其中高振业《抗战期间城固之民众教育》、彭鼎《墨子思想概要》、张述祖《汉南民众日常思想之分析》、徐国启《抗战中之青年心理》四份最好。同时，这届论文选题大多与时政和地方教育有关，如张万璞、经昌荣《城固儿童之情绪研究》，张翠珍《抗战期中南郑中等学校之训育》，黄华卓《抗战期中的音乐教育》，黄日全《吾国自抗战以来所暴露之弱点及今后在教育上应努力之途径》，晏显世《抗战期间城固之强迫教育》等，反映出学生关心时事、研究地方教育的良好意识。①

（二）体育系

体育系既承担本系的课程，又承担全校体育公共课的教学及校内体育竞赛活动的组织等，因此教务处设立有以体育系教员为主要成员的体育委员会②，指导全校普通体育课的教学和校内体育活动的组织。

体育委员会推定了各学院体育行政负责人，便于开展活动：文理学院王耀东，法商学院刘博森，师范学院袁志仁，医学院陈静安；③ 也通过了《校内竞赛委员会简章》《本年度第一学期校内竞赛规程》《学生借用运动物品管理办法》等，并添置了体育委员会布告处，在不同的校区添建草房，作为存放器械及教员更衣的场所。④ 西北联合大学普通

① 《教育系二十六年度论文研究概况》，《西北联大校刊》第 8 期。

② 《增设体育委员会》，《西北联大校刊》第 4 期。

③ 《体育委员会第一次会议纪录（1938 年 11 月 21 日）》，《西北联大校刊》第 7 期。

④ 《体育委员会第二次会议纪录（1938 年 12 月 5 日）》，《西北联大校刊》第 7 期。

体育课的开设贯穿于所有年级，包括即将毕业的四年级（医学院为六年级）。体育课的项目不仅有篮球、排球、垒球、小足球等球类运动，而且有田径、游泳、技巧、游戏、舞蹈等。1938—1939 年度全校普通体育课程一年级上学期以篮球技巧为主要教材，下学期以垒球、田径赛、游泳为主要教材，并推董守义拟制篮球教材进度表，郭俊卿拟制技巧运动教材进度表；二年级上学期以小足球、篮球为主要教材，下学期以垒球、排球为主要教材，并推刘靖川拟制小足球教材进度表，董守义拟制篮球教材进度表；三年级上学期以体操、游戏、足球为主要教材，下学期暂不确定，并推陈静安拟制体操、游戏教材进度表，刘博森拟制足球教材进度表；四年级上学期教材由任课教员自定。医学院二、三年级应用其他专业二年级教材，四、五、六年级应用其他专业三年级教材。女生二年级与男生教材相同，三、四年级加入舞蹈教材。①

体育委员会也负有指导全校学生科学锻炼之责。比如，发现有体育课排列在膳食前后会影响学生的健康，要求教务处在课程排列上予以调整，避免引起学生的身体不适。② 全校普通体育课程设置中有游泳课，但校内没有场所，因此体育委员会建议学校开辟游泳池一所，要求长 50 公尺，宽 30 公尺，最深处 2 公尺；在校内无游泳池的情况下，一到夏季，不少学生到汉江游泳，体育委员会建议在各个学院添建浴室，以避免学生到汉江游泳而引起安全事故。③

（三）家政系

家政系前身是河北省立女子师范学院家政系。西北联大成立后，家政系除正常的教学外，还开展了许多有效的社会工作，比如筹设儿童保育实验室、开设家事培训班等，为城固地方的儿童教育、家事教

① 《体育教员全体会议纪录（1938 年 11 月 16 日）》，《西北联大校刊》第 7 期。
② 《体育委员会第四次会议纪录（1939 年 2 月 25 日）》，《西北联大校刊》第 13 期。
③ 《体育教员第二次全体会议记录（1939 年 3 月 14 日）》，《西北联大校刊》第 14 期。

育开了先河。

家政系最初设立儿童保育实验室是为了帮助本校有年幼子女的职工，“补助家庭教育之不足，增加母亲工作之效率。注重实验，借供仿行”，招收2—4岁的本校教工子女予以保育；费用低廉，每个儿童每月纳保育费一元（加入保育室时一次交纳），餐点费全日者每月五元，半日者每月一元；儿童实验室注重家庭联络，预定每月举行恳亲会一次，邀请儿童亲长或保护人莅会，以谋联络；每周或隔周由保育师至各儿童家庭访问一次，获悉儿童在家中卫生教育情况，并商讨改善方法。[①]

（四）师范研究所

培养本科生之外，师范学院还通过师范研究所招收研究生。1938年12月1日，西北联大师范学院师范研究所筹备完成，聘请教育系主任李建勋兼任师范研究所主任；[②] 1939年度拟招收研究生10—15名，考试科目有国文、英语、教育概论、教育心理、教育行政、教育统计等。[③] 师范研究所章程如下：

> 第一条　本大学师范学院，根据大学研究院暂行组织规程第一条，及师范学院规程第十二条之规定，设立师范研究所。
>
> 第二条　本所以研究高深教育学术，训练教育学术专才，及协助师范学院所划区内教育行政机关研究教育问题，并辅导改进其教育设施为目的。
>
> 第三条　本所分设教育原理、教育心理、教育行政及教材教法四部，以便分门研究。
>
> 第四条　本所设置下列人员：

① 《校家政系儿童保育实验室简章》、《校家政系筹设儿童保育实验室》，均载《西北联大校刊》第18期。

② 《李建勋先生兼任师范学院师范研究所主任》，《西北联大校刊》第10期。

③ 《师范学院师范研究所招生简章》，《西北联大校刊》第6期。

一、主任一人，总理本所一切事宜。

二、教授二人至四人，担任研究所教学，研究教育问题，及指导研究生研究工作。

三、助教六人至八人，助理研究教授，从事研究工作。

四、事务员三人，分掌读书、文牍及庶务事宜。

五、书记若干人，分司图书管理、缮写及登记等事宜。

第五条　本所设研究委员会，以研究所主任、教授及师范学院各系主任组织之，研究所主任为主席。

第六条　本所依据《硕士学位考试细则》第七条之规定，于研究生毕业时，组织硕士学位考试委员会，办理研究生毕业考试事宜。

第七条　本所研究生资格如左：

一、师范学院毕业，曾经入学试验及格者。

二、国立、省立及经教育部立案之私立大学其他学系毕业，曾在中等学校服务二年以上，并经入学试验及格者。

三、师范学院教育系毕业，成绩总平均在七十五分以上，教育统计、教育心理、教育哲学、教育行政四科，平均在八十分以上者，免考。

四、师范学院他系毕业生，志愿研究各科教材教法，其平均成绩在七十五分以上，本系主科及教育必修科平均成绩在八十分以上者，免考。

第八条　研究生除专题研究外，须修满主任核准应习之学科三十学分，研究生应习之科目，另定之。

第九条　研究生入学后，须提出论文题目，由主任指定教授一二人指导研究，俟其工作完毕时，由主任转送院长，提交硕士学位考试委员会考试。

第十条　修毕规定课程，完成研究论文，经硕士学位考试委员会考试及格，并经教育部复核无异者，授予硕士学位。

第十一条　本所研究生研究期限，至少二年。

第十二条　研究生除免纳学宿费外，由本所津贴每人每月生活费十五元。

第十三条　研究生不得兼任其他任何职业。

第十四条　本所每年设奖学金三名，每名一百五十元，给予成绩之最优异者。

第十五条　本章程如有未尽事宜，由主任提交师范学院院长，转送本大学常务委员会议修改之。

第十六条　本章程自本大学常务委员会议通过，并转呈教育部核准后施行。①

（五）小学教育通讯研究处

1936年，教育部令北平师范大学教育学院设立了小学教育通讯研究处，并开展工作，“征集问题四百余起，除重复及不成问题者分别删除外，约有二百余题，其已经解答者，约在一百左右”②。播迁到西安后因经费关系，北平师范大学小学教育通讯研究处暂行停止工作。国立西北联合大学教育学院改名为师范学院之后，迅速恢复小学教育通讯研究处的工作，希望通过它帮助有提升学识要求的陕南各县小学教员，并进一步对本师范区的陕西、河南、甘肃、青海、宁夏、新疆等六省区小学教育的改进有所贡献。

1939年初，小学教育通讯研究处拟定了《本大学师范学院教育系小学教育通讯研究处组织规则》，经西北联合大学社会教育推行委员会审议，报校常委会批准通过。组织规则如下：

---

① 《本大学师范学院师范研究所章程》，《西北联大校刊》第13期。

② 李建勋：《小学教育实际问题·序》，载许椿生等《李建勋教育论著选》，人民教育出版社1993年版，第256页。

第一条　本大学师范学院教育系，根据教育部颁布之《小学教育通讯研究处办法大纲》第一条及遵照本大学二十七年度《兼办社会教育计划大纲》之规定，设立小学教育通讯研究处。

第二条　本处以研究及解答小学教育实际问题，辅导小学教员进修，借以改进小学教育为宗旨。

第三条　本处设置左列人员：

一、指导教授一人——负责指导关于通讯研究之一切事宜。由本大学师范学院教育系中聘请一人兼任之。

二、干事一人——商承指导教授解答各研究生所提之实际问题并办理本处事务，由本大学师范学院院长提请常务委员任用之。

三、研究员三人至五人——商承本处指导教授及干事，研究小学教育实际问题，由指导教授于教育系卒业，或三四年级学生中推选提请常务委员会派充之。

四、书记一人——缮写文件，并掌理案卷，由常务委员任用之。

第四条　本处之任务如左：

一、征集研究小学教育实际问题。

二、解答小学教员所提出关于小学教育之疑难问题。

三、通讯指导现任小学教员之进修。

四、通讯指导小学教育之实验。

五、发行通讯研究刊物。

第五条　本处设小学教育研究委员会，以指导教授或讲师二人干事及研究员组织之，以指导教授为主席，其职责如下：

一、商讨关于小学教育实际问题征集审查事宜。

二、商讨关于研究工作之计划与分配事宜。

三、审阅关于问题答案事宜。

四、商讨关于通讯研究刊物之编辑及发行事宜。

第六条　本处小学教育研究委员会，每月开常会一次，遇必要时得召集临时会议。

第七条　本处研究生，分为两种：一为普通的，一为特殊的。前者仅能提出问题，由本处解答；后者除提问题外，并得以通信方法，修习本大学教育系所设之学科，但每学期所习科目，不得超过二种。

第八条　凡现任小学教职员，对于小学教育具有研究兴趣，交纳规定之费用后，经本处审查合格者，均得为本处研究生。

第九条　本处研究生，研究期间定为一年。期满后，如欲继续研究者得重新申请。

第十条　本处特别研究生研究期满，考试成绩及格者，由本大学给予证明文件，俾作为进修成绩之一种。

第十一条　本处普通研究生，每年纳费一元，特别研究生纳费二元，以作补助印刷之用。

第十二条　本组织规则经本大学社会教育推行委员会审议，提请常务委员会议核准施行。①

1939 年 1 月 7 日的小学教育研究委员会第一次会议上，教育系教授李建勋提出吸引小学教员报名参加小学教育通讯研究处学习的三种方法：一是登报招生；二是将《招生简单》《研究生状况调查表》与《小学教育实际问题征集表》等寄交本师范区六省教育厅，请其转各县办理；三是私人通信宣传。这次会议还决定：小学教育通讯研究处暂设“普通教学法”“小学各科教材及教学法”“儿童心理”“教育

① 《本大学师范学院教育系小学教育通讯研究处组织规则》，《西北联大校刊》第 10 期。

心理”“民众教育”等五种科目，把研究生提出的问题分为行政类（包括法规、学制、组织、经济、设备、人员、儿童、事务、调查、推广、其他）、训管类（包括训练、考查、犯过、奖惩、联络、环境、特殊儿童、其他）、教学类（包括教材、教法、课程、成绩、级务、课外活动、低能儿童、教学设备、测验、统计、其他）、社会活动类（包括学校、儿童、家庭、社会、其他）等，分门别类给予指导。①

会后，小学教育研究委员会印制了大量招生简章、调查表等寄陕西、甘肃等六省区教育厅及陕西南郑六个县教育局，请他们转知境内各小学教员报名参加，并通过在《大公报》《西京日报》《城固日报》等刊登招生信息的方式吸引小学教员报名。到1939年3月底，小学教育通讯研究处招收到34名普通研究生。从性别上分：男26名，女4名，未注明性别者4人；从籍贯上分：河南7人，河北6人，陕西4人，江苏4人，四川4人，甘肃1人，浙江1人，安徽1人，湖北1人，广东1人，未注明者4人；从学历上分：师范毕业者19人，高中毕业者7人，私立大学毕业者3人，初中毕业者1人，未注明者4人；从职务上分：小学教员9人，服务团团员7人，小学主任6人，小学校长6人，简师主任1人，未注明者5人；从修习科目上分：民众教育14人，小学各科教材及教学法13人，教育心理13人，儿童心理10人，普通教学法6人，未注明者6人。截至1939年3月13日，小学教育通讯研究处共收到问题28个，选出21个可以即行解答的问题，分请郭鸣鹤、韩温冬、佘增寿三位教师进行研究解答。②

① 《小学教育研究委员会第一次会议纪录（1939年1月7日）》，《西北联大校刊》第10期。

② 《小学教育研究委员会第二次会议纪录（1939年4月5日）》，《西北联大校刊》第15期。

四　实业拯民穷：工学院

西北联合大学工学院设立土木工程学系、矿冶工程学系、机械工程学系、电讯工程学系、化学工程学系、纺织工程学系。土木工程学系在古路坝，其余在城固县城内办学。

古路坝远离城固县城，地处群山之中，不仅需要保护好学生安全，而且需要与古路坝天主教堂保持良好关系。校本部管理不便，于是校方专门成立了古路坝分校校务委员会管理古路坝校区事务。古路坝分校委员会的管理十分严格。从 1938 年 4 月 21 日分校校务委员会贴出的有关学生作息时间及生活规则的布告可见一斑：

本分校因环境特殊，兹规定下列各项规则，布告学生遵守：

（1）本校大门启闭规定，于每日上午五时至下午八时闭门，以后无论何人未经值周校委或警卫委员主席许可，不得擅自出入；

（2）学生未经许可，不得擅入天主堂及其附设各机关之内；

（3）学生作息时间规定如下，上午五时起床，五时三刻升旗早操，六时一刻早餐，七时上课，十二时午餐，下午六时晚餐，下午九时就寝；

（4）学生于上午五时半以后下午八时半以前，不得在寝室内逗留，寝室于八时半燃灯，九时熄灭；

（5）寝室内绝对禁止吸烟及私设火烛；

（6）男生不准入女生宿舍，女生不准入男生宿舍；

（7）宿舍内不准留校外人食宿，如有不在本分校上课之本校学生，因故来古路坝必须居住时，须向斋务分组陈明理由，由斋务分组设法安插住所；

（8）学生会客均于学生接待室内行之；

（9）学生往来城固须于上午五时后起身，下午六时前返校，并须至少五人结队同行；

（10）学生非因特殊事故经军训教官许可，不得在外住宿。[①]

古路坝位于巴山脚下，离城固县城直线距离十多公里，不少路段为仅容人行的羊肠小道，且古路坝至城固的电话线常常被盗，通讯不时受阻，分校的师生对外联络十分不畅。再加上，学校没有多余的床铺，许多同学只好在地上铺稻草席地而睡。稻草铺中跳蚤很多，学生夜间常常不能安眠。因此，抗战时期，全国学界流行这样一种描述大后方办学条件的说法："天堂，华西坝；人间，沙坪坝；地狱，古路坝。"[②]

地处偏僻，条件简陋，再加管理严格，古路坝分校的师生几乎过着清教徒一般的从教与求学生活。可贵的是，古路坝校区有一种自力更生、不怕困难的精神。校区初建时，百废待兴，不仅要购置材料增修校舍，而且要测量规划，修整周围道路。为节约开支且锻炼学生，学校规定古路坝校区每个学生完成课业之余都要参与建设："每学生每星期以工作四小时为最低限度，土木系学生现担任道路测量者，暂免服务，一俟测量完竣再行参加。"[③] 由于师生勠力共进，配合校方安排，古路坝校区的各项建设得以顺利进行。

一如在西安临时大学工学院时期，师资缺乏是西北联大工学院领导最为头痛的事情。工学院院长李书田于1938年5月21日给西南联大理学院化学系杨石先教授去函，除介绍了西安临时大学南迁陕南汉中外，还请求杨石先介绍化工教授。杨石先于6月14日给李书田复函推荐了赵文珉、林文彪两人："赵文珉君系清华大学毕业后往英国深造专攻煤

① 陕西省档案馆藏国立西北大学档案，全宗号67，目录号5，案卷号429.1。

② 何润英：《苦的教育》，载李景文、马小泉主编《民国教育史料丛刊461·中国教育事业·中国教育史》，大象出版社2015年版，第475页。

③ 陕西省档案馆藏国立西北大学档案，全宗号67，目录号5，案卷号429.1。

气及焦碳之制造，林文彪君南开大学矿科毕业在美国多年专攻橡胶（化学工程机械工程）等（得有本西文尼亚大学博士），其通信处可由南渝之南大应用化学研究所转。”① 1938 年 8 月 9 日，李书田函复杨石先函：“谓奉 6 月 14 日手示籍悉，……承示林文彪、赵文珉最近情形，……吾兄如知有成绩优良之英文教授须留学英美者，敝院深愿添聘一位，如能同时兼教德文尤佳，薪金视经历而定，自 200 元至 400 元。”②

五　健体名医弱者雄：医学院

1938 年 4 月西北联合大学成立之初，医学院学生规模不大（1938 年度有学生 129 人），暂在当时的南郑联立中学（即今天的汉中市汉台区中学巷汉中中学初中部所在地）商借到一部分校舍作为校址。为克服种种不便，医学院于 1938 年暑期“租妥陕西省银行南郑中学巷九号房屋为院址”，添盖了门楼、饭厅与厕所，并将房顶、墙壁、走道加以翻修砌补，初步可以满足教学的基本需要。1938 年 11 月，全院搬入南郑中学巷九号。③

1939 年初春，汉中城内频遭日本飞机轰炸。为了保证师生的安全，医学院代理院长蹇先器（院长吴祥凤因脊伤在请假休养中）选定今汉中城东孙家庙、马家庙、黄家坡的黄家祠等处为临时教学点，稍加修缮。1939 年 5 月 29 日，医学院开始从城内中学巷往东郊搬迁，二、三年级设在孙家庙、马家庙等地，四、五年级设在黄家坡的黄家

① 《杨石先复耕砚（1938 年 6 月 14 日）》，陕西省档案馆档案：全宗号 61，目录号 1，案卷号 9。

② 李书田函复昆明国立西南联合大学理学院化学系杨石先（1938 年 8 月 9 日）。陕西省档案馆档案：全宗号 61，目录号 1，案卷号 9。

③ 《本校医学院迁移新院址》，《西北联大校刊》第 5 期。

祠，30 日搬迁完毕，31 日正常上课。[①] 医学院附属诊所也由汉中城内的古汉台移到城外东郊黄家坡文家庙内，办理重伤医院，并供给四、五年级学生实习，门诊因离城内较远，求诊者不便往来而暂时停止。[②] 医学院一年级因课程均为公共课和专业基础课，为了教学方便，一直安排在城固县城校本部，第一学年结束后再搬到汉中。

西北联大成立后，原北平大学医学院教职工除吴祥凤、王晨没能随院到汉中外，其余均到任。后来陆续新增十一名教员和陈仁睿、王锡祥、吕瑞鑫、叶迺纲、余梦祥、祝振瀛、韩书刚等七名职员。

表 6－1 医学院新增教员情况

姓名	别号	籍贯	年龄	职务/职称	专业	国内毕业院校	国外留学院校	到校时间
颜守民	逢钦	浙江温岭	42	教授	儿科	北平医学专门学校	德国柏林大学	1938. 4
陈礼节		湖北汉阳	32	教授	内科		日本京都帝国大学	1938. 6
杨其昌	相初	山东临清		教授	耳鼻咽喉科	北平医学专门学校	德国大学	1938. 8
何心洙	性坚	福建闽侯	37	教授	药物化学		日本东京铁道省专门部特级预科；德国耶那大学药物化学科	1938. 10
陈作纪		山东潍县	44	教授	生理学	同济大学医学院	德国盟星大学（博士）	1939. 1
陈嘉琨			34	教授	德文			1938. 11

① 《本校医学院暂迁南郑孙家庙等处照常上课》，《西北联大校刊》第 18 期。

② 《本校医学院附属诊所移南郑东关外黄家坡文家庙内》，《西北联大校刊》第 17 期。

续表

姓名	别号	籍贯	年龄	职务/职称	专业	国内毕业院校	国外留学院校	到校时间
吴英荃	季荪	江西临川	38	副教授兼庶务室主任	法学党义	北京大学		1938.12
冯固	季寿	浙江慈溪	30	副教授		东南医学院	日本东京帝国大学	1938.8
陈东震		辽宁辽阳	35	副教授		满洲医科大学	日本庆应义塾大学	1938.4
王云明		山东黄县	30	讲师	德文	北平大学医学院	柏林皇家威廉医学院	1939.1
张省	晋丞	山西平陆	41	讲师	法医学		英国爱丁堡大学医学士，英国皇家医院外科医士	1939.2

资料来源：杨龙：《北京开医道，西北续弦歌：西安交通大学医学部历史发展篇章》，西安交通大学出版社2017年版，第85—86页。

医学院教师均毕业于国内正规大学，且多有留学德国、日本（个别留学英美）的经历，他们中的许多人如徐诵明、蹇先器、林几、颜守民等此前已在所从事领域作出开创性贡献，堪称医学界的翘楚。这样的师资力量为培养优秀医学生奠定了坚实基础。在工作中，医学院教师恪尽职守，克服各种困难，秉烛备课、科研，上课则往返于田间小路，冒酷暑战严寒，顶风雨迎霜雪，通过广博的知识、极具影响力的人格魅力、坚韧的毅力，在简陋的环境中培养学生。

西北联大医学院根据教育部规定，按全国统一制定的医学类教学大纲和课程设置进行教学；课堂教学之外，跟西北联大其他学院一样按照国民政府教育部训令《中等以上学校导师制纲要》的要求实行导师制。该《纲要》称，实行导师制的目的为“矫正现行教育之偏于智识传授而忽于德育指导，及免除师生关系之日见疏远而渐趋于商业化”，“各校应将全校每学级学生分为若干组。每组人数以五人至十五人为度。每组设导师一人，由校长指定专任教师充任之，校长并指定主任导师或训育主任一人，综理全校学生训导事宜”。[①]

医学院导师制由代院长蹇先器主持，总体负责各组学生训导事宜：陈嘉琨、杨若愚、陈叔庄担任一年级导师，何心洙、冯固、毛鸿志担任二年级导师，徐佐夏、陈东震担任三年级导师，蹇先器、陈礼节、刘士琇担任四年级导师，林几、杨其昌、颜守民担任五年级导师；导师要对学生进行个别训导，每月召集学生举办谈话会、讨论会或远足会作团体生活之训导，以达到“注重人格之熏陶、学业之指导及身心之修养；养成良好学风及培养学生自治能力；养成纪律的理性及奋斗的集团生活”的目的，并由导师对本组学生的性行、思想、学业及身体状况分别考查，每学期终出具一次总报告。[②]

以交换学识并介绍新医学知识为宗旨，西北联大医学院教师自发组织了“医学抄读会”，从1939年5月上半月开始，每半月组织一次，准许医学院学生旁听。这对激励教师努力学习新知识，拓展学生医学视野，提高教学质量起到了重要作用。附《医学院医学抄读会会章及办法》如下：

本大学医学院教员利用授课余暇，组织医学抄读会于本校南郑办事处。兹将该会会章及抄读办法披露于后：

一、本大学医学院医学抄读会会章

（一）定名

本会定名为国立西北联大医学院医学抄读会。

（二）宗旨

本会以交换学识并介绍新医学为宗旨。

---

① 《国民政府教育部训令：中等以上学校导师制纲要》，《西北联大校刊》第1期。

② 陕西省档案馆所藏国立西北大学档案：全宗号67，目录号1，案卷号205—3。

（三）会员

凡现任本院教员志愿加入本会者，均为本会会员。

（四）组织及职务

本会设会长一人、书记一人，均由全体会员选举之，会长总理一切会务，书记襄助会长整理会内一切文件。

（五）开会

除特殊情形外，每半月抄读一次，由会长召集之。

（六）抄读

本会会员，均负责抄读之责，其次序另排之。

（七）任期

本会会长及书记任期各一年，届满后由全体会员再选之，连选得连任。

（八）会费

每人每学期会费一元。

（九）附则

本会会章如有未尽事宜，得由本会3人以上提请全体会员修正之。

二、抄读办法

（一）本会会员分为三组，每组一次轮流抄读，其分派名单如左：

第一组：林柏渊、毛搏风、陈礼节、杨相初①、董如炎②、颜逢钦；

第二组：冯李寿、王翔五、刘新民、王皞如、李滋圃、翟千子；

第三组：徐益圃、陈东震、黄立天、徐幼慧、贾晓澜、厉

① 即杨其昌。

② 即董克恩。

声闻；

（二）抄读会自五月上半月开始，每半月举行一次，其日期于上下半月内由会长决定召集之，开会时刻限在晚上。

（三）抄读会地点，暂定国立西北联大南郑办事处。

（四）上半月抄读者，须将抄读题目于同月一日以前交会长或书记收存，下半月抄读者须将抄读题目于同月十五日以前交会长或书记收存。

（五）每次抄读会应于开会前将开会日期、时刻、题目及抄读者公布，由会长执行之，并欢迎医界同志指导。

（六）每人每次讲读时间限二十分钟，如有延长必要者得斟酌情形加以调节。

（七）抄读者每抄读稿件一份交抄读会保存，由会长设法全部在西北联大校刊内发表。

（八）听众对于抄读内容有疑问时，请用书面交会长或书记转送抄读者，当时请勿起问，以节时间。

（九）抄读时准许医学院学生旁听。①

此外，医学院还面向社会举办救护训练班、公共卫生训练班，组织乡村巡回诊疗队进行巡回医疗等，为改进陕南医疗与公共卫生状况做了不少有价值的工作。

西北联大医学院附属诊所值得一提。它最早可追溯至中华民国教育部1914年12月30日批准、并于1915年2月15日正式开诊的国立北京医科专门学校附设诊察所。这个诊察所后来辗转发展成为北平大学医学院附属医院（北京的老百姓将其称为“平大医院”，来陕的徐诵明、吴祥凤、蹇先器均先后在该医院当过院长）。西安临时大学成

① 《西北联大校刊》第18期。

立后，“平大医院”部分职工随迁西安，西安临时大学保留了国立北平大学医学院附属医院的经常费。国立西北联大医学院代理院长、皮肤科著名教授蹇先器积极筹备医学院临时附属诊所，以解决学生见习、实习之需。1938 年 5 月 18 日西北联大对医学院函送附属诊所开办费及附设练习生开办费预算书进行决议：准从 1937 年 11 月起按照附属医院经常费项下应领数额拨给，其 9、10 两月应领未用之款，俟本校本年度决算有余额款时，即尽先拨付。1938 年 6 月 14 日，医学院向西北联大常委会呈文：“本院临时附属诊所暂行组织章程及本院临时附属诊所附设练习生训练班暂行章程，业经本院第一次院务会议决议通过，兹特检上各一份，敬请备案。敬上常务委员会。”6 月 18 日西北联大第三十三次常委会讨论后回复医学院决议：“准予备案。相应录达，即希查照为荷。”

国立西北联合大学医学院附属诊所首任所长为留学德国归来的王景槐教授。据陕西省档案馆“附属诊所 1938 年底在册人员登记”显示，1938 年底有 23 人，在 19 名专业技术人员中，直接来自北平大学医学院附属医院的就有 10 人。

表 6－2　　**附属诊所 1938 年底在册人员情况**

姓名	性别	年龄	科别	职称/职务	来校前经历
蹇先器	男	44 岁	院务、皮肤花柳科	医学院院长、教授、主任	平大医学院附属医院皮肤花柳科主任；平大医学院附属医院院长
王景槐	男	37 岁	院务、外科	教授、诊所主任、外科主任	德国图宾根大学医学院助教；甘肃学院医科主任
陈礼节	男	32 岁	内科	教授、主任	日本京都帝国大学附属病院内科副手
李宝田	男	32 岁	内科	专任讲师、医员	

续表

姓名	性别	年龄	科别	职称/职务	来校前经历
贾淑荣	女	31 岁	内科、检验室	专任讲师、医员、检验室主任	平大医学院助教
颜守民	男	42 岁	小儿内科	教授、主任	平大医学院教授；附属医院小儿内科主任
厉裔华	女	31 岁	小儿内科	专任讲师、医员	平大医学院助教；附属医院小儿内科医员
翟之英	男	34 岁	外科	专任讲师、医员	平大医学院附属医院外科医员
刘士琇	男	34 岁	眼科	副教授、主任	平大医学院助教；农学院校医
杨其昌	男		耳鼻喉科	教授、主任	平大医学院教授；河南大学医学院教授
王同观	男	38 岁	妇产科	副教授、主任	平大医学院讲师；北平国医学院教授
徐幼慧	女	26 岁	妇产科	专任讲师、医员	北平市卫生局保婴事务所所长
刘用舟	男	27 岁	药剂科	调剂员	
张素馨	女	25 岁	检验室	助理员	
周美姝	女	34 岁	护理室	主任	上海妇孺医院护士长；平大医学院附属医院护理室主任
聂玉琨	女	27 岁	护理室	护士长	平大医学院附属医院护士长
周粹南	女	23 岁	护理室	护士长	平大医学院附属医院护士长
高维新	女	23 岁	护理室	护士	南京中央医院外科护士
司玉芳	女	26 岁	助产室	助产士	河北省立医院助产士卫生署公共人员训练所助产士

续表

姓名	性别	年龄	科别	职称/职务	来校前经历
刘温如	男		事务室	事务员	
关景林	男	30岁	事务室	事务员	石门地方法院学习书记官；河北高等法院分院书记官
丁曾逖	男	33岁	事务室	事务员	河北林垦局股员；法院代理书记员
张云阶	男	31岁	事务室	书记	小学教员；陈款处统计员

1939年5月西北联大医学院附属诊所随医学院迁到汉中东郊的文家庙，并改名为附属医院，院长由儿科主任颜守民担任。医院内、外、妇、儿、皮肤、眼、耳鼻喉等学科人员齐备，专业设置齐全，一方面便于为老百姓诊治疾病，另一方面为学生实习、提高临床实践技能提供了良好的场所，此外还开办了高级护士训练班，为陕南培养了实用型护理人才。可惜由于条件所限，附属医院设备简陋，只能对常见病、多发病开展一般的诊疗，做一些简单的扁桃体摘除术、接生手术、眼外伤手术，遇见剖宫产等复杂的手术就难以进行处理。①

六　西北联大附中

西北联合大学设有附中，源头为北平师范大学附属中学。在西安临时大学时期和西北联合大学成立初期均只设高中，故称为高中部，后改名附属中学，不仅有中学，而且有简易师范，校长为方永蒸，另

① 本节内容借鉴了杨龙的研究成果。杨龙：《国立西北联合大学医学院及附属医院的发展》，载何宁《西北联大与中国高等教育：纪念西北联大汉中办学75周年》，世界图书出版西安有限公司2013年版，第400—407页。

设主任一人总理校务，主任下分设教务课、训育课、事务课，各课设主任一人、办事员若干人。

国立西北联合大学初建时，附中在古路坝，办学条件异常简单，房子仅有70间，因招插班生较多，不敷分配，因此在城固开辟新校址，准备于1939年6月间搬到新校址。图书与大学一样，完全丢在北平，仅有万有文库一部，及其他应用书籍若干册。仪器则由他处借来，用毕即还，学校虽稍受麻烦，然对于理科之学习与教学帮助颇大。仅有两三处小操场，因此学校把周围的山坡当作天然大操场，师生每日爬山，颇有意义。学生露天吃饭，没有饭厅，同士兵一样，分几个人一组，伙食每月六元，尚可充饥，学生在此物质的享受虽差，但精神颇好，高中学生每天不到起床时间就起来，五点多钟即到校外爬山，完全保持着集训时吃苦耐劳的精神，初中学生则按规定时间起床。课程进度并不比教育部规定快，但补充教材较多，内容较为丰富，且教员对学生程度的提高并未丝毫放松。1939年春季学期，附中有中学教职员21人、书记4人，简易师范教职员有5人；中学生有284人（其中男生249人，女生42人），简易师范生有19人。①

1939年暑期，附中迁至城固县城东关的新建校舍。

西北联合大学常委会为解决教职员工子女的小学就学问题，准备借附中的新校舍组织一所附带幼稚班的小学，经第七十六次常委会讨论，决议“开办费准由师范学院酌予补助，经常费应在学费项下支措，校址由秘书处函附中商借，并应按照成立私立小学一切手续办理”②。

1939年8月，西北联大师范学院独立为国立西北师范学院之后，西北联大附属中学改名为西北师范学院附属中学。

---

① 《教育系1940年班行政实习谈话会纪录（1939年3月26日）》，《西北联大校刊》第16期。

② 《西北联合大学常委会便函附属中学（为76次常会决议向附中商借小学校舍希查照准借由），1939年6月9日》，陕西省档案馆藏国立西北大学档案：全宗号67，目录号5，案卷号451.1。

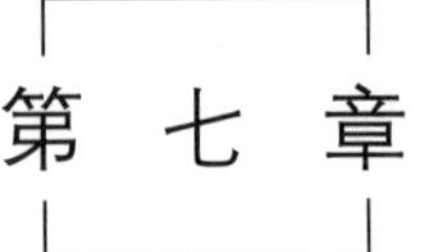

联辉合耀：国立西北联合大学的风采（三）

一　造福当地：师生的社会服务

虽然在战时，且条件非常简陋，但是西北联大师生在教学之外，开展了一系列造福当地的社会服务。

（一）梳理遗迹，研究地理

西北联大师生因地制宜，在陕南开展野外考察，梳理汉中遗迹，既加强了师生对当地的了解，又使教学科研能服务于当地。

西北联大师生对汉中文物的发掘与保护尤其值得一提。汉中文物古迹较多，但相关研究非常薄弱，保护也极其简陋。比如，张骞墓是城固的重要文物之一，但整修不及时，且有许多人怀疑是“衣冠冢”或“纪念墓”。联大师生提出对汉张骞墓进行考古发掘，一以弄清张骞墓的实际情况，为它的保护提供依据，二以给联大考古系学生一个实习的机会。1938 年 8 月 24 日至 31 日，西北联大师生对墓道进行了挖掘整理。

1938 年 11 月 17 日，西北联大向陕西省政府汇报了此次考古的详细情况：

> 查本校整理博望侯墓道，自本年8月24日开始，至31日完工。随即协同张氏后裔张子清等督率泥水工匠，加工固封。现正筹划进行立碑建亭等表彰事项。惟该墓墓道长仅四公尺余，宽仅一公尺余。范围狭窄，工作简单。兹将考查所得情形条列如下：案博望侯墓道之曾被盗掘，史有明文。此次整理，虽仅墓道一事，而被盗证据，确得三点：一为内外两道墓门均被拆毁；二为墓道内现代陶、瓦、砖、瓷残片，与汉代混杂；三为墓道土层，上下扰乱，失去原状。惟墓道周围建筑，确系全体汉砖，虽有破毁，大部完好，本校丝毫未动。至此次清理墓道积土时，所出器物，除现时、汉代之陶、瓦、砖片以外，尚有螺壳、动物骨、动物牙、朱红（带土小块）、漆皮（带土小块）、铁钉（三枚）、残陶碗底（一片内涂朱红）、残陶罐（一件，带耳，仅能对成大半）、五铢钱（残整共八枚）、剪边五铢钱（残整共七枚）、字纹陶（一小方，形似封泥）、铜丝（三小段）、嘉庆钱（一枚，在墓门外得）等。惟因是项遗物，曾被盗掘，位置散失，有损价值。一俟本校研究完毕，即将协同城固县政府，全部送交本地文化机关保存，以为注意乡土人物，表彰民族先贤之提倡。事关国家文化，特将经过情形，函请查照为荷。①

整理工作完成后，西北联大在墓边立碑纪念，碑文《增修汉博望侯张公墓道碑记》由吴世昌撰稿、黎锦熙书丹。

自1938年4月立足陕南起，国立西北联合大学地理系就把汉中地理作为主要研究方向之一，开展了大量的研究工作。这从1939年

① 陕西省档案馆藏国立西北大学档案：全宗号67，目录号5，案卷号439.1。

4、5月间地理系主任写给校常委请求复刊《地理教学月刊》的函件即可窥见一斑。信函中附有地理系教师近期撰写的8篇研究论文，其中5篇是关于汉中地理的成果，如：殷伯西的《城固之气候》、谌亚达的《汉中盆地的地理位置及重要性》、黄绍鸣的《南郑之商业地理》、郑泉铣的《汉中盆地的自然与人生》、黄绍鸣的《步越秦岭地理调查实录》。[①]

（二）续修县志，传承文化

西北联大刚立足城固，黎锦熙即筹划续修城固县志的工作，并得到联大校方及城固县长余正东的支持，成立了“城固续修县志委员会”，聘任委员15人，又互推常务委员5人，县长余正东为主席，乡绅王化溥等和联大教师黎锦熙等为委员；委员会下设总务处、调查委员会、编纂委员会。总务处以县长余正东为主任，王化溥为副主任，专掌经费、设备、印刷等事宜；调查委员会以城固全县小学校长及联保主任为调查员；编纂委员会主要由西北联大教授及城固县学界人士组成。此外，“城固续修县志委员会”聘有“专门技术员”，由西北联大毕业生担任。随后，黎锦熙草定“续修工作方案”，由联大教授黄国璋指挥“经济”“自然”两部门技术员出发调查，联大教授何士骥指挥“文化”部门技术员从事碑拓及照相。

贵州名士孙伏园对于黎的修志原则给予了肯定，并就一些问题通过书信往来进行了讨论。孙伏园写信给黎锦熙：“以一个普通县的情形来说，照大著所定，人材经费都有问题。如果西北联大以城固县为教授研究、学生学习的场所，一切采访、编纂、印刷，都由学校担负，我当然赞成。他县无此机缘，仿行恐怕不易。”孙主张普通县的

① 《西北联合大学校常委便函复地理系、出版组（为地理教学月刊准予出版一期由，1939年5月3日）》，陕西省档案馆藏国立西北大学档案：全宗号67，目录号5，案卷号451.1。

县志分为两种本子：一种是完全本，重在存史；一种是普及本，重在致用。黎认为：

城固士绅却有勇气，并不以普及本为满足，仍照常编制完全本，对于西北联大，也只借助其“人力”而不在乎其“财力”，打算在这“抗战建国”期间，成此崭新的一大贡献。……

教育部令各级学校兼办社会教育，又令专科以上学校研究实际问题，而政府又迭令实施兵役宣传，实行国民精神总动员，凡此等等，皆须深入民间。而做此工作的重心，实在于各校青年及其领导者；且高中以上学生战时后方服务，或于课外，或于假期，其组织与训练之办法，其普及乡村社教之工作要点，部中皆迭有颁发。总而言之，此等工作，第一步就得深悉地方的实际情形，然后可以想出确切有效的办法来，以免所用精力陷于不经济。学生曾任宣传与慰劳者尝告我曰：一字不识，一语不通，说了半天，老百姓们直认为是抽壮丁的先头部队到了；慰劳品的赠与，听懂了意思的自然感激涕零，没听懂的不敢接受，疑将以此为饵也。服务团中曾任调查者又尝告我曰：问其年龄人口，则疑将按户抽丁；问其生产职业，则疑将派捐加税；问及地方情况，则疑是某机关派来圈地者；访之士绅保甲，亦多秘而不宣，以为外路人结队来此，问东问西，意欲何为也？此等障碍，原因固不止一端，而大端则由于当地官绅与文化界不能切实合作：文化界联络了官府，而士绅还是隔膜；一并联络了士绅，也不过几次茶话，一场应酬，仍唤不起他们切实合作的兴趣。计惟有发动修志，则一县之耆宿，四乡之秀民，在任之职官，各界之领袖，“群贤毕至，少长咸集”。此帜既树，县誉攸关，组织易精，牵涉至广，然后调查无碍，宣传可资。……学府若研究实际问题，院系各科，门门都有，无一向隅；而且调查宣传，不妨并举，盖事实上宣传队即带有调查任务，苟非特做专门技术调查，自无庸分别领导出发也。标名“服务”，则地方只被动的接受，而见此“贸贸然来”者，每涌起其疑团；若云“修志”，则地方便主动的进行，而赖此孳孳焉为之，定深感其嘉惠。然则今之所谓“服务团”者，何妨即以一部分改编为“修志团”?①

后来，鞠海峰、刘鉴任城固县长，均对修志工作大加赞助。

（三）社会教育，普及科学

西北联大自成立之初就把向西北民众普及科学知识作为自己的社会责任，大力推行社会教育。1938 年，西北联大第三十三次常务委员会召开会议，同意成立“社会教育推行委员会”，由李蒸及各学院院长、秘书主任、教务主任、总务主任为委员，李蒸为召集人。1938 年 9 月 15 日，西北联大社会教育推行委员会召开了第一次会议，通过了《国立西北联合大学二十七年度兼办社会教育计划大纲》，对各个学院具体应承担的社会教育项目做了规定（见表 7 – 1）。

表 7 – 1　　**国立西北联合大学 1938 年度兼办社会教育计划大纲**

学　院	内　容	备　注
文理学院	国语及注音符号讲习班	办理两期，每期一个半月
	防空防毒讲习班	办理两期，每期一个月
	科学常识讲习班	办理两期，每期一个半月
	调查陕南城固、南郑两县风俗民情及协助各县改良陋俗	会商两县县政府计划进行

① 黎锦熙：《方志今议序》，载黎锦熙、甘鹏云《方志学两种》，岳麓书社 1984 年版，第 13—18 页。

续表

学　院	内　容	备　注
法商学院	法律常识讲习班	期限两个月
	地方自治讲习班	期限两个月
	商业补习班	期限三个月
师范学院	小学教员讲习会	暑期举办，期限一个月
	小学教员通讯研究部	
	民众学校	指导学生办理
	体育训练班	期限三个月
	民众业余运动会	春季举办一次
	家事讲习班	期限三个月
医学院	救护训练班	期限一个月

资料来源：《国立西北联合大学二十七年度兼办社会教育计划大纲》，《西北联大校刊》1938 年第 2 期。

随后，各个学院根据自己的计划陆续展开社会教育工作。如，文理学院的防空防毒讲习班 1939 年 2 月开课，招收学生 60 余名（其中 40 余名为城固县政府选送的保甲长、保安队及警察，余下的 20 余名为直接报名参加者），使社会人士初步掌握了防空防毒的基础知识，对于民众救护很有好处。① 师范学院的家事讲习班于 1939 年 4 月 17 日开课，由家政系学生讲授，设有衣服学、食物学、育儿法、家庭布置及管理、家庭卫生及看护、手工等相关内容，每日下午四至六时上课，第一期报名听讲者共 60 余人。② 小学教师暑期讲习会在城固、洋县、西乡、南郑、褒城、勉县等六县分办，对于增进小学教师教学知识、技能、组织及训练民众的能力、抗战意识等起到了相当好的作用。③ 国语及注音符号讲习班于 1939 年 2 月 6 日在文理学院第十三教

① 《本校社教推委会成立防空防毒讲习班概况》，《西北联大校刊》1939 年第 11 期。
② 《家事讲习班开课》，《西北联大校刊》1939 年第 15 期。
③ 《陕南六县小学教师暑期讲习会简章》，《西北联大校刊》1938 年第 2 期。

室开课，先对26名参与讲习班的员生进行了为期一个月的培训，作为对民众进行训练的师资。①

此外，西北联大社会教育推行委员会还设立了自然科学讲习班，由文理学院物理、化学、生物三系高年级学生在系主任的共同负责下办理，共招收学员80余名（其中有女生26名），于1939年2月6日在文理学院开课，主要为民众普及最基本的自然科学知识。②

（四）保育儿童，积极惠民

1939年6月，西北联合大学常委会通过了《家政系儿童保育实验室简章》，并请附中借予一部分新校舍以便开办保育实验室。《简章》如下：

一、宗旨

补助家庭教育之不足，增加母亲工作之效率，注重实验，借供仿行。

二、儿童

（1）范围：本室初设地址狭窄，暂收本校同仁子女，俟将来扩充，再添收其他儿童。

（2）年龄：本室暂设幼儿部，招收满二岁以上未满四岁之儿童，俟办有成效再添设婴儿部，招收未满二岁之儿童。

（3）名额：暂以二十名为限。

三、期间

幼儿部保育期间至多两年，即至儿童满四岁为止。届时如欲

---

① 《本大学中国语言学会成立国语注音符号讲习班概况》，《西北联大校刊》1939年第11期。

② 《本校社教推委会成立自然科学讲习班概况》，《西北联大校刊》1939年第11期。

继续受幼稚教育，由本室具函保送。

四、时间

本室保育时间除星期日外，每日自上午八时起至下午五时止，由本室准备午餐及上下午点心，并照料午睡。但家庭欲于午餐前将儿童接回者，亦可听便。

五、保育方法

本室对于儿童注重科学的养护，活泼之指导，环境力求生动，设备力求适宜（儿童活动及课业详另表）。

六、家庭联络

本室每月举行恳亲会一次，邀请儿童亲长或保护人莅会，以谋联络。每周或隔周并由本室保师至各儿童家庭访问一次，借悉儿童在家中卫生教育情况，并商讨改善方法。

七、纳费

每童每月纳保育费一元（入室时一次缴清），餐点费全日者每月五元，半日者一元（按月预交，月终结算，盈还亏补）。本室经费有限，各项设备需款甚多，必要时得酌请各家长分担设备费之一部。

八、请假、退学

儿童因故缺席或中途退学应由其亲长向本室说明原因，以便考察。

九、附则

本简章本校常委会核准施行，遇有不适宜时得随时呈请常委会议修改之。①

儿童保育实验室的开办，不仅使有条件的家庭的幼儿可以接受更好的照料，而且有利于科学教养观念的传播。

① 《本校家政系儿童保育实验室简章》，《西北联大校刊》第18期。

二　艰苦奋进：师生生活

西北联大物质条件简陋，无论是教学设施还是师生的吃、穿、住都因陋就简，但师生精神充实，乐观奋进。

（一）条件艰苦

抗战期间各高校教育经费相当紧张，西北联合大学只能筹集到战前经费的40%左右。为了缓解经费减少造成的困难，国民政府于1938年8月12日发出“全国上下一致奋发，刻苦自励，实行节约”的训令。[①] 西北联合大学也于1938年9月制定了切实可行的《节约运动案》，要求全体师生员工一体遵守。

《节约运动案》规定：

> 关于个人方面：（1）本校教职员或学生均应停止互相宴请，如招待外来宾客及彼此相约聚谈时，亦须联合数人作东，或邀便餐；（2）凡本校教员学生婚丧寿庆以不宴客为原则或以茶会代替酒席，送礼以联合赠送现金为原则，其数目为每人5角至2元止；（3）新制衣服必须用国货材料；（4）以节约所得贡献国家或投资生产事业；（5）积极提倡储金。
>
> 关于公务方面：（1）各项纸张均用国产，学校内部通知均用便条，不用信笺；（2）购置公用物品，应采评价或询价手续，并尽量购用国货；（3）各院处组室自行拟具节省及减化手续办法送常委核定施行。[②]

---

① 外交部《训令所属机关（典27字第一一六七三号）》，《外交部公报》第11卷，第7—9号（1938年9月）。

② 陕西省档案馆藏国立西北大学档案：全宗号67，目录号5，案卷号443.2。

西北联大为倡导节约，专门成立了节约委员会和消费合作社。消费合作社社址设在文理学院男生宿舍内，开张以来，“因货真价廉，颇受全校员生之欢迎”；1939 年 2 月 25 日还召开了有 60 余人参加的第一次股东大会，讨论了消费合作社的简章，并选举王成德、崔于述、赵兰庭、尹成章、王培桢、廖宝珠、刑铸经、余虹、王庆章等九人为理事，谭文伯、韩宪纲、杨能合、饶含章、田崇礼等五人为监事。①

实际上，1938 年西安临时大学迁到汉中，将“小江南”一夜之间变成了“大学城”，不少院系就设在庙宇、教堂、祠堂和破旧的公房内，白天是教室，晚上是打上地铺的宿舍。再加上汉中本身并不富裕，联大师生很少有条件奢侈，生活只能用“清苦”两个字来描述。

就拿食宿来说。西北联大教授们或住在简易校舍里，或租住在当地农民家中；学生住在竹片泥巴墙的草屋里，睡双层大铺，夜间透过瓦片间隙可见星月，遇到下雨时，则上课、吃饭、甚至睡觉都得撑着雨伞。据《北京师范大学校史》记载，1938 年入学的西北联大师范学院全体新生合住在一个大草棚里，夜晚狂风把顶棚吹掉，学生只好睡在露天大棚的铺板上。②

学生伙食，常常是八个人围着一小盆白菜汤，菜里很少看到油腥。1939 年 3 月学生华遵舜在一篇名为《饭厅》的作文里留下了当时的情形：“像吃宴席似的，八个人一桌、一桌、一桌，……水煮的白菜连盐都没有！‘有警报’（没有饭的术语）！打游击（乘机多盛一碗）！倒霉！（吃一口沙子）……！这是敌人送给我们的！这是磨练

---

① 《本大学成立消费合作社》，《西北联大校刊》第 13 期。

② 北京师范大学校史编写组：《北京师范大学校史（1902—1982）》，北京师范大学出版社 1982 年版，第 119 页。

我们的功课：‘水煮白菜’和‘沙子’。”①

学生的衣服，也是简简单单，很少有体面、奢侈的装扮。以女生为例。1938 年 9 月入读国立西北联合大学教育系的赵文艺几十年后这样回忆联大女生的着装：“个个都是一头的清汤挂面，布衣布鞋，没有脂粉口红，尤其冬季每人一件草绿色的布棉袄，已觉得十分神气。”② 这一方面是因为战时困难，另一方面与联大校方对女生的严格管理有关。校方认为：“城固地方相当守旧，如不于服装、行动、交际等特加管理，深虑为地方一般人所奇异，而为培植该女生等及本校对其家长之义务亦有比从前更加注意管理之必要。”③ 为此，西北联大专门聘请在女生管理方面很有经验的直隶第一女子师范学院原校长齐壁亭办理女生训导事宜。

城固的对外联络因交通落后而很不方便。1938 年 10 月 7 日西北联大校常委李蒸从城固出发到重庆参加全国高级师范教育会议，主要靠走路、乘滑竿、坐汽车，从城固经汉中、成都最后到达重庆，历时半月，已届会议闭幕之日，待返校时，在成都候车更是费了三个星期。交通不便，加上战事阻隔，实验设备及图书资料不易获取和更新，对学校的发展造成了相当不利的影响。正如李蒸参加全国高级师范教育会议归来后，在全校大会上的感慨：“此次我在四川买五架显微镜，价值比在北平时候昂贵几倍，由香港购买图书仪器，最多能运到昆明，还不保险，要费很久的日期，才能到重庆，重庆运回学校，又需若干时日，这种困难情形，影响到学校一切的发展。”④ 西北联大学生“吞吐”对此也有叙述：“自然交通困

---

① 华遵舜：《饭厅》，载李永森、姚远《西北大学史稿・上卷（1902—1949）（修订本）》，西北大学出版社 2002 年版，第 234 页。

② 赵文艺：《我和抗战时期的北师大》，载中国人民政治协商会议陕西省汉中市委员会文史资料委员会编《抗战时期的汉中（汉中文史・第 12 辑）》。

③ 《通知（1938 年 5 月 7 日）》，陕西省档案馆藏国立西北大学档案：全宗号 67，目录号 5，案卷号 429. 2。

④ 《本大学校本部本学期第五次纪念周纪录》，《西北联大校刊》第 8 期。

难，是一个大的原因，如看重庆出版的杂志报纸，最快要在半月以后，由重庆买书还须特别标明用汽车运，尚要一个月的样子，要由昆明买，就得三四个月的时间。”①

（二）乐观奋进

在艰苦的物质条件下，西北联大师生一直苦中作乐，奋发努力，践行着1939年3月27日西北联大校常委胡庶华在全校总理纪念周活动上的讲话：“我们西北联大设立在城固这个偏僻的地方，没有电灯，没有自来水，一切物质享受均谈不到，可我们师生依然要共同努力，发扬我们能吃苦、有朝气的精神，来领导西北的教育。”② 且看西北联大法商学院学生“吞吐”1939年4月8日的记述：

> 先拿伙食一项来说吧，六块钱一月别说吃肉，就是两碗青菜粥勉强呢。还有住的宿舍全是古庙，三十几个人甚至七八十人挤在一间大屋子里，睡的是上下铺，大炕式的木床，除去几张书桌外，很少有转身的空隙。所以他们一天在屋子里的时间很少，从早晨五点半起床，接着跑步升旗。早饭后就上课，白天有空堂的时间，多在图书馆和教室里念书，或在运动场上玩球。晚饭后，在汉中的同学，可以在街上溜一溜，在古路坝附中的同学，可以成群搭伙的爬山，在城固的同学，可以到城墙上、郊外去散步，在那绿麦黄花（黄花系指油菜花）新鲜空气的原野中，驱走了他们一天的疲劳。到晚上他们都在教室汽灯下自修，准备自己的功课。到礼拜日时节，在汉中的同学可以看一看汉中八景、汉桂和其他名胜。在城固的同学，可以到樊哙墓、萧何墓、张骞墓等地

① 吞吐：《西北联大动静》，《青年月刊》1939年第7卷第6期，第28、29页。

② 西北大学西北联大研究所：《西北联大史料汇编》，西北大学出版社2012年版，第708—709页。

方凭吊一下。在古路坝的同学可以步行到汉中（七十里）、城固（五十里）去玩，自然，汉中、城固的同学也有时拜访他们。他们的日常生活，总是这样循环不息的轮流着，为建设西北而充实自己，为抗战建国而努力。

……在建国的大时代，大学生的任务不仅是在课堂里埋头苦干，还有在后方动员民众的重大责任。西北联大的学生也不能例外，他们在陕南早就在执行着自己的使命。寒假前曾为抗敌将士开游艺会募集寒衣，与慰劳出征壮丁家属。在寒假中，一部分同学去乡下宣传，一部分同学到汉中演剧（新剧与国剧）为前敌将士募款购买鞋袜，家政系也曾把自己实习制的衣物食品义卖，所得也是捐助前方将士。还有创办防空防毒训练班、科学研究班、与扶助地方社教的进行等。最近听说还拟办举行节约扩大宣传，劝导社会人士与民众，节省自己无谓的耗费，把社会的所有力量，全用在抗战建国的伟大事业上。

西北联大师生在本月六日，实行了民族扫墓节与国民抗敌公约宣誓。在那天的早晨，全校的学生都集合在法商学院的大操场，先升旗后出发，顺着崎岖的小路向博望侯墓（张骞墓）走去，蛇形的队伍展开在了宽阔的田野，前边连接不断地往前走，后者还有广大的队伍在等待着出发，女同学在这时唱起救亡歌曲，打破了这个沉闷的空气。当前的事，很容易使人联想到我们当前的抗战。蛇形的队伍，接续不断的前进，好像我们的抗战的力量，人人春回大地勇向前，新的力量一天天在增长着，非把日本强盗赶出国境不能干休。还有女同学的歌声，那样协同有力，恰似我们全国的精诚团结，同舟共济的一致对外。张骞墓在城固西五里许，在全体学生到达后，教职员家眷也陆续地来了，由徐常委领导举行仪式，先考察博望侯后宣誓，全体师生严肃地宣读誓约，整齐隆重，声动大地，继由胡

> 常委代表省党部致监誓词（因胡常委亦系省党委）勉同学要效法张博望侯的艰苦卓绝，不与敌人妥协的精神，来从事抗战建国的工作。会后聚餐，每人一块大饼，一包牛肉，佐以白开水大嚼，饭后同学自由返校。路上挤满了满脸笑容的联大师生，每个人都在这次大典带回了无限的兴奋。①

也如《国立西北大学侨寓城固记》中所说：城固“垒垣险塞，敌骑望之而不前；平畴沃野，民食资之以不匮。正业居学，藏焉、修焉、息焉、游焉于其间，此诚所谓乱世之桃源也。益以吊张骞之故里，可以发凿空之遐思，展李固之荒茔，可以砺忠贞之亮节；望湑水之奔流，知贤者之泽远；颂橘林之荣茂，想骚人之行洁；登樊哙之台，思鸿门之宴，对子房之山，慕赤松之游。盖进而经纶天下，退而保养性真，无不可供学者之取资焉。”② 尤其是汉江如丝带一样静静地流淌于秦巴之间，春、夏、秋、冬景致各不相同，不仅是学生们上游泳课的场所，而且是师生休闲的好去处。西北联大教育系学生赵文艺多年后回忆：“城固南门外那悠悠的汉江河畔，远山烟村，古渡垂杨，更成了男女同学课余的好去处。”③ 难怪，许多年以后，西北联大师生对汉江依然无限怀念。

虽然西北联大地处内陆，师资及实验设备缺乏，但是联大师生深知：大敌当前，要战胜日本侵略者，还应努力学习民族文化遗产和科学知识。正如西北联大常委、原北平大学校长徐诵明在联大开学典礼上所说：“在抗战期间，最高学府学生如何救国，不一定非拿枪杆到前线去

---

① 吞吐：《西北联大动静》，《青年月刊》1939 年第 7 卷第 6 期，第 28、29 页。

② 李永森、姚远：《西北大学史稿·上卷（1902—1949）（修订本）》，西北大学出版社 2002 年版，第 366 页。

③ 赵文艺：《北师大与我——为母校七十周年校庆作》，中国人民政治协商会议陕西省汉中市委员会文史资料委员会编：《汉中文史（第 11 辑）》，1993 年 10 月印刷。

才是救国，我们在后方研究科学增强抗战力量，也一样是救国。"[①] 因此，西北联大"师生讲学风气，比其他地方有过之而无不及"[②]。

宿舍没有桌椅，读书写字都要到图书馆去，但同学们学习热情很高，抢座位就成了图书馆每天都要上演的一幕。台湾学者赵文艺这样回忆当年在城固上学时的情景："学生读书风气很盛，学校图书馆的里里外外，每天挤得水泄不通，于是人人都得准备一个矮小的凳子，花前树下，随时都可以坐下来阅读，遇到空袭警报时，正好提着凳子向城外疏散。"[③]

因为乐观奋进，1938—1939 年西北联大有 447 名学子克服艰苦条件，顺利毕业。

表 7－2　1938—1939 年国立西北联合大学毕业学生人数统计

院校／时间	北平大学					北平师范大学			北洋工学院	河北省立女子师范学院	合计
	女子文理学院	法商学院	农学院	医学院	工学院	教育学院	文学院	理学院			
1938	44	37	28	—	33	24	42	41	39	3	291
1939	10	39	—	3	—	22	37	41	—	4	156
合计	54	76	28	3	33	46	79	82	39	7	447
说明	1939 年以前西安临大、西北联大阶段毕业学生均发原校毕业证书										

资料来源：摘自李永森、姚远《西北大学史稿·上卷（1902—1949）（修订本）》，西北大学出版社 2002 年版，附录三。

三　国立西北联合大学的分立

1938 年 7 月，西北联合大学工学院、农学院独立办学。西北联大

① 徐诵明：《战时最高学府学生应如何救国》，《西北联大校刊》第 1 期。
② ［台湾］黄大受：《忆抗战时期的大学生活》，《文史杂志》1996 年第 3 期。
③ 赵文艺：《北师大与我——为母校七十周年校庆作》，中国人民政治协商会议陕西省汉中市委员会文史资料委员会编：《汉中文史（第 11 辑）》，1993 年 10 月印刷。

工学院与在四川三台办学的东北大学工学院、暂时立足于甘肃天水的焦作工学院合并成立国立西北工学院，在古路坝办学。1946 年，国立西北工学院迁往咸阳，1950 年更名为西北工学院。1957 年 10 月西北工学院与西北航空学院在西安合并组建成西北工业大学。

1938 年 7 月，西北联大农学院与西北农林专科学校、河南大学农学院畜牧系合并组成国立西北农学院，在今陕西杨陵办学。1985 年更名为西北农业大学，1999 年 9 月与西北林学院合并组成西北农林科技大学。

1939 年 8 月开始，西北联合大学其余的学院陆续分立，筹备重组为国立西北大学、国立西北师范学院、国立西北医学院。其中，国立西北大学由西北联合大学文理学院、法商学院等组建而成，1939 年 9 月在陕西城固开课，胡庶华任校长，1946 年迁至西安；后发展为今天的西北大学。

国立西北师范学院是 1939 年 8 月由国立西北联合大学师范学院改组而成（院长李蒸），1941 至 1944 年逐步由陕西城固县迁至兰州；1958 年改称甘肃师范大学，1981 年复名为西北师范学院，1988 年更名为西北师范大学。1946 年，国立西北师范学院一部分师生留在兰州，另一部分师生返回北平恢复国立北平师范大学，后发展为今天的北京师范大学。

国立西北医学院于 1939 年 8 月由设在汉中黄家坡（今汉中市汉台区七里办事处文家庙村）的西北联合大学医学院改组而成；1946 年抗战胜利后，迁至西安，并入国立西北大学，称为国立西北大学医学院；1950 年，西北大学医学院独立设置，更名为西北医学院；1956 年更名为西安医学院；1985 年更名为西安医科大学；2004 年与西安交通大学、陕西财经学院三校合并后，更名为西安交通大学医学院。

可以说，由西北联合大学分化而来的几所学校，奠定了中华人民共和国后西北地区高等教育的基础。

国立西北联合大学的分立有诸多原因，其中几个组成部分之间的互不相让、矛盾重重、合作困难是不可忽视的因素。正如时人的评论："梅贻琦说过，好比一个戏班，有一个班底子。（西南）联合大学的班底子是清华、北大、南开派出些名角共同演出。但是步骤都很协调，演出也很成功。当时还有一个西北联合大学，也是从北京迁去的几个学校联合起来而成的，设在陕西城固。但是他们内部经常有矛盾，闹别扭。蒋梦麟说，它们好比三个人穿两条裤子，互相牵扯，谁也走不动。"①

其实，矛盾是普遍存在的，联合办学自然会有矛盾，差别只是如何处理矛盾。同时期的国立西南联合大学也是矛盾不少。早在长沙临时大学时，北京大学、清华大学、南开大学三校之间的矛盾就已相当突出，有人劝说北大校长蒋梦麟干脆"散伙"，蒋随即正色说道："你们这种主张要不得，政府决定办一个临时大学，是要把平津几个重要学府在后方继续下去。我们既然来了，不管有什么困难，一定要办起来，这样一点决心没有，还谈什么长期抗战！"② 在彼此忍让、客气之下，北京大学、清华大学、南开大学三校联合办学八年，取得了非常出色的成果。对此，西南联大校常委之一蒋梦麟 1943 年 4 月 21 日致胡适的信里谈得很明白："西北联大彼此闹意见，闹得一塌糊涂。西南联大，彼此客客气气，但是因为客气，不免有'纲纪废弛'的坏结果。互让是美德，但是过了度，就会变成互毁职守。这界限是很难划。我是不怕负责任的，但是见了西北的互争之弊，就忍受下去了。……（西南）联大苦撑五载，一切缘轨而行，吾辈自觉不满，而国中青年仍视为学府北辰，盛名之下，难副其实。图书缺乏，生活困苦（物价较战前涨百倍以上），在此情形之下，其退步非人力所可

① 冯友兰：《三松堂自序》，人民出版社 2008 年版，第 293 页。

② 孙善根：《走出象牙塔——蒋梦麟传》，杭州出版社 2004 年版，第 216—217 页。

阻止。弟则欲求联大之成功，故不惜牺牲一切，但精神上之不痛快总觉难免，有时不免痛责兄与雪艇、孟真之创联大之议。数月前在渝，孟真责我不管联大事。我说，不管者所以管也。”①

四 西北联大与西京图书馆

国立西安临时大学组建时，因国立北平大学、国立北平师范大学、国立北洋工学院三校匆促迁西安，原本较为丰富的图书资料因战事影响未及运出，故图书缺乏一直是困扰西安临时大学师生的头等大事。好在位于西安的西京图书馆丰富的藏书为西安临时大学的师生们提供了许多便利条件。

西安临时大学迁陕南之时，西京图书馆也面临着疏散。1938 年 3 月 2 日，西京图书馆馆长刘振支拟定了《陕西省立西京图书馆保藏古物计划书》，拟将图书及古物运往南郑（即今汉中汉台区）或张良庙。可是，陕西省政府决定西京图书馆的“图书准运藏眉县，古物另拟保藏办法”。1938 年 4 月 2 日，西京图书馆将第一批图书运往眉县县城孔庙大成殿保藏。不久，又有第二批图书运往眉县。

1938 年底，随着日本对西安空袭的加剧，西京图书馆计划把更多的图书迁往更隐蔽的深山中保藏。这个时候，缺少书籍的国立西北联合大学来函请求西京图书馆将图书运往陕南城固，既利保藏又利联大师生借阅。西北联合大学在给西京图书馆的函件中称：“敝校前在西安，对于各科参考书籍，极感缺乏。幸有西京图书馆收藏丰富，研究参考，便利良多。迨敝校迁至城固后，虽购书增加，仍感不敷应用。顷闻西安曾被轰炸，西京图书馆藏书势须择优移至后方，妥为保存，如贵厅有此拟议，敝校可在城固代为寻觅适当地点，以资储藏，

① 《蒋梦麟致胡适》，北京大学图书馆编：《北京大学图书馆藏胡适未刊书信日记》，清华大学出版社 2003 年版，第 158 页。

既可免贵厅勘查地址之烦，敝校师生亦可以借阅参考。至保管责任，敝校图书馆可与西京图书馆共同担负。”①

曾任西北联合大学教授的王捷三深知西北联合大学在城固缺少图书资料的情况，1939 年初，他转任陕西省政府委员、陕西省教育厅厅长后即促成了西京图书馆城固分馆的设立。1939 年 2 月，刘振支根据王捷三的指示重新拟定了图书迁运计划，拟再选择一批图书与运往眉县的图书古物一并运往城固。1939 年 3 月 24 日，西北联合大学图书馆馆长何日章随带汽车专程到西京图书馆选运图书，后何日章将选定的图书七大箱先行运往城固。1939 年 6 月，陕西省教育厅与国立西北联合大学签订了双方合办西京图书馆城固分馆的合同。内容如下：

> 本厅及本大学为保管及利用省立西京图书馆及省立西安高中图书起见，协商选择一部（分）重要图书运往城固，特定合同如左：
>
> 第一、选运
>
> 1. 由双方协商，选择重要及适用图书，包装待运。
>
> 2. 由西安至宝鸡一段，用火车运；由宝鸡至城固一段，用联大汽车运；并得利用后方勤务部由宝鸡向南回头空车搬运。押运人员由双方分派，共同负责。
>
> 3. 除包装费外，所有火车票、汽油、押运人员膳宿，及上下车站所需车运、脚力、装卸等费，教厅担任三分之二，联大担任三分之一。
>
> 4. 一切费用开支，由双方各派一人，共同管理。
>
> 第二、保管
>
> 5. 图书运到后，商借地址，成立省立西京图书馆城固分馆。

① 《国立西北联合大学函陕西省教育厅》，谢林编：《陕西省图书馆馆史（上）》，三秦出版社 2009 年版，第 167 页。

馆员由双方互派员充任，各支原薪，不另给任何津贴。人数以双方平分为原则，但分馆负责人员由教育厅派定。

6. 所需工友，酌量事实需要，临时决定，雇佣其工资，由双方平均负担。

第三、修购

7. 分馆器具，应尽量借用，不足时，按照最低需要，就地购置，所需费用连同分馆房屋修缮费，均由双方分担。

第四、流通

8. 联大教授、学生、职员借用图书，须填具借书单，连同联大印发之借阅证，一并交由管理人员，始得取书。借阅证背面，须印“如有遗失、损污，由本大学负责督促借阅人于一周内赔偿。过期不赔者，由本大学代为赔偿”等字样。借书单式样及借还图书其他应行注意事项，临时协商定之。

9. 其他机关学校或个人借阅图书办法，由双方协商定之。

10. 流通期间，每月所需公费，由双方协商决定，平均分担。

第五、附带声明

11. 本合同经双方负责长官签名盖章正式有效。如临时发生问题，由双方派员协商，分别请示主管长官决定之。

12. 如教育厅认为何时应将图书运回西安，本合同效力即行终止。

陕西省教育厅厅长王捷三

国立联合大学常务委员徐诵明、李蒸、胡庶华

中华民国二十八年六月[①]

合同签订之后，新任西京图书馆馆长线润民即聘定时任西北联合

① 《陕西省政府教育厅、国立西北联合大学合办省立西京图书馆城固分馆合同》，谢林：《陕西省图书馆馆史（上）》，三秦出版社2008年版，第172页。

大学附属中学教员的龙博珊为西京图书馆城固分馆主任，并授命龙博珊在城固选择馆址。1939 年 6 月 18 日，龙博珊会同城固县教育局长余元章在城固近郊勘查馆址，在勘查的邯留联保杜家槽村观音寺、沙杜联保藏经寺、五郎联保五郎庙等三处选择了杜家槽村观音寺为分馆馆址，因为“观音寺在距县城北三里之杜家漕，坐南朝北，面野依村，四邻空旷，环境清幽，寺外有围墙，内分南北两院，入大门为北院，入旁门为南院”①，不仅距离城固县城近，而且“屋宇宽敞，计大小 28 间，均极修整，略加修葺，即可适用。于分配藏书及阅览室而外，尚有馆员住宿之所”②。为方便师生阅览，西北联合大学还电请陕西省教育厅在西北联大附近的马王庙设立了阅览处。

1939 年 8 月 15 日，西北联合大学派车将在宝鸡存放的西京图书馆图书 16 箱运抵城固；11 月 13 日，将存放在宝鸡的最后一批书箱运抵城固。西京图书馆运到城固的图书共计 78 箱，29227 册。除其中有西安高中图书 12150 册及西京图书馆旧杂志 912 册、新书 1220 册外，所藏旧籍共计 14945 册。③

1940 年 3 月 5 日，西京图书馆城固分馆正式开馆。其时国立西北联合大学已经分立，国立西北大学和国立西北师范学院分别承担了设于杜家漕观音寺的分馆阅览室和设于城固城内民众教育馆中正堂阅览处的部分工作，城固分馆也对两校院师生给予“减收押金三分之一”的优惠政策。④ 西京图书馆运往城固的图书成为西北联合大学师生的重要精神食粮，为西北联合大学及分立后的国立西北大学、国立西北师范学院师生的教学、科研工作提供了极大的便利条件。

---

① 《西北联合大学便函（检送合办图书分馆临时开办费预算表草案等件，1939 年 7 月 24 日）》，陕西省档案馆藏国立西北大学档案，全宗号 67，目录号 5，案卷号 452. 1。

② 谢林：《陕西省图书馆馆史（上）》，三秦出版社 2008 年版，第 181 页。

③ 谢林：《陕西省图书馆馆史（上）》，三秦出版社 2008 年版，第 181 页。

④ 《西京图书馆城固分馆借书规则（1940 年 2 月）》，谢林《陕西省图书馆馆史（上）》，三秦出版社 2008 年版，第 183 页。

第八章

坝上长夜、七星灯火：国立西北工学院在城固

一　国立西北工学院的组建及源流

（一）国立西北工学院的组建

在抗战的大背景下，为了扶持国家急需的工科专业，发展工科教育，并开发西北，1938 年 7 月，教育部命令西北联合大学工学院与国立东北大学工学院及私立焦作工学院合并改组为国立西北工学院。

1938 年 7 月 27 日，教育部部长陈立夫以教育部训令 1938 年发汉教第 6074 号令颁发了《国立西北联合大学工学院与国立东北大学工学院及私立焦作工学院合并改组为国立西北工学院办法》，办法中详细规定了经费支配、院系编制、职教员、学生、院址、院产等。如下：

一、经费支配

1. 以西北联大原有北洋工学院及平大工学院之实支经费二十六万六千四百元充国立西北工学院之经费。

2. 焦作工学院本部补助费实支三万一千五百元及原有学院经费移充国立西北工学院设备费及迁移费。

3. 中英庚款会补助西北联大工学院设备费原额八万九千元移

充国立西北工学院设备费。

4. 国立东北大学工学院职教员学生并入国立西北工学院后，其职教薪及学生伙食费与迁移费即从国立东北大学经费内核实扣拨归国立西北工学院开支。

二、院系编制

国立西北工学院设土木工程、矿冶工程、机械工程、电机工程、化学工程、纺织工程六系，原有各工学院各学系分别并入上列六系。

三、职教员

西北联大工学院、东北大学工学院及焦作工学院职教员由国立西北工学院尽量聘用，其名单呈报教育部先行核定。

四、学生

国立西北联合大学工学院、国立东北大学工学院及焦作工学院三院学生完全并入国立西北工学院，其东北大学工学院学生仍给伙食费，其他两院之战区学生准与贷金。

五、院址

国立西北工学院院址定岷县或天水。

六、院产

国立西北联大及国立东北大学专属于工学院之一切设备用具及学生成绩有关文卷各项均归国立西北工学院接收，焦作工学院之设备用具归国立西北工学院借用。

七、附则

本办法未定事项由教育部随时决定之。①

随同下发的还有《国立西北工学院筹备委员会简章》内容如下：

---

① 《国立西北联合大学工学院与国立东北大学工学院及私立焦作工学院合并改组为国立西北工学院办法》，陕西省档案馆藏国立西北工学院档案：全宗号61，目录号2，案卷号1。

一、国立西北工学院筹备委员会遵照教育部颁布办法及经费概算，筹备设立国立西北工学院事宜。

二、本委员会职掌如左：1. 择定适当院址；2. 租用或修建适当院舍；3. 接收国立西北联合大学工学院、国立东北大学工学院及私立焦作工学院之校产、设备、文卷等项；4. 编造概算；5. 拟订学院组织大纲。

三、本委员会筹备委员五人，由教育部聘请之，并指定委员一人为筹备主任。

四、本委员会每周开会一次，由筹备主任召集之。开会时即以筹备主任为主席。遇必要时得由筹备主任召开临时会。

五、本委员会职务至国立西北工学院筹备完毕时为止。

六、本委员会经费另编概算，呈请教育部核定发给。

七、本简章由教育部颁布施行。①

1938 年 8 月，国立西北工学院筹备委员会在城固成立，由李书田（原北洋工学院院长）、胡庶华（国立西北联合大学常委）、张北海（教育部特派代表）、张贻惠（原国立北平大学工学院院长）、王文华（原国立东北大学工学院院长）、张清涟（原私立焦作工学院院长）、雷宝华等七人组成，李书田为筹备委员会主席。对于国立西北工学院的独立设置，国立西北联大工学院大部分师生是满意的。但是，原北洋工学院师生则有令原北洋工学院直接独立恢复原名的想法。为此，原北洋工学院学生杜锡钰等人去函教育部要求北洋工学院独立，经劝说无效，“乃仍坚持成见，又以代表会名义重申前请”。教育部认为杜锡钰等的申请与教育部组建国立西北工学院的宗旨不相符合，要求西北工学院再次向师生切实传达教育部的意旨；筹备主席李书田只得

① 《国立西北工学院筹备委员会简章》，陕西省档案馆藏国立西北工学院档案：全宗号 61，目录号 2，案卷号 1。

"迅请周教授泽书召学生代表传谕部旨"。[1] 其实，不只原北洋工学院学生有独立倾向，李书田等一些原北洋工学院的教职员也有，只是愿望不得实现之后，又想请教育部将新组建的国立西北工学院改名为"国立北洋工学院"。教育部认为这种做法势必引起其他三方的反对，不予支持，并派原北洋工学院校友劝说李书田，李只得作罢。

国立西北工学院筹备委员会成立后，紧锣密鼓地开展了一系列工作。1938 年 8 月 12 日在城固召开了第一次筹备委员会会议，决定将西北工学院设于城固县古路坝天主堂内；同时推张清涟、王文华、潘承孝、周宗莲于 8 月 14 日赴西乡调查有无适当空房可作本学院院址。[2]

1938 年 8 月 13 日，国立西北工学院筹备委员会第二次会议召开，修正通过了《国立西北工学院组织大纲草案》，并拟聘张贻惠兼任教务主任，张清涟兼任总务主任，王文华兼任训育主任，周宗莲兼任秘书主任；拟聘请金宝桢兼土木工程学系主任，任殿元兼矿冶工程学系主任，潘承孝兼机械工程学系主任，刘锡瑛兼任电机工程学系主任，萧连波兼化学工作学系主任，张汉文兼纺织工程学系主任；拟聘李书田兼任工科研究所主任，魏寿昆兼任工科研究所矿冶工程部主任。[3]

1938 年 8 月 17 日，西北工学院筹备委员会第四次筹备委员会议召开，推荐张清涟、王文华为接收西北联大工学院委员，赵玉振、王翰辰为接收东北大学工学院委员，倘部派监交委员到达城固，当值张清涟委员、王文华委员回天水及三台时即由本会另推接收联大工学院委员。[4] 第五次筹备会议还决定调整工学院助教薪俸，拟于下学期开学后一个

---

① 《教育部训令（1938 年 11 月 2 日），27 年发国 17 又第 10893 号》，陕西省档案馆藏西北工学院档案：全宗号 61，目录号 2，案卷号 2。

② 《国立西北工学院筹备委员会第一次会议记录（1938 年 8 月 12 日）》，陕西省档案馆藏西北工学院档案：全宗号 61，目录号 2，案卷号 39。

③ 《国立西北工学院筹备委员会第二次会议记录（1938 年 8 月 13 日）》，陕西省档案馆藏西北工学院档案：全宗号 61，目录号 2，案卷号 39。

④ 《国立西北工学院筹备委员会第四次会议记录（1938 年 8 月 17 日）》，陕西省档案馆藏西北工学院档案：全宗号 61，目录号 2，案卷号 39。

月内举行助教考试，并拟定了根据毕业时间长短确定的助教薪级调整基础等。[①]

表 8－1　助教薪级调整基础、审查标准、薪俸调整办法

<table>
<tr><th>毕业时间</th><th>薪级基础</th><th>助教考试成绩审查标准</th><th>薪俸调整办法</th></tr>
<tr><td>民国 27 年</td><td>70 元</td><td rowspan="8">毕业成绩 10%，
助教成绩 20%，
国文 15%，
英文 15%，
专门课目 20%，
口试 20%</td><td rowspan="8">1. 总成绩不及 60 分者不继续任为助教；60—70 者按表降二级；70—80 分者按表降一级；80—85 分按表；85—90 分者按表特增一级；90 以上者按表增二级。
2. 毕业成绩 80 分以上之助教薪级按表；毕业成绩在 70 分至不满 80 分者按表降一级；60 分至不满 70 分者按表降两级。</td></tr>
<tr><td>民国 26 年</td><td>80 元</td></tr>
<tr><td>民国 25 年</td><td>90 元</td></tr>
<tr><td>民国 24 年</td><td>100 元</td></tr>
<tr><td>民国 23 年</td><td>110 元</td></tr>
<tr><td>民国 22 年</td><td>120 元</td></tr>
<tr><td>民国 21 年</td><td>130 元</td></tr>
<tr><td>民国 20 年</td><td>140 元</td></tr>
</table>

1938 年 8 月 19 日，西北工学院第六次筹备委员会召开，报告了教育部同意将西北工学院设在城固古路坝的电报。会议还就教授、副教授、教员每周授课时数做了规定：专任教授、副教授、教员每周任课 9—12 小时，教授兼系主任者每周任课 6—9 小时，教授兼处主任者每周任课 3—6 小时，教授兼研究所部主任者每周任课 6—9 小时，实验、实习、计划制图每 3 小时以 2 小时计，这些规定于必要时应商取教师之同意并酌量增减。[②]

1938 年 8 月 20 日召开的筹备委员会第七次会议，通过了拟聘教师名单。[③]

① 《国立西北工学院筹备委员会第五次会议记录（1938 年 8 月 18 日）》，陕西省档案馆藏西北工学院档案：全宗号 61，目录号 2，案卷号 39。

② 《国立西北工学院筹备委员会第六次会议记录（1938 年 8 月 19 日）》，陕西省档案馆藏西北工学院档案：全宗号 61，目录号 2，案卷号 39。

③ 《国立西北工学院筹备委员会第七次会议记录（1938 年 8 月 20 日）》，陕西省档案馆藏西北工学院档案：全宗号 61，目录号 2，案卷号 39。

1938年8月25日召开的西北工学院筹备委员会第十一次会议上，胡庶华报告了教育部设置国立西北工学院的宗旨："为谋工学院之易于发展，值此时局更可集中设备、集中人才、增加效率，务望本国家之立场奠定西北工程教育之优良基础。"[①] 这对刚刚成立的国立西北工学院来说，是一份沉甸甸的责任和义务。

8月28日召开的第十四次筹委会会议报告了教育部准添设水利工程学系、航空工程学系及工程学术推广部的电报。同时，报告了焦作工学院全体教职员电请暂在天水设分校一事，筹委会决议"电复仍应在城固古路坝集中办理"。此外，会议报告教育部电饬于1938年9月15日以前将联大、东大及焦作三工学院之院产及文书等项接收完竣。[②]

9月8日召开的筹委会第十七次会议，拟即分函国立西北联合大学及国立东北大学：委员会已推定张清涟、王文华为西北联大有关工学院院产及文书等项接收委员，请赵玉振、王翰辰为接收东北大学有关工学院院产及文书等项接收委员。[③]

经过以上紧锣密鼓的筹划，西北工学院的各项筹备事务渐渐走上了正轨。

（二）国立西北工学院的源流

国立西北工学院由国立西北联合大学工学院、国立东北大学工学院、私立焦作工学院三部分组成。

1. 国立西北联合大学工学院

国立西北联合大学工学院由原国立北平大学工学院和国立北洋大

---

① 《国立西北工学院筹备委员会第十一次会议记录（1938年8月25日）》，陕西省档案馆藏西北工学院档案：全宗号61，目录号2，案卷号39。

② 《国立西北工学院筹备委员会第十四次会议记录（1938年8月28日）》，陕西省档案馆藏西北工学院档案：全宗号61，目录号2，案卷号39。

③ 《国立西北工学院筹备委员会第十七次会议记录（1938年9月8日）》，陕西省档案馆藏西北工学院档案：全宗号61，目录号2，案卷号39。

学工学院组成。

北平大学工学院筹建于1903年，当时校名为京师高等实业学堂，设有机械、电机、化工、冶金四科；1911年，京师高等实业学堂改组为北京工业专门学校，1920年改名为北京工业大学，增设研究班；1924年增设土木工程科。1926年研究班停办。1927年北京各国立大学改组合并，北京工业大学改名为京师大学工科。1928年改名为北平大学第一工学院。1930年改名为北平大学工学院，到1932年时设有机械、电机、应用化学、纺织等学系。

关于国立北洋工学院，第一章第三节已有介绍，此处不再赘述。

2. 东北大学工学院

东北大学始建于1923年4月，首任校长为王永江。1928年8月至1937年1月张学良兼任校长。至1930年秋，东北大学已建有6个学院24个系和8个专修科，学校建筑宏伟，经费充裕，良师荟萃，学风淳穆，极一时之盛。1931年“九一八”事变后，东北大学被迫迁北平办学；1936年初张学良利用在西安担任军职的机会，将东北大学工学院及补习班先搬到西安办学，成立了西安分校，并在校园内修建房舍，建起了一座大礼堂。张学良在礼堂的基石上题词：“沈阳设校，经始维艰；至‘九一八’，惨遭摧残，流离燕市，转徙长安，勖尔多士，复我河山！”

东北大学工学院在1923年即已成立，当时仅有土木工程系。1928年增设建筑工程系。

1936年“西安事变”之后，送蒋介石回南京的张学良失去了自由。1937年1月，南京国民政府派臧启芳为东北大学代校长，命令东北大学迁河南开封办学，东北大学在位于开封的河南大学校内设立东北大学办事处。1937年5月，东北大学改为国立。1937年6月，东北大学整体迁到西安办学。1937年“七七事变”之后，国立北平大学、国立北平师范大学、国立北洋工学院迁西安组建国立西安临时大学之时，西安临时大学的第一院就设在国立东北大学校内。

1938 年 3 月西安形势危急，国立东北大学再一次面临迁徙。教育部原意命令东北大学迁往陕南汉中，但是东北大学直接南下绕过汉中迁到了四川省三台县。

3. 私立焦作工学院

私立焦作工学院起源于 1909 年由英国福公司兴办的焦作路矿学堂。焦作路矿学堂是我国历史上第一所矿业高等学府，也是河南省建立最早的高等学校。1914 年焦作路矿学堂改名为河南福中矿务学校，1919 年改名为福中矿务专门学校，开办专科，以“养成矿务专门人才”。1921 年改校名为福中矿务大学，添设大学本科。1931 年增设土木工程科。1933 年，教育部正式立案，改校名为私立焦作工学院，校董会聘请张清涟为院长，学校进入了稳步发展的阶段。当时，它是全国唯一一所私立工学院。

1937 年 10 月，河南重镇安阳被日军攻陷，焦作工学院的安全受到了严重威胁，院长张清涟于 10 月 9 日给教育部长王世杰去函提出自己的看法：“本院位置焦作，逼近战区，暂时虽可维持，前途不无顾虑。慨前车之可鉴，允宜未雨而绸缪，拟在紧急时期，择定安全区域，预将图书、仪器、机械、文卷、表册等件之一部或大部，迁移保存，以备将来续用。”① 在此思路下，焦作工学院拟迁往西安。10 月下旬，在教育部建议下，焦作工学院派人前往西安与西安临时大学接洽，想并入西安临时大学，未果；焦作工学院又与已经迁到西安的东北大学协商，结果“东大亦无意合作，总之共用设备，无不乐为，分用校舍校具，咸有难色，交涉不能圆满，合作故成绝望”②。

① 《焦作工学院院长张清涟 1937 年 10 月 9 日给教育部长王世杰的呈文》，转引自薛世孝《煤海集尘》，煤炭工业出版社 2010 年版，第 235 页。

② 《私立焦作工学院关于学校西迁经过及校址地点等问题致南京国民政府教育部的文件》，转引自周晓林、贾玲《中国矿业大学搬迁易名史料集萃（1909—2019）》，中国矿业大学出版社 2019 年版，第 97 页。

1937年11月，私立焦作工学院抵达西安后，将临时校舍定于西安端履门，并借用位于西安的陕西省立高中部分教室及西安机械厂部分房屋上课。因为焦作工学院的搬迁是在主动情况下进行的，所以全院的设备、仪器、图书、标本和机床等都完整地搬迁到了西安。1938年3月，西安形势日渐紧张，立足未稳的焦作工学院被迫再迁甘肃天水办学。

二 校址的确定

根据1938年7月27日教育部训令1938年发汉教第6074号令颁发的《国立西北联合大学工学院与国立东北大学工学院及私立焦作工学院合并改组为国立西北工学院办法》，新成立的国立西北工学院设在甘肃西南部的岷县或东南部的天水。1938年3月私立焦作工学院从西安迁往天水刚刚立足；国立东北大学工学院1938年4月刚随东北大学迁往四川三台县；国立西北联合大学工学院的一部分也是1938年4月才在城固古路坝立足。

1938年8月12日，西北工学院筹备委员会召开了第一次会议，李书田、张贻惠、张清涟、王文华出席了会议，筹备委员胡庶华、雷宝华均委托代表参加了会议。会议讨论了院址问题，“众以为改设于城固县古路坝天主堂内可省迁移费数万元，教授易于延聘，学生伙食每人每月可省一元，虽须添盖校舍至少需款三万元，但如设于岷县或天水，因无可容七八百人之校舍，建筑费恐须增两三倍，谨以秋季上课，只余七十余日，必须赶速积极筹备，未便再行稍有迟滞，谨电请鉴核是否可准予改设古路坝天主堂，迅赐电示祗遵无任待命之至”①。

1938年8月16日，教育部回电，同意将西北工学院设在城固古路坝。

① 《为电请准将国立西北工学院改设于陕西城固县古路坝天主堂函教育部（1938年8月12日）》，陕西省档案馆藏西北工学院档案：全宗号61，目录号2，案卷号2。

1938 年 8 月 18 日，国立西北工学院筹委会取得汉中地方上的支持，决定将西北工学院设在城固古路坝意大利天主教堂内。1938 年 10 月 31 日，西北工学院筹备委员会主任李书田与汉中天主教堂主教祁济众签订了正式的《借用古路坝天主堂房屋合同》，内容如下：

> 国立西北工学院今因开始成立，无相当校舍，承汉中天主堂祁主教以拥护政府辅助文化之精神，毅然将古路坝教堂房屋之东北部女修院及老汉院全部暂借应用，不取租金，兹共同订立借用合同。
>
> 一、该房屋借用期限自签订合同之年月日起至学院永久校舍建筑完成之年月日止。
>
> 二、借用时房屋完整门窗俱全，退房时亦须如之，若有损坏，应由学院负责。
>
> 三、在借用期间一切修补工程由学院自行办理。
>
> 四、不用时应还于教堂不得转借于其他全体机关团体或私人住用。
>
> 五、女修院经堂不得作为寝室。
>
> 六、学院得在借用教学址地内添建房屋，其所有权永久属于学院。双方遵守各执一纸。
>
> 汉中天主教堂主教祁济众章、国立西北工学院筹备主任李书田章
>
> 证人：陕西省第六区行政督察专员魏席儒章、中央军官学校洛阳分校副主任刘海波章。①

该合同是在原西北联大租用古路坝教堂合同的基础上修改而成的，原合同日期为 1938 年 3 月 6 日。古路坝教堂原为西北联合大学工学院所在地，同时设有文理教工分院，文理学院的地理系、体育系，直属校

---

① 《借用古路坝天主堂房屋合同（1938 年 10 月 31 日）》，陕西省档案馆藏西北工学院档案：全宗号 61，目录号 2，案卷号 1。

常委领导的高中部。国立西北工学院独立办学后，西北联合大学文理教工分院、高中部，以及文理学院的地理系、体育系均需搬离古路坝，迁到城固县城办学。同时，原西北联大工学院尚在城固上课的个别学系，需迁到古路坝。为此，西北工学院筹备委员会和西北联合大学进行了多次交涉。1938 年 8 月 7 日，西北联大就对院系办学地址调整提出过这样一个方案：（一）原有本校工学院在城固各系移走时，本校在古路坝的体育、地理两系可迁来城固；（二）高中部须另觅或新建校址完后，方能移出古路坝，但高中部行政独立，应请径商办理；（三）古路坝天主堂房屋系由本校借用，订有合同，如贵院借用，请于与高中部商妥并该部另有校址后径商天主堂另订新约，本校撤销借据。[①]

高中部的搬迁遇到了相当大的困难，在城固很难寻找到可以利用的校舍。于是，高中部决定新辟校址、新建校舍：在城固东关外买地 30 亩，建筑草屋 152 间、竹屋 35 间。费用方面，校常委决议购地建筑费为 12000 元，其中在英庚款补助高中部开办费项下支 5000 元，其余 7000 元由西北联合大学和西北工学院平分。为此，西北联大函商西北工学院筹备委员会：高中部是因为西北工学院“借用既有校舍而须迁移，又因无既成校舍可资应用，而另购地建筑校舍，是以函请补助该部建筑费一部分 3500 元，尚希惠允见复，以便早日兴工而利贵院之进行”[②]。

1938 年 10 月 5 日，西北工学院筹备委员会聘请刘德润（字敬修）负责主持古路坝校舍的布置、分配，梁锡伯、孙宝贤等三人专办筹备处事宜，由刘德润督示；请赵今声担任建筑委员会代理主席。[③]

西北联大与西北工学院校舍交割错综复杂。1938 年 10 月 20 日，西北联大与西北工学院还在为校舍交涉：西北联合大学催促西北工学

① 《准函西北工学院设古坝分条答复请查照（1938 年 8 月 7 日）》，陕西省档案馆藏西北工学院档案：全宗号 61，目录号 2，案卷号 2。

② 《西北联大函西北工学院筹备处（1938 年 9 月 26 日）》，陕西省档案馆藏西北工学院档案：全宗号 61，目录号 2，案卷号 2。

③ 《函刘敬修教授（1938 年 10 月 5 日）》，陕西省档案馆藏西北工学院档案：全宗号 61，目录号 2，案卷号 1。

院腾空原工学院各系主任在城固的办公室及教职员住所、学生宿舍，而西北工学院则要求西北联合大学同时将在古路坝的高中部及教职员厨房、住室等一同腾出，同日交接。①

西北工学院虽添建了一些房屋作为教职员宿舍，但供求矛盾依然很严重。为此，1938 年 11 月 3 日西北工学院筹备委员会第二十二次会议通过了《国立西北工学院教职员住室抽签办法》，以解决住宿问题：

一、本院为公平分配教职员住室起见，采用抽签办法决定之；

二、本办法根据筹备委员会所核定之院舍分配计划制订之；

三、本院教职员住室除为筹备主任及筹备委员三人与秘书长及教务长保留者外，均用本抽签办法行之；

四、教授及副教授住本院之指定房间每两人住一间，抽签时由同室二人共抽一签；

五、教员及助教住本院之指定房间每三人住一间，抽签时由同室三人共抽一签；

六、附中女教员住本院之指定房间，每三人住一间，抽签时由同室三人共抽一签；

七、各组组长、院医、会计室主任、秘书、各组组员、佐理司药书记等，住本院之指定房间依房间之大小，每三人至六人住一间，每人各抽一签；

八、凡上述教职员到院时先至本院抽签处抽完住室直接搬入，如遇抽定之住室尚未修理完竣时得暂住其他空室；

九、本办法经筹备委员会核定后施行。②

① 《西北联合大学公函致西北工学院筹备处（1938 年 10 月 20 日）》，陕西省档案馆藏西北工学院档案：全宗号 61，目录号 2，案卷号 1。

② 《国立西北工学院教职员住室抽签办法（1938 年 11 月 3 日通过）》，陕西省档案馆藏西北工学院档案：全宗号 61，目录号 2，案卷号 6。

到 1938 年 12 月初，各种交割尚未完成，西北工学院筹备委员会只得于 12 月 2 日去函教育部代为督促。函称：机械、航空、化工、纺织四系的三四年级及电机四年级已经先行上课，其余的班级因等两院学生到来后再上课，因东工、焦工学生久等不到，只得决定“文日（指 12 日）各班全体上课”；另外“本院新旧生共计 900 余人，除正督建房屋百余间作为学生及教职员宿舍外，以联大高中尚未迁回城固，本院员生读宿万分拥挤，现已风餐。谨以联大工院迁出后在城固腾出 300 人读宿之所，而该高中只 200 余人，应即迁回城固，俾便师范学院实习，敬希核夺电令联大遵办，庶工院员生风餐之外免再露宿”[①]。教育部接电后与西北联大进行了交涉，面临许多困难的西北联大给教育部回电称：“因添设师范学院，高中部已建校舍工竣后即迁让。”[②]

西北工学院筹备事宜千头万绪，刘德润先生被任命为古路坝筹备处主任后深感事务繁重且推动不易：“战正急，而后方做事仍如斯松懈，如斯混乱无序，如斯蛮横无理，诚使人寒心！生之负责筹备，本拿定决心做下去，然事实上已成问题，三间房屋犹如此，全部接收更成问题，教部专员在此，一言一动无异教部直接命令，双方面均应遵从，凡有阳奉阴违者，宜直电教部请示。吾人绝对服从命令，但绝对不服从蛮横，至少生之主张若是，言行亦若是，‘最低限度’已过，非并奉还。”因此，他数次想辞去古路坝筹备处主任一职。[③] 李书田只得百般劝解，“吾人沉着筹备，当一面据理力争一面多容忍”[④]。

---

① 《西北工学院筹备委员会函教育部（1938 年 12 月 2 日）》，陕西省档案馆藏西北工学院档案：全宗号 61，目录号 2，案卷号 1。

② 《教育部电（1938 年 12 月 21 日）》，陕西省档案馆藏西北工学院档案：全宗号 61，目录号 2，案卷号 1。

③ 《刘德润致院长函（1938 年 10 月 27 日）》，陕西省档案馆藏西北工学院档案：全宗号 61，目录号 2，案卷号 2。

④ 《刘德润致院长函（1938 年 10 月 26 日）》，陕西省档案馆藏西北工学院档案：全宗号 61，目录号 2，案卷号 2。

国立东北大学工学院及私立焦作工学院于1938年8月接到教育部令其搬迁至古路坝办学的命令后，分别从四川三台、甘肃天水迁往城固古路坝办学。两校的图书仪器为国立西北工学院增色不少，但运输不易。西北工学院筹备委员张清涟和李书田曾为此去函在甘肃天水负责焦作工学院搬迁工作的任式三："校具俟运设备时每车附运若干不值附运者，酌借军分校或酌捐秦图馆。员生可搭天凤路班车，设备就近雇车运汉。"①

三　一场风波

从1938年7月到11月，经过长时间筹备，西北工学院于11月12日孙中山先生诞辰纪念日举行了开学典礼，12月12日正式上课。

国立西北工学院是由国立北洋工学院、北平大学工学院、东北大学工学院、私立焦作工学院联合组成的。在四个组成部分中，仅有国立北洋工学院和私立焦作工学院是原来的独立学院，另外的两部分为二级学院。在办学历史、师资力量、学系完备程度、学生水平方面均以北洋工学院为最。尤其是原北洋工学院素以严进严出著称。如1935年机械系计划招生40名，从报考者183人中只录取了22名，录取率为12%，可谓"录取新生，宁缺勿滥，四十年来，精神一贯"②。入学后严格实行淘汰制更是北洋工学院一贯坚持的。如，1929年全校录取的新生120人中，仅有70人毕业，淘汰率超过40%；机械系1934年录取的16名学生中，仅5人毕业。③

① 《张清涟、李书田函任式三（1938年12月5日）》，陕西省档案馆藏西北工学院档案：全宗号61，目录号2，案卷号1。

② 北洋大学—天津大学校史编辑室：《北洋大学—天津大学校史（第一卷）1985年10月—1949年1月》，天津大学出版社1990年版，第171页。

③ 北洋大学—天津大学校史编辑室：《北洋大学—天津大学校史（第一卷）1985年10月—1949年1月》，天津大学出版社1990年版，第172页。

西北工学院筹备委员会主任李书田为原北洋工学院院长，所以，西北工学院筹备时期在校政方面基本承袭了原北洋工学院的规章制度。比如，1938 年 8 月 16 日国立西北工学院筹备委员会第三次会议通过的关于学生升学的决议就是以《北洋工学院学则（民国二十四年五月十一日修正通过）》为蓝本的。该决议如下：

> 学生期末考试一门不及格者准予补考，补考不及格者留级，补考后不及 30 分者退学；二门不及格者准予补考，补考不及格者留级，补考均不及 40 分者退学；三门不及格者留级；四门不及格者退学；三门不及 50 分者退学，二门不及 40 分者退学。①

原北洋工学院学风浓、纪律严，对这样的制度早已习以为常，但原焦作工学院、北平大学工学院、东北大学工学院的学生则集体表示反对。再加上，1938 年 12 月正式开学后，西北工学院流传着一些不利于团结的话，“传说焦作工学院的教师有抽大烟的，有加入青洪帮的；东北工学院的教师年轻，没有教学经验；北洋工学院教师学术水平高，北洋学生程度高。又因李书田办事多少有点独断专行不与筹委会商量，并且说话中不自觉地流露出看不起焦工、东工的师生。北洋学生也有自高自大的表现，影响了团结，平大工学院师生也不理解李之所为。这样逐渐形成了三校师生与北洋对立的局面。”② 为此，筹备委员潘承孝曾劝过李书田，但李不听，对立的情绪与日俱增。

矛盾终于在 1938 年 12 月底（潘承孝的回忆录称是在 1939 年的 2 月，还有的称是 1939 年元月中旬；而陕西省档案馆所藏国立西北工学院档案中显示为 1938 年 12 月底，本文以档案资料为准）爆发。

---

① 《国立西北工学院筹备委员会第三次会议（1938 年 8 月 16 日）》，陕西省档案馆藏西北工学院档案：全宗号 61，目录号 2，案卷号 39。

② 潘承孝：《回忆抗战时期的北洋西北工学院片断》，北洋大学—天津大学校史编辑室：《北洋大学—天津大学校史资料选编（一）》，天津大学出版社 1991 年版，第 390 页。

据潘承孝回忆：（12 月底的一天）学生冲突起来，当时李书田不在，潘与北洋教授周泽书商量后，急急去现场劝阻冲突。潘去平大学生一边，周去北洋学生一边，劝他们回宿舍。正在劝导之时，东北工学院学生结队进入现场，一时砖石齐飞。北洋学生人数少力量弱，见势不好急忙退出，避免了一次械斗。李书田回来后大怒，当晚将北洋全部学生迁到离西北工学院约四里远的左家湾居住，自己也迁到左家湾办公，并下令全院停课，开除三名学生代表。①

李书田 1938 年 12 月 31 日给教育部部长陈立夫的电报中称："本院少数学生突生暴动，业于艳电（29 日）详陈，该日下午召开全体教职员会议，经规定先尽力化导并布告自 30 日起，仍照常上课，乃该少数暴动学生依然继续搅扰。30 日晚中央军校刘副主任代表汉中警备司令来院恳商。今晨该暴动分子，竟又发动大规模暴动，驱逐原北洋学生，棍伤头部，重者九人，轻者数十人，不得已均被迫出院，经刘副主任一再弹压，东大学生仍甚嚣张。下午春藻、北海偕来，赴院对暴动学生训话，仍未后悔。晚间优良学生五百余群集书田处，详陈不能与该暴徒等共学一堂之意，另除觅民房暂居校外，派员看护受伤学生，并与胡、张两委员及刘副主任详商解决办法外，谨特电陈，敬听鉴察。"②

从李书田的电报可以看出，12 月 29 日前，冲突已经开始，且发生了停课情形；12 月 31 日发生了大规模的冲突，这也许就是上文潘承孝回忆的情形。冲突发生后，西北工学院筹备委员胡庶华、张北海及中央陆军军官学校第一分校副主任刘海波等进校劝阻学生，但均以无效告终。在开除学生未果后，西北工学院陷于严重分裂状态。1939 年元月底，北洋学生会率领大部分北洋学生徒步入川，有一些来自原

① 潘承孝：《回忆抗战时期的北洋西北工学院片断》，北洋大学—天津大学校史编辑室：《北洋大学—天津大学校史资料选编（一）》，天津大学出版社 1991 年版，第 390 页。

② 李书田给陈立夫电（1938 年 12 月 31 日）。陕西省档案馆藏西北工学院档案：全宗号 61，目录号 1，案卷号 5。

其他学院的一年级同学相随。这些师生准备从川北的广元顺嘉陵江而下直抵重庆，不料刚抵广元，教育部就派曾养甫和新任西北工学院院长赖琏及时赶到，令该县断绝水陆交通，劝导学生回城固上课。北洋学生提出了两个条件：（1）1939 年原北洋工学院毕业班学生不发西北工学院文凭，仍发北洋工学院文凭；（2）回城固上课，但不去古路坝。[①] 校方答应了这些条件后，部分学生返回城固，在距离古路坝 40 里以外的七星寺上课，发的是北洋工学院的文凭。直到原北洋工学院 1939 届学生毕业后，其余在七星寺的学生才回到古路坝上课，学校将七星寺改为西北工学院分部，安置预科班及一年级新生。

没有从广元返回城固的出走师生跟随李书田到了新建的西康省，筹建起国立西康技艺专科学校，为荒凉的彝凉地区带去了现代文明。可以说，这场风波跟李书田强烈的北洋情结、竭力恢复北洋大学的夙愿以及精英主义教育理念不无关系。

为了平息事态，西北工学院最终开除了冲突中领头的 7 名学生——王有泽、林世昭、毛安民、王景哲、李道中、樊宝兰、奚彦肃等。为了让这些学生不致失学，西北工学院专门给教育部部长陈立夫去函："现在该生等均知悔悟，其有校借读者已能努力用功；无校可转者，亦感失学痛苦。拟恳钧部曲予裁咸，再为重宽处置，准其一律恢复学籍，至在唐山等校借读各生，应届本年毕业者，呈请核定由何校发给毕业证书。可否之处理合备文呈请。"[②] 校方分别把其中的 6 名学生介绍到唐山、重大、复旦等校借读，只有王有泽因为就读于纺织系，而国内尚无其他学校有此专业，无校可转。

1939 年 2 月西北工学院筹备完竣，筹备委员会撤销，教育部聘秦瑜任国立西北工学院院长，在秦瑜未到任之前，特聘国民党中央委员赖琏

① 潘承孝：《回忆抗战时期的北洋西北工学院片断》，北洋大学—天津大学校史编辑室：《北洋大学—天津大学校史资料选编（一）》，天津大学出版社 1991 年版，第 390 页。

② 陕西省档案馆藏西北工学院档案：全宗号 61，目录号 2，案卷号 5。

代理。但赖琏接任后迟迟不上任，直到1939年7月，教育部正式聘赖琏为国立西北工学院院长[①]，才结束了长达半年之久的校政混乱局面。

其实，李书田出走之后，最初教育部有意请西北联合大学校常委胡庶华兼任西北工学院院长，胡推辞不就，他的理由有三：一是在西北联合大学和同事相处极融洽，同学也都乐于听从指导；二是不愿意再兼他职；三是西北工学院的事情最好请教育部另行派人主持。[②]

四 行政架构、专业设置及校园建设

（一）行政架构及专业设置

就行政架构而言，西北工学院在院长之下设院长办公室（秘书、助理员各一人），分设教务处、训导处、总务处及会计室。教务处设主任一人，分为注册组、仪器出版组及图书馆，各置主任一人，组员、馆员、教务员、助理员、书记各若干人。训导处设主任一人，分生活指导组、军事管理组、体育组及卫生室，各组置主任一人，组员、训导员、军事教官、军事助教、医士、护士、司药、书记各若干人。总务处设主任一人，分文书组、出纳组、庶务组，各置主任一人，佐理员、事务员、书记各若干人。此外，根据需要分设有迁运、建筑、编译、审查学生贷金、审查学生公费等各种委员会，各设委员若干人、总干事一人。

1944年初，担任西北工学院院长六年的赖琏辞职，教育部令潘承孝继任西北工学院院长。[③]

在专业设置方面，西北工学院筹建之初，经教育部批准，设立土

---

① 《教育部聘函第4586号（1939年2月）》《教育部训令字第4587号（1939年3月15日）》《教育部聘书第17239号（1939年7月）》，陕西省档案馆藏西北工学院档案：全宗号61，目录号1，案卷号86.4。

② 胡庶华：《在本大学校本部本学年第二学期第一次纪念周上的报告》，《西北联大校刊》第14期。

③ 《教育部训令字第00053号（1944年1月3日发）》，陕西省档案馆藏西北工学院档案：全宗号61，目录号1，案卷号86.4。

木工程系、矿冶工程系、机械工程系、电机工程系、化学工程系、纺织工程系等6个学系，在筹备过程中，又呈报教育部增设了水利工程系和航空工程系两个学系，共设有8个学系。

土木工程系由原东北大学工学院、北洋工学院、焦作工学院的土木系合并组成，矿冶工程系由原北洋工学院、焦作工学院的矿冶系合并组成，机械工程系由原北平大学工学院、北洋工学院的机械系合并组成，电机工程系以原北平大学工学院、东北大学工学院、北洋工学院的电机系合并组成，化学工程系、纺织工程系则是原北平大学工学院的相关力量，水利工程系和航空工程系由原北洋工学院土木系水利组、机械系航空机械组分出组成。同时，设工科研究所及学术推广部。①

1939年3月，西北工学院逐渐走上正轨，各系主任一一聘齐：金宝桢为土木工程系主任，任殿元为矿冶工程系主任，刘锡瑛为电机工程系主任，萧连波为化学工程系主任，张汉文为纺织工程系主任，潘承孝为机械工程系主任，周宗莲代理水利工程系主任，罗明燏为航空工程系主任；② 聘李书田为工科研究所主任，邵光谟为秘书。③ 因李书田没再返回古路坝，1939年11月，西北工学院聘刘锡瑛任工科研究所主任，魏寿昆兼工科研究所矿冶工程部主任。④

1943年，西北工学院又增设了工业管理系。至此，西北工学院工科学系之完备，为全国工学院所独有。

1943年7月的各项统计如下（当时校长为赖琏，教务主任为潘承孝，训导主任为李立德，总务主任为赵玉振，全校教职员总数为

① 《国立西北工学院要览（1939年6月）》，转引自北洋大学—天津大学校史编辑室《北洋大学—天津大学校史资料选编（一）》，天津大学出版社1991年版，第385、386页。

② 《布告各系主任仰知照由（1939年3月20日）》，陕西省档案馆藏西北工学院档案：全宗号61，目录号1，案卷号86.3。

③ 《布告聘请李书田先生为工科研究所主任、邵光谟先生为秘书由（1939年3月19日）》，陕西省档案馆藏西北工学院档案：全宗号61，目录号1，案卷号86.3。

④ 《布告聘请刘锡瑛教授兼任工科研究所主任（1939年11月8日）》，陕西省档案馆藏西北工学院档案：全宗号61，目录号1，案卷号86.3。

249 人，其中教授 48 人、副教授 3 人、讲师 6 人、助教 35 人、兼任教师 48 人、职员 109 人）：

表 8－2　　1943 年 7 月西北工学院学系情况

学系	学生人数	分设班级	学系主任
土木工程系	180	3	金宝桢
矿冶工程系	146	8	任殿元
机械工程系	179	3	辛一心
电机工程系	119（其中女生 6 人）	5	刘锡瑛
化学工程系	65（其中女生 13 人）	3	萧连波
纺织工程系	95（其中女生 10 人）	?	张汉文
水利工程系	86	3	彭荣阁
航空工程系	73（其中女生 1 人）	3	吴公权
工业管理系	5	1	彭荣阁

资料来源：西北工学院填报《中等以上学校概况调查表（1943 年 7 月 30 日）》，陕西省档案馆藏西北工学院档案：全宗号 61，目录号 1，案卷号 18。

同时，从表 8－3 和表 8－4 的统计数据可以看出，西北工学院自从 1939 年以后学生数量和教职员的数量稳定上升，办学规模稳步扩大。

表 8－3　　西北工学院学生及教职员人数变化情况

<table>
<tr><th rowspan="2">统计时间</th><th rowspan="2">数据出处</th><th colspan="2">学生情况</th><th colspan="7">教职员情况</th></tr>
<tr><th>总数</th><th>女生数</th><th>总数</th><th>教员数</th><th>教授</th><th>副教授</th><th>讲师</th><th>助教</th><th>职员</th></tr>
<tr><td>1939. 5. 1</td><td>《1939 年度教职员及学生人数给教育部的电》，陕西省档案馆藏西北工学院档案，全宗号—目录号—案卷号：61—1—69. 1</td><td>767</td><td></td><td>143</td><td></td><td></td><td></td><td></td><td></td><td></td></tr>
</table>

续表

统计时间	数据出处	学生情况		教职员情况						
		总数	女生数	总数	教员数	教授	副教授	讲师	助教	职员
1941. 1. 24	《代电报本年度教职员及学生数目由》，陕西省档案馆藏西北工学院档案，全宗号—目录号—案卷号：61—1—69. 1	932		198	109					89
1941 年下半年	《1941 学年度第一学期国立西北工学院学生、教职员数据报告简表》，陕西省档案馆藏西北工学院档案，全宗号—目录号—案卷号：61—1—70. 1	925	31	180	84	34	2	2	29	96
1942 年上半年	《1941 学年度第二学期国立西北工学院学生、教职员数据报告简表》，陕西省档案馆藏西北工学院档案，全宗号—目录号—案卷号：61—1—70. 1	901	28	214	125	51	3	18	49	89
1942 年下半年	《1942 学年度第一学期国立西北工学院学生、教职员数据报告简表》，陕西省档案馆藏西北工学院档案，全宗号—目录号—案卷号：61—1—70. 1	953	30	229	123	43	2	3	32	106
1943 年上半年	《1942 学年度第二学期国立西北工学院学生、教职员数据报告简表》，陕西省档案馆藏西北工学院档案，全宗号—目录号—案卷号：61—1—70. 1	985	34							

续表

统计时间	数据出处	学生情况		教职员情况						
		总数	女生数	总数	教员数	教授	副教授	讲师	助教	职员
1943. 12. 7	《1943 学年度第一学期教职员人数》，陕西省档案馆藏西北工学院档案，全宗号—目录号—案卷号：61—1—71. 1	1110	41	228	123	40	2	2	35	105
1944 年上半年	《1943 学年度第二学期国立西北工学院教职员数报告》，陕西省档案馆藏西北工学院档案，全宗号—目录号—案卷号：61—1—71. 1			230	125	39	2	4	34	105
1944. 5. 13	《1943 学年度第二学期国立西北工学院学生数据报告简表》，陕西省档案馆藏西北工学院档案，全宗号—目录号—案卷号：61—1—71. 1	1093	44	237	130	38	4	6	34	107

表 8－4　　国立西北工学院城固时期历届毕业生人数统计

年度	各学系合计	土木工程学系	矿冶工程学系		机械工程学系	电机工程学系		化学工程学系	纺织工程学系	水利工程学系	航空工程学系	工业管理学系
			采矿组	冶金组		电讯组	电力组					
1939	144	65	15	6	13	7	13	6	7		12	
1940	143	50	14	5	15	18	12	10	5		14	
1941	194	67	13	8	39	10	12	13	6	12	14	
1942	227	61	27	17	37	8	17	11	9	19	21	
1943	168	39	19	9	34	5	11	6	18	13	14	
1944	173	35	15	13	37	13	9	8	22	13	8	

续表

年度	各学系合计	土木工程学系	矿冶工程学系		机械工程学系	电机工程学系		化学工程学系	纺织工程学系	水利工程学系	航空工程学系	工业管理学系
			采矿组	冶金组		电讯组	电力组					
1945	168	32	12	14	32	6	13	9	21	22	7	
1946	233	41	23	16	37	16	10	24	30	16	13	7
1947	265	47	22	16	45	16	24	19	33	16	24	3
历年合计	1715											

资料来源：《历届毕业学生姓名录》，陕西省档案馆藏西北工学院档案：全宗号 61，目录号 2，案卷号 83.1。

（二）校园建设

古路坝在大巴山脚下，距离县城较远，即使离最近的小镇盐井坝也有十数里的距离，师生购置生活用品极不方便。为了解决这一问题，西北工学院筹备委员会于 1939 年 1 月给城固县政府去函，请求在天主堂空场成立集市。城固县政府复函：已特饬该区指导员及联保主任切实协助。[①] 经过一段时间的建设，古路坝教堂南边空场上形成了一条集镇。

可是，"古路坝商业逐渐繁荣，各项建筑亦日有增加，惟多各自为政，缺乏整个计划，以致商业区域，变为污秽场所，不独与本院环境卫生有关，且对交通亦诸多障碍"；于是，西北工学院主动联系地方政府，成立了以西北工学院 9 名委员、地方政府 12 名委员组成的古路坝市政管理委员会，负责整顿市场环境。[②] 经过整顿，古路坝的小集镇不仅规范，而且繁荣：集镇上"开起了一座座小店铺，摆出了

① 《城固县政府公函政字第 3 号，为在天主堂空场成立集市一节已特饬该区指导员及联保主任切实协助由（1939 年 1 月 22 日）》，陕西省档案馆藏西北工学院档案：全宗号 61，目录号 1，案卷号 276。

② 《通知开古路坝市政管理委员会筹备会议希届时出席由（1939 年 9 月 7 日）》，陕西省档案馆藏西北工学院档案：全宗号 61，目录号 2，案卷号 96.1。

一排排小货摊，什么杂货铺、药店、茶馆、食堂、豆腐房、粉房等，应有尽有，纸张、文具、肥皂、蜡烛、柴米油盐、菜肉酱醋……一应俱全"[①]。西北工学院学生多年后仍对这条集镇有很多鲜活的记忆。有学生回忆集镇上的茶馆："茶馆是个小社会，主要聚焦的是学生，学生将这里变成了'桥牌馆''占卜场''聚义亭''小诊所'，真是趣妙众生也。"[②] 集镇上的大华食堂更是当年不少学生的向往，"走，到大华打牙祭去"是学生们最开心、解馋的一句话。[③]

1940年底到1941年初，西北工学院因增设班级及扩建实验室、工厂等，原有七星寺分校的房舍不敷使用，想征用七星寺乡立小学的校舍，引起小学的不满，教育部要求西北工学院"妥慎商洽办理，以免纠纷"[④]。为了解决校舍不足的问题，大约1941年7月，校方派庄德纯到七星寺监督分院扩建工程，到1941年10月7日全部完工。[⑤]

为了加强七星寺与古路坝的联系，西北工学院还准备在七星寺分院装设电话，并请求城固县政府"迅予修筑城固县城至七星寺一段公路……以利行旅"[⑥]，同时整治七星寺周边的市场，以不妨碍校园安

---

① 赵仪君：《抗战时期山村见闻》，载左森《回忆北洋大学》，天津大学出版社1989年版，第82页。

② 大可：《王子良茶馆纪事》，载左森《回忆北洋大学》，天津大学出版社1989年版，第87、88页。

③ 岷江：《大华食堂余味犹存》，载左森《回忆北洋大学》，天津大学出版社1989年版，第85、86页。

④ 《教育部训令（高字第01126号，1941年1月9日）》，陕西省档案馆藏西北工学院档案：全宗号61，目录号2，案卷号180。

⑤ 《西北工学院函杨会鹏（函达派庄德纯到七星寺督工，1941年7月4日）》《西北工学院函复兴茂号等（函请赔偿损失并督促包商从速完成建造工作由，1941年7月4日）》《王金吾函袁明道函（1941年10月11日）》，陕西省档案馆藏西北工学院档案：全宗号61，目录号2，案卷号180。

⑥ 《西北工学院函城固县环境电话局（函为拟在本院七星寺分院装设电话，请准予装置并派员协助由，1941年7月25日）》《西北工学院公函城固县政府（函请讯予修筑城固县城至七星寺一段公路希查照由，1942年1月20日）》，陕西省档案馆藏西北工学院档案：全宗号61，目录号2，案卷号180。

静的求学环境。

1942年夏，西北工学院拟在古路坝校区修建教职员宿舍及公共食堂，并为此专门给教育部呈文，汇报古路坝校舍情况：

> 复查本院房屋原系借用天主教堂之一部，所有大小房屋计260间。除教室用去75间，各部办公室用去24间，各系实验室用去36间，学生宿舍用去120间外，仅有教职员宿舍不足10间；连同（民国）二十七年建筑之宿舍30余间，计共有宿舍约40间，而本院教职员200余人，势难容纳。且（民国）二十七年所建房屋以当时为节省经费起见，一切因陋就简，暂应临时之需，未作久远之计，每间房屋只用费数十元，工料均差，现在时历四载，该房多已破坏，不堪应用，故教职员大部均于院外租房居住；兼以本院僻处山中，人烟稀疏，附近房屋极少，致教职员住所每有远至五六华里以外者，往返办公深感不便，影响工作效率殊非浅鲜，且山中土匪出没无定，散居院外治安亦甚堪虞，依此情形教员宿舍实有急切建筑之必要，奉令前因理合分别造具（民国）三十一年度筹设公共食堂暨建筑教职员宿舍支出概算。①

五　教学科研

西北工学院教风、学风浓厚。教育部曾于1943年10月派人到西北工学院考察，考察的结论为："该院前经本部派员视察，据送视察报告前来，经核该院学风尚优，教学亦颇认真，学生学业考核尚称严

① 《西北工学院呈教育部（为呈本院民国三十一年度筹设公共食堂暨建筑教职员宿舍支出概算等，1942年7月8日）》，陕西省档案馆藏西北工学院档案：全宗号61，目录号2，案卷号215.1。

格，经费收支亦能依照预算严格执行，堪予嘉许。”①

以学生的毕业论文为例：校方非常重视，为学生获取资料提供各种帮助。校方曾主动去函陕西省第六行政督察区专署，请求协助化工系学生调查陕南土产原料的产地、产量及制造情形，以便学生完成毕业论文；随函开出的调查对象清单有：南郑的糖、桐油，城固的桐油、土硝，洋县的五倍子、木蜡、桐油等，西乡的木蜡、桐油、漆蜡等，镇巴的漆蜡、纸业等，紫阳的漆蜡，石泉的槲皮。②教师曾带领学生测绘五门堰，制作成蓝图七大张，作为学生做与五门堰相关的毕业论文的一手资料。③ 水利系主任刘德润于1940年12月20日给院长赖琏去函，请求校方与相关单位接洽，帮助学生获取资料，以便完成毕业论文，西北工学院当天便以公函向安康县政府请求将“关于汉江水文资料，查勘报告设计等”寄西北工学院以便学生做论文。④

在战时特殊的背景下，西北工学院把科研与地方建设紧密结合，根据教育部指令设立了“工程学术推广部”，目的主要是“推广工业社会教育及工程学术事业并协助西北各省区地方建设及生产事业”，具体的职责有：一、办理各种技术训练班；二、倡导协助各种有关经济建设事宜；三、协助各机关办理地方建设事宜；四、协助西北各地改进原有手工业；五、承办公私机关团体工业咨询及受人委托计划实施或经营事宜；六、办理技术人才职业介绍事宜；七、其他有关工业

① 《教育部训令（高字第50154号，1943年10月13日）》，陕西省档案馆藏西北工学院档案：全宗号61，目录号2，案卷号28.3。

② 《国立西北工学院关于请饬各县照单详查各物一事给陕西省第六区专署的公函（公916号，1940年12月12日）》，陕西省档案馆藏西北工学院档案：全宗号61，目录号2，案卷号124.1。

③ 《西北工学院致西北大学地理系黄主任海平（1940年6月18日）》，陕西省档案馆藏西北工学院档案：全宗号61，目录号2，案卷号124.1。

④ 《刘德润给赖院长函（1940年12月20日）》《西北工学院给安康县政府函（1940年12月20日）》《安康县政府公函（宁建55号，1941年1月16日）》，陕西省档案馆藏西北工学院档案：全宗号61，目录号2，案卷号124.1。

之实地调查统计事宜。[①]

“工程学术推广部”下设推进西北区工业职业教育部、土木水利及军事工程部、地质矿冶部、机械工程部、纺织工业部等五个部推进具体工作，并拟定了各部的工作大纲[②]：

一、推进西北区工业职业教育部

1. 协助陕甘宁青四省推进工业职业教育实施办法（负责人：李书田）。

2. 创立甘肃省立秦安初级实用工业职业学校办法（负责人：李书田）。

二、土木水利及军事工程部

1. 西京飞机场扩充计划及施工（负责人：水利及军事工程教授周宗莲）。

2. 陕西省商洛公路之踏勘及初步计划（负责人：水利工程教授刘德润）。

3. 陕西省咸榆公路之监修（负责人：前土木工程系主任周宗莲）。

4. 陕西省汉白公路图案之整理（负责人：前土木工程系主任周宗莲）。

5. 陕西省南郑市区测量及市政工程计划（负责人：测量学教授赵玉振）。

6. 陕西省滑水河灌溉区测量及扩充改进计划（负责人：水利工程教授刘德润）。

---

① 《呈教育部函（1938年9月7日）》，陕西省档案馆藏西北工学院档案：全宗号61，目录号2，案卷号29.1。

② 《西北工学院函教育部工教会（1939年1月24日）》，陕西省档案馆藏西北工学院档案：全宗号61，目录号2，案卷号29.1。

三、地质矿冶部

1. 陕西省安康行政区砂金矿之调查及试探（负责人：冶金工程教授、前兼矿冶工程系主任魏寿昆，地质学教授张通骏，采矿工程教授雷祚雯）。

2. 陕西省石泉县长岭岗砂金矿探采计划（负责人：采矿工程教授雷祚雯）。

3. 川陕黎坪垦区矿产调查（负责人：采矿工程教授雷祚雯）。

4. 陕西省凤县黄牛铺铁矿及甘肃省两当县亮池寺煤矿调查（负责人：冶金工程教授魏寿昆，地质学教授张通骏）。

四、机械工程部

陕西省城固县军运手推车改良计划（负责人：设计及热力工程教授李酉山）。

五、化学工程部

1. 陕西省城固县平民工厂蜡烛改良办法（负责人：制革及油脂工业教授李仙舟）。

2. 陕西省城固县油脂工业合作社缘起、设厂计划及营业状况（负责人：化学工程系主任萧连波）。

六、纺织工业部

1. 改进西北土产纺织品意见书（负责人：纺织工程教授崔玉田）。

2. 设置陕南模范土布工厂计划（负责人：纺织工程教授崔玉田）。

3. 改良毛巾织机设计（负责人：纺织工程教授崔玉田）。

西北工学院工程学术推广部成立之后，开展了一系列研究与调查。1938 年 12 月初，矿冶系魏寿昆等三人准备率领学生 20 人，前往安康进行“从军保国宣传，并调查矿产”。西北工学院给陆军测量局去函，请求陆军测量局赠予或按价卖给安康及附近县属地图。同时，请求陕西省机器局借给离心水泵及原动力柴油机，以便从事调查工作。[①] 1942 年 6 月，西北工学院教授石心圃、马恒融写成《佛坪县铁矿调查报告》，调查结论为："矿质纯洁，硫磷极低，为炼钢之上品，含铁成分为陕南之冠，矿砂二斤约出生铁一斤。"[②] 西北工学院矿冶系教授雷祚雯 1938 年曾前往广元县水磨坝、鹰嘴岩等处调查矿产，发现该处"砂金成份较好"，特请校方给四川广元采金工程处去函对矿产调查予以协助等。[③]

此外，工程学术推广部附设的化工实验工厂生产出了肥皂、洋蜡等产品，服务学校和地方。为此，院方还给陕西省政府财政厅去函，请求免除捐税，省财政厅经研究后给予一年期的半税优惠。[④]

西北工学院还有一个重要的科研机构——工科研究所，下设矿冶研究部、土木研究部、机械研究部、电机研究部、化工研究部、水利研究部、纺织研究部、航空研究部等。1942 年 6 月拟增设水工研究部，没有得到教育部的批准。[⑤] 1939 年 5 月，工科研究所奉教育部令招收矿冶研究生。

可以说，西北工学院的教学设备与战时其他同类院校相比并不逊色。曾为焦作工学院董事长的孙越崎后来回忆："由于焦作工学院是完整西迁的，图书和教学用具、实习工厂设备齐全，这为流亡到陕西

---

① 《西北工学院公函陆军测量局（1938 年 11 月 31 日）》《西北工学院公函陕西省机器局（1938 年 11 月 31 日）》，陕西省档案馆藏西北工学院档案：全宗号 61，目录号 2，案卷号 29. 1。

② 石心圃、马恒融：《佛坪县铁矿调查报告（1942 年 6 月 1 日）》，陕西省档案馆藏西北工学院档案：全宗号 61，目录号 2，案卷号 213. 5。

③ 《雷祚雯函赖琏（1939 年 3 月 24 日）》，陕西省档案馆藏西北工学院档案：全宗号 61，目录号 2，案卷号 76. 2。

④ 《西北工学院函陕西省政府财政厅（1939 年 5 月 9 日）》《陕西省财政厅复西北工学院函（1939 年 6 月 4 日）》，陕西省档案馆藏西北工学院档案：全宗号 61，目录号 2，案卷号 76. 1。

⑤ 《呈为本院拟于工科研究所设水工研究部》，陕西省档案馆藏西北工学院档案：全宗号 61，目录号 2，案卷号 247. 1。《呈教育部文（1942 年 6 月 9 日）》《教育部指令（1942 年 7 月 10 日）》，陕西省档案馆藏西北工学院档案：全宗号 61，目录号 2，案卷号 247. 1。

的北洋、平大和东北工学院合并成立西北工学院创造了条件。”此外，西北工学院师生利用一切机会创造条件开展研究。例如，从西安运来废旧的飞机供航空系学生实验之用；1943 年 8 月美军一架 B－29 飞机坠落于城固五郎庙张楼村，工学院航空系将飞机残骸运回古路坝作为实验器材；1941 年 9 月 21 日发生日蚀，教师指导学生们在各个山头观察，并给予讲解。

良好的教学设备为高质量的教学提供了基本条件。我国已逝著名材料学专家、两院院士师昌绪 1940 年中学毕业后从河南西峡到城固，进入西北师范学院的“大学先修班”学习，结业时以第二名的成绩被保送到西南联合大学，但由于缺少路费，未能成行，便就近报考了西北工学院矿冶系。他晚年这样回忆 1941—1945 年在七星寺和古路坝求学的情景：

> 从 1941 年开始，西北工学院一年级开始在距离校本部 40 里以外的七星寺上课。这是环境幽美、全新校舍、远离闹市区的一片净土。我们一年级被分为甲、乙、丙三班，我是丙班。在这一百多个学生中，只有几个女生，星期天都在上课做习题，虽然生活很苦，倒也苦中有乐，因为没有那些使人担心的琐事，一心只知读书，不问窗外事，只有那些中日战争形势经常失利，有时使人烦心，但也无能为力。
>
> 我们专注读书的情况，可用曾任清华大学校长的高景德和我当时交往为例来说明。高景德与我是同班同宿舍，可是我们很少在宿舍见面，因为他经常在半夜才从教室归来，而我在那时正在酣睡；我则两三点起床，一直在教室学习到吃早饭。因此，我们尽管同吃、同住、同在一个教室上课，但在一起聊天的时间不多。到了二年级，他入的是电机系电力组，我选的是矿冶系冶金组，有些共同课程（如机械学、材料力学、应用力

学）一起上课时才有接触机会。由于我们两人在学习上名列前茅，1945 年毕业的那年，我俩是全校五个“林森奖学金”获得者之一。……

当时，西北工学院一年级的课程很多，由经验丰富、认真负责的老教授授课，如教物理的黄苍林教授，教英文的张朵山教授等。他们对学生要求十分严格，在考试前从不限范围，甚至是突然袭击，让大家公平竞争。所以学生虽然夜以继日地在攻读，考试完毕后，总有几名不及格的，一年结业时有三分之一左右被淘汰，不是留级，就是勒令退学。①

六 师生生活

民以食为天。战时各大学办学经费紧张，再加上不少学生靠贷金维持生活，校内伙食简陋。西北工学院也不例外。

尽管饭食简陋，常常饿肚子，但是学生的记忆并非全是苦涩的。1938 年考入西北师范学院附中、1941 年进入国立西北工学院读书的董毓英多年后回忆起在古路坝的生活依然饶有兴味：

在茅草盖顶的饭厅里，木板搭成条桌，摆着分成小碗的烩菜，里面有土豆，有萝卜，有时也有肉片、豆腐、粉条之类。杠子馍，小小的七个连在一起，每人一份。于是，同学们把吃不完的馍带出饭厅，去厨房讨一点火种。晚上，书看得倦了，二三好友，就着烛光，烤着馒头，一层层剥，一层层烤，香味顿时弥散一间间宿舍。风和日丽的礼拜天，提着刻意留下的干粮、剩菜，去山坡上揽一把枯叶，拾几根树枝，一撮盐、半瓢水，就是一顿

① 师昌绪：《回忆在西北工学院时的几件事》，载邹放鸣主编《百年矿大记忆》，中国矿业大学出版社 2009 年版，第 91—92 页。

别具情趣的野炊。遇有好事者，或捉几只青蛙，或摸几条小鱼，给野炊更添几分欢乐。薄暮踏歌归，山道上的歌，借以壮胆，也借以呼朋引类。且听，这边有歌声唱和，那厢有“哦、呵呵”的呼应，在四合的暮色中，于是不再寂寞。①

1941 年入读西北工学院矿冶系的师昌绪对古路坝生活也有这样虽苦犹乐的回忆：

抗战期间，中国的大学所在地中有三个坝（在中国西南将山中小平原称之为坝），那就是四川成都附近的华西坝，是华西大学所在地；重庆中央大学及重庆大学所在的沙坪坝；以及陕西南部秦岭及巴山山脉之间的古路坝，这是西北工学院所在地。人们称这三个坝为“天上、人间、地狱”，因为这三个地方生活条件相差悬殊而得名。古路坝是一个大天主教堂之所在地，据说那里的土地都属于教堂的领地，附近多属贫苦教民，以务农为生，是落后的贫苦地区。古路坝北距县城（城固）40 里，向西 70 里可到陕南最大城市汉中，没有任何交通工具，只有滑竿供老弱者及富人享用。这样的地方，如用今天的眼光来看，却像旅游胜地：空气清新、竹林遍野，有时还有潺潺的小溪流过，宏伟的大教堂屹立山头，早晚还有清脆的钟声，但是对长年居住在那里的青年学子来说却没有那种感觉，吃的是红稻米粥，住的是十几个人一间的干打垒宿舍，除了读书学习之外几乎没有任何娱乐活动，只有七八里以外的一个小镇，叫盐井坝，偶尔有一场汉剧（有点像京剧）。不少同学与农民混在一起，站在台下挤来挤去，等看完戏回到古路坝时，已是深

① 老驽：《吃“贷金”的岁月》，《税收与社会》2003 年第 5 期。

> 夜。古路坝只有一个像样的饭馆，叫“中华食堂”[①]，那里经常客满，是供那些有经济来源的人享用，像我这样只靠贷金维持生活的贫苦学生，不敢问津。生活枯燥的另一个原因是青年学生中的男女比例失调，像在古路坝的几百名学生中，女生不过十几个，而且主要分布在化工与纺织两系。所幸那时的大学生都是流亡学生，无家可归，朝夕相处，感情至深；同学们每逢饭后，三三两两绕着古路坝山头走来走去，倒也悠闲自在。到了节假日，打球的打球，玩牌的玩牌，更多的是在教室学习和开展学术活动。像我这样的书呆子，既不打球，也很少玩牌，于是我们几个人发起组织了一个读书会，叫“金风读书会”，主要从事学术活动。[②]

年轻的学子们苦中作乐，竟也使生活过得有滋有味。也有一些经济条件稍好的学生几个人合伙在当地农民家里包饭，吃得比学校稍微好一些。[③] 但这些人只占学生总数的很小比例。

在校内食堂吃饭的学生偶尔会在有友朋来访或有什么喜事时到校外的饭馆打打牙祭。古路坝的一家河南饭馆“大华食堂”是最能让西北工学院师生员工解馋的地方。多年后，当年的学生想起它依然口齿留香：“你要想打打牙祭，改善一下生活，就进来吧，吃不起酒席，就单炒个菜肴，喝口酒，就是吃碗肉丝面，也满惬意啊！”[④]

然而，对于大多数靠公费贷金维持生活的学子来说，去大华食堂打牙祭的机会少之又少，去一次之后久久回味。每当他们在学校大食堂吃腻了单调、质量不好的饭菜，就搞“精神会餐”，以望梅止渴：

---

① 从其他人的回忆和笔者对古路坝村民的访谈来看，这个食堂应该叫“大华食堂”。

② 师昌绪：《回忆在西北工学院时的几件事》，载邹放鸣主编《百年矿大记忆》，中国矿业大学出版社2009年版，第92—93页。

③ 李巧宁、陈海儒2010年7月22日在城固县古路坝村采访当地居民夏金仲的纪录。

④ 赵仪君：《抗战时期山村见闻》，载左森、胡如光编《回忆北洋大学》，天津大学出版社1989年版，第83页。

在课余、饭后，闲聊之时，津津有味地谈论各地的特产名菜。①

当然，在有些乐观的师生眼里，古路坝的生活竟也有着世外桃源般的意味。航空系学生叶祖荫大学二年级时所写的一篇名为《漫谈西工生活》的文章可谓对古路坝、七星寺世外桃源般生活的文学性叙述：

> 七星寺，同样是西工的一部，同气相投，和古路坝有同样的风格，然而实际上各有各的特点。
>
> 古路坝和七星寺是西北工学院的院本部和分院所在地，中间隔着几十里路的岗峦与阡陌，而且南北分处于汉江的两岸。
>
> “古路坝”有人说像个外国地名，但实际上这儿真有点“洋”味儿，教堂是意大利传教士的设计，周围的田产又差不多都是教产，连居民也大都是天主教徒，那巍峨的西式建筑，点缀在这四周的青翠林木中，阵阵的钟声，荡扬在山丛的空间，倒像是世外的桃源。
>
> 七星寺的四周是平川一片，阡陌纵横，溪水常流，背后遥望斗山，青山绿水使人醒目，斜眺天台，令人有出世之感了，所以也有人把七星寺比作了僧堂庙院，事实上顾名思义，倒也不算过火！
>
> 在深山中的古路坝，寂寞的环境，正是读书的胜地，山野中，林荫下，以及葡萄架旁，到处有着手不释卷的人们，图书馆和自修室，是同学们专心致志的所在，正因为这儿静，所以读书不仅是为了学问，也可以说是一种享受，所以图书馆的办公桌上，常年是堆满着借书证。
>
> 这样说来，古路坝是寂寞得无味，但人是活的，精神上除了书的安慰，还应当有别的兴奋剂，每个人除过了读书的时间，就

① 岷江：《大华食堂余味犹存》，载左森、胡如光编《回忆北洋大学》，天津大学出版社1989年版，第85—86页。

自然而然的想要玩，这儿不会有城市中各种眩目的玩意儿，只有运动场的中间互相角逐和山野中奔驰放荡，宁可冒着烈日酷暑，发泄这满腔的闷气，而且抵抗了衰弱的侵略，使得人人都来伸直那被功课压弯了的脊梁。所以不论教授、职员都有球队，系级之间更是互争短长，这种运动的风气是历来西北工学院在陕南球类运动中博得声誉的主要原因，这种事实上的表现证明西工的每个人，不是书虫，更不是弱种。

离城十里的七星寺，同样地具备着寂静，但没有那碍人的山，校内松柏成行，屋宇整齐，花圃亭台点缀着每个空隙，各地升学来的青年们，都带着蓬勃的朝气，又处在这样优美的所在，怎能不得意？又怎能不努力？四周的水渠，清水长流，绿柳依依，读书倦了，同三五知己散散心，夏天，出了寝室，就可以跳进河渠，是游泳，或是摸鱼，使这些爱动的青年们是个个健壮快乐，准备着担负四年的学习工作及未来的建国重任。

古路坝是高年级学生所在，一切都能自发自治，教授们指教出一条捷径，同学们可有较多的时间，按个人的兴趣而发展，但是必修的课程照样不准含糊，而且凭着嘴巴讲得出来不算完事，将来应用的是技术，所以各科都要实事求是，在实验室中、工厂实习和测量实习时，都配合了理论上的不足。

工厂中，金工、木工，以及车床的运动，人人亲自下手。化工室内，酒精灯常喷着蓝色的火苗。野外，山坡上、小树旁，同学们抬着仪器，支起标尺，拉着皮尺，测量完了回来制图，虽然辛苦，可是别具味道。有的同学，口袋里装满了顽石、土块，满手常是泥巴，说他是小孩子，可真不像，谁知道那顽石中藏了不少奥妙，土块里竟有不少门道，什么地层、矿石，名堂可真不少。

工学院的功课，并不只是那些老长老繁的数学公式，这些枯燥的功课里都包藏着一个满有兴味包罗万象的实际，书本中间，虽没有黄金，却真是隐藏着耸立的建筑、机器的运转，以及冒着黑烟的烟筒。

七星寺是一年级同学所在，学的是工科的基本学科，不但是范围较广，而且要特别的认真。先生们热心的督促，同学们也认为埋头苦干是金科玉律，日间在校内常是鸦雀无声，夜夜灯火常明。只有每饭后，几乎是全体出动，田野中布满了这些哥儿们，沿着小径，傍着树丛，歌声与溪水同流，各自为政在柳梢出神，但是马上转回来又上了教室，工作的时间努力工作，休息的时间尽量利用。

虽然繁重的功课，常在压着每个人的心，然而同学之间都有一种默然的亲热，大家为了认真学习自己的功课，即使自己有时间，也不愿意打扰别人的工作，读书不忘救国正是现代青年的精神。

生活中的调味素，那不能缺少的娱乐，受了经济的限制和环境的影响，只有同学们自个儿的力量。但是国剧、音乐、话剧，在每个适宜的场合中，全体师生协力同心，把平时的成绩，粉墨登场，台上与台下，先生与学生打成一片，把积久的寂寞一扫而光。

党部与团部，除了经常的工作，利用每一个机会，都发挥了每个同学的力量，贡献给国家，而且除了募捐献金之外，利用时机给民众做广大的宣传，青年节的游行和主席就职时，发动了地方演剧扩大庆祝，使每个民众认识了中国新的精神，讲演与画展充实了每个人的见闻。

中正室、中山室，供给了精神上的食粮。民众夜校，对象是校内的工友，教师是同学，使得全校上下都打成一片，真是全校千百是一条心。

在古路坝，除了同学，没有别的伴侣，除了同学没有别的亲近，而教授们又是唯一的长者，所以生活在这个山国里的人们，就如同一大家子人，同学之间，又熟识又热闹，九系的同学如同是大家庭里的九房弟兄，各系主任是各房的家长，教授们也都是同学们的保姆，而院长正是年高德长的族长。而七星寺倒成了远方的亲戚了！

在七星寺像是军营，黎明即起，早操、升旗都一如军队，房屋排列齐整，内务格外整齐，而功课紧张，每人的操作都得按照刻板的步骤，否则就会落伍。在校门口立着“抬起头来，挺起脊梁”的标语，校内又是立着“整齐严肃尊师重道”八个大字，两排洋槐从校门口直排到操场，两旁百花争艳，蜂蝶齐飞，操场前面立着栅栏，上面悬着“运动场”三个大字，背后旗杆高耸入云，国旗飘荡天空，可以说是标准的军营形势。

不管是军营也好还是家庭也好，然而都带出了一种勤快的精神和深厚的求学空气，勤俭朴素的生活和亲爱精诚的热情，充分地发挥了“公诚勇毅”的校训。

这儿的同学多半来自沦陷区，物质上自然是一般地感到困难，但是每个人精神上都能克服环境的困难，尽量从读书中寻找快乐，而且那种精诚团结、和睦热心的空气，给每个人的内心增加了不少的温暖，抗战时期的种种困难，正是促进每个先生、同学的勇气与热诚。我们应当面对着生活，不图享受，更不怕困难，因为这就是人生。

西工不是天堂，更不是地狱，而是实实在在的人间。

古路坝不是天堂，但也不是地狱，而是地地道道的人间。①

社团是丰富和活跃学生课余生活的重要组织。从 1940 年下半年开始，西北工学院陆续成立了一些社团。

① 叶祖荫：《漫谈西工生活（1944 年 6 月 6 日）》，陕西省档案馆藏西北工学院档案：全宗号 61，目录号 1，案卷号 222. 2。

表8－5　　西北工学院1940年以后成立的社团

社团名称	成立时间	发起人	宗旨或成立目的
金风读书会	1943年3月19日	矿冶系二年级学生郝振纪、李人同	为谋读书便利联络感情起见
天虎平剧研究社	1943年4月10日		
中国边疆问题研究会西北工学院分会	1943年2月23日	顾大凯	
合乐合唱队	1942年11月21日	张伯烈	
工声歌咏队（1942年11月23日改为黎明音乐会）	1942年10月13日	张元统	
国风剧社	1942年10月30日	周钟悌	《诗经》百五首《国风》十五篇，作育陶冶寓教于歌者，实以乐为首。古坝环境枯燥，本院课务繁琐，为教为乐，课外暇时，良需适当调剂，故拟集合同好组织剧社
金戈话剧社	1943年12月26日		
育德校友会	1942年11月26日		
南阳中学校友会	1942年4月27日		
铿锵合唱团	1942年3月21日		
天呕歌咏队	1940年11月19日		
国立西北工学院航空工程学会航空壁报社	1942年3月16日		
基督徒学生团	1942年4月24日		
“土木”壁报	1942年3月4日		
国立西北工学院机械工程学会	1942年4月23日	王仰舒	

资料来源：《各种工科学会等材料、同乡会、同学会（二）》，陕西省档案馆藏西北工学院档案：全宗号61，目录号2，案卷号249.2。《各种工科学会等材料、同乡会、同学会（三）》，陕西省档案馆藏西北工学院档案：全宗号61，目录号2，案卷号249.3。

这些社团给学生提供了很好的交流平台，成员或一起讨论学问，或一起演剧，或一起歌咏，或一起办壁报，或一起郊游，释放青春的活力。

1945年8月，抗日战争终获胜利！1945年除夕，古路坝一片欢声笑语，西北工学院师生们组织了一场雅俗共赏的灯谜晚会。让我们从信手拈起的当时几则灯谜中，来领略古路坝学子的智慧与风采。如：

立国不以山谷之险（打一县名），谜底为“城固”；

不敢勇往直前（打一县名），谜底为“渭南”；

三星期（打一字），谜底为“昔”；

头在河内饮水，尾在天上放光，问他家在那里，他和孔子同乡（打一字），谜底为“鲁”；

明月将落照半扉（打一字），谜底为“肩”；

有土能生万物，有水能养鱼虾，有人不是你我，有马飞跑天下（打一字），谜底为“也”；

一口咬着多半截（打一字），谜底为“名”；

域（打唐诗一句），谜底为“国破山河在”；

一字千里（打一字），谜底为“重”；

巨木（打一俗语），谜底为“水到渠成”；

二十七人加一牛（打一食物）谜底为“花生”。

还有一些灯谜以西北工学院老师的名字为谜底。如：

13940/2468（打一西工人名），谜底为“余谦六”；

唐玄宗欢宴杜工部（打一西工人名），谜底为“王敬甫”；

泽及枯骨（打一西工人名），谜底为“唐怀慈”；

千金百万一目千行（打一西工人名），谜底为“姚鼎”；

特别快（打一西工人名），谜底为“霍敏”；

二人共一口，合起少一由，买来肝半只，外添肠一角（打一西工人名），谜底为“吴会明”；

君正（打一西工人名），谜底为“王道学”；

六种花样听取其半（打一西工人名），谜底为“任式三”；

二爷另有办法（打一西工人名），谜底为“关翼谋”；

汉梁王倒必迎宾（打一西工人名），谜底为“彭延贤”。

另有以古人名字为谜底的，如：

倭寇投降（打一古人名），谜底为“屈原”；

油煎豆腐（打二古人名），谜底为“李白、黄盖”。

更为有趣的是，与学生密切相处的臭虫也成了谜面：你是谁家小红娘，半夜三更来同床，五更天你去了，抛下学生好痒（打一动物）。[①]

可惜，古路坝地处偏僻，医疗条件非常简陋，西北工学院师生就医极不方便，患病以后得不到有效的治疗和护理。比如，1939 年西北工学院曾向西北医学院寻求帮助，渴望西北医学院附设的诊所能帮忙收治西北工学院患伤寒的学生，西北医学院诊所不具备收治能力，只好回复：“因迁居乡间，房屋狭小，仅有普通病室数间，而传染病室一项，尚付阙如，办此伤寒传染病患者，暂时无法收容。”[②]

简陋的医疗条件，导致西北工学院师生因病致死的现象时有发生。如纺织系学生王履谦，水利系学生章祖培，教职工赵天麟、罗采章、杨济通、齐汝璜等都因病去世。[③]

如今，经过 70 多年风雨的洗礼，国立西北工学院办学所在地的七星寺和古路坝都已物是人非。七星寺已经看不出一星半点西北工学院办学的痕迹了；古路坝教堂也早已失却了往日的辉煌，仅留下了主

---

① 《民国三十四年除夕西北工学院训导处主办灯谜会谜底底册》，陕西省档案馆藏西北工学院档案：全宗号 61，目录号 2，案卷号 28。

② 《国立西北医学院函国立西北工学院（函复院址狭小对伤寒患者无法收容由，1939 年 11 月 1 日）》，陕西省档案馆藏西北工学院档案：全宗号 61，目录号 2，案卷号 49.2。

③ 《1939—1947 年西工关于教职工学生伤亡抚卹事件与有关单位之来往函》，陕西省档案馆藏西北工学院档案：全宗号 61，目录号 1，案卷号 258.1、258.2。

教公馆和残破不堪的修女院，很难让人想象出当年西北工学院师生在这里活跃的身影。

七 党团活动及青年从军

西北工学院的党团，公开的有国民党西北工学院区党部、三青团中央直属国立西北工学院分团部，不公开的有中共西北工学院支部。

1940 年以后，国民党中央在各个高校设立了国民党直属区党部，各校之间互派校领导监督工作。1941 年 3 月 6 日，西北工学院区党部召开会议选举了执行监委。西北工学院共有国民党员 141 人，当天出席者 113 人（请假者 7 人，缺席者 21 人），当即投票选举，王际强以 93 票、袁明道以 66 票、周用义以 55 票、任嗣衡以 47 票、马纯德以 43 票当选为执行委员，聂日正以 35 票、颜邦殿以 33 票当选为候补执委，赖琏以 75 票当选为监委，黄其起以 18 票当选为候补监委。①

1943 年 10 月 26 日，三青团中央直属国立西北工学院分团部成立，干事为王济棠、王功怀、王秉剑、邹先仁、李铎、范子昌、叶加穗、张权、邱守尧，候补干事为冉璋、王世选，王济棠兼任干事长，王功怀兼任书记；监察委员为郝圣符、袁明道、宋希贤，候补监察委员为白士林。②

赖琏在担任西北工学院院长期间，大力发展国民党的势力，而三青团团员的人数却不多，一些教职员和学生对三青团并不热心或积极。③

西北工学院内，也有共产党的地下活动。据西北工学院学生周肇

---

① 《西北工学院函中央组织部（1941 年 3 月 8 日）》，陕西省档案馆藏西北工学院档案：全宗号 61，目录号 1，案卷号 15.1。

② 《三青团中央直属国立西北工学院分团部成立（1943 年 10 月 26 日）》，陕西省档案馆藏西北工学院档案：全宗号 61，目录号 1，案卷号，案卷号 18。

③ 《我所知道的西北工学院情况》，陕西省档案馆藏西北工学院档案：全宗号 61，目录号 1，案卷号 308。

选回忆：

> 中共西北工学院支部成立于一九四一年十月间，是在西北大学党组织的领导下建立起来的，成立之时有正式党员四人：王荫，西工电机系四五届，现在北京二机部某厂；何功成，水利系四四届，武汉市自来水公司；郭宗泰，矿冶系四四届，鞍山炼铁厂；周肇选，本人。候补党员二人：王云，四四届电机系；殷开泰，四四届机械系。一九四一年十月至四二年二月由王荫同志任支书，四二年三月至六月由我任支书。四二年四月西大党组织李书带同志最后一次向我布置工作，说西大已有一同志被捕，为了今后减少横的关系，避免可能扩大的损失，以后西工支部也由省委直接领导，另外也布置了一些工作原则，并通告了与省委联系的地点（耀县）和记号。
>
> 一九四二年六月西大支部被破坏，大批同志被捕，西工亦有两群众被捕，即土木系列班和文书组职员枌玉英，但于不久均被释放，我们的支部开始正式与西大中断联系，我们最初想等待上级（据西大云，上级是每三个月至半年来布置工作一次），后来也因不能克服路费的困难和怕牺牲学业，就未去找上级，致犯了失掉上级不要组织的大错误，后来我们支部只是做了些一般群众工作。四二年下半年至四四年二月由何功成任支书。四四年冬季，地下党又和进步助教枌景三等同志组织“路”壁报社，立场进步，内容纯洁，在同学中声誉颇大，一直维持到四六年元月政协会议破裂之后。①

共产党的活动令西北工学院校方十分不安。用赖琏的话说就是：

① 周肇选：《1941—1945年西北工学院政治组织历史情况》，陕西省档案馆藏西北工学院档案：全宗号61，目录号1，案卷号308。

"最可怕的，还是随时来自陕北的威胁。有了战时艰苦环境，再加上学校每天要应付的大小问题，那班居心叵测的左翼份子，时时可以兴风作浪，制造纠纷。我即令全知道纠纷的来源，又为顾全大局计，不能揭发阴谋，根绝祸害，只能就事论事，随机应变。"①

约 1943 年的春天，赖琏在陈立夫家做客时遇到周恩来。周恩来说："我们在陕北，早已知道你的大名和你所办的学校。"赖琏回话："我在陕南也早已知道你们了！"赖琏说，他们这样偶然的对白，不是互相恭维或讥讽，也不是应酬的门面话，而正是那时真实情形的写照。他认为党派分歧以及党派在校园内的活动是学校内部常生歧见的重要缘由。②

1944 年下半年，抗日战争进入最艰难的时期，国民政府看到了兵员素质的重要性，一反战争初期要求学生静心上课的呼吁，发起了知识青年从军运动，要求各校成立青年军征委会，开展征召青年学生从军的工作。西北工学院此时也响应政府的号召，在校内开展宣传动员活动，并成立了西北工学院青年军征委会和西北工学院青年从军善后问题委员会，指导青年学生从军运动。

从 1944 年 11 月 11 日到 1945 年 1 月 22 日的两个多月时间里，西北工学院青年军征委会召开了十一次会议。在 11 月 11 日的第一次会议上，青年军征委会讨论了如何激发学生的从军热情，决议 11 月 14 日"公布本院知识青年志愿从军征集委员会业已成立并于当晚召集四年级班代表谈话，并请各系主任分别召集学生谈话，于 16 日召开大会宣传从军运动。每班选党团员数人分别在各班宣传，四年级班代表座谈会定于星期二举行，二、三年级班代表座谈会定于星期三举行，

① 赖景瑚：《西北工学院与西北大学—抗战时期兼长西北两大学的回忆》，《传记文学》第八卷第五期。

② 赖景瑚：《西北工学院与西北大学—抗战时期兼长西北两大学的回忆》，《传记文学》第八卷第五期。

并由训导处召集”①。

到1945年1月22日，西北工学院志愿从军者达到了130人（其中七星寺分院要求从军的学生66人）。从籍贯看，河北38人，河南23人，山东17人，江苏11人，山西10人，浙江8人，陕西4人，辽宁4人，安徽3人，吉林2人，甘肃2人，湖北2人，四川2人，青海1人，福建1人，广东1人，湖南1人；从年龄看，18—24岁113人，24—29岁17人；从政治面貌看，国民党员30人，三民主义青年团员38人，非国民党员和三民主义青年团员者62人。② 在这些学生中，有一名女生：林蕴如，18岁，山东利津人。③ 这在当时西北工学院女生稀少的情况下，颇为引人注目。

在有中国共产党背景的学生看来，西北工学院的知识青年从军运动是校方“耍花样”的结果：“当时西工的国民党区党部书记潘广（现在淮南煤矿学院任教）为首，在这一事件上很卖力，耍了许多的花样，首先在国民党内部开会动员，又在教授中间作文章，要教授出面带头，特别是在学生中有一定威望的老年教授。其次又在同学中大肆鼓动，用正统观念、爱国心来欺骗一些幼稚的青年，又用威胁利诱的办法使同学从军，说什么‘不从军都是冷血动物，没有爱国感’，就这样又用召集开会鼓动，集体要胁签名的形式，使全校同学80%以上签名从军，以挽救蒋记天下。最后有130位同学从军了。”④

---

① 国立西北工学院青年军征委会：《国立西北工学院青年军征委会第1次会议记录（1944年11月11日）》，陕西省档案馆藏西北工学院档案：全宗号61，目录号1，案卷号34.1。

② 《国立西北工学院关于造送志愿从军学生简历名册请核发各项费用一事给全国知识青年从军指导委员会的代电（永代字222号，1945年1月29日）》，陕西省档案馆藏西北工学院档案：全宗号61，目录号1，案卷号42.1。

③ 《志愿从军女生简历名册（1945年2月2日）》，陕西省档案馆藏西北工学院档案：全宗号61，目录号1，案卷号42.2。

④ 李青：《我所知道的西北工学院解放前的政治活动（1955年11月1日）》，陕西省档案馆藏西北工学院档案：全宗号61，目录号1，案卷号308。

第九章

西北上庠，硕果累累：国立西北大学在城固

国立西北联合大学工学院和农学院于1938年7月分别独立办学，剩下师范学院、文理学院、法商学院和医学院。1939年8月，教育部命令师范学院、医学院分别独立为国立西北师范学院和国立西北医学院；把文理学院分成文学院和理学院，然后与法商学院一起合并成立国立西北大学，以符合中华民国教育部关于一所大学应该有三个学院的规定。

1939年9月1日，国立西北大学发出布告，对原有机构进行整合：

> 本校奉令于九月一日正式成立，校址、人事虽仍其旧，而组织设施焕然一新。本校长就职伊始，体会为政不在多言之议，举凡应办应革诸事，悉本毅力赴之。兹就应裁撤或须归并及缩小范围者，公布于后：一、导师会及导师常委会取消，设立学生生活指导委员会，办理生活指导组事务。二、裁撤贷金管理部，由出纳室兼办贷金事宜。三、裁撤斋务组……。四、校医室并入体育卫生组。五、裁撤文理学院事务室及建筑设备委员会。六、法商学院事务室改为法商学院办公室，不设事务主任，一切由校本部

统筹办理，仅派职员……与校本部取得工作上之联系。七、南郑办事处缩小范围，不设主任，仅设干事一人，所有费用与国立西北医学院共同负担。八、警卫委员会取消，所有校警、消防队……之组织及管理另行规定。①

也就是说，国立西北大学的基本组织结构为：校长之下设秘书处，秘书处向校长负责，并统管教务处、总务处、训导处、文学院、理学院、法商学院。

一　师生生活

西北大学规定教授每周教书时间为8—12小时，并按著作、学问、影响力等，把教授分为九个级别，工资由280元到450元有一些差异。

表9－1　　**西北大学教授级别与工资对应**

等级	九	八	七	六	五	四	三	二	一
月薪金（元）	280	300	320	340	360	380	400	420	450

资料来源：《陕西省委统战部关于国立西北大学概况调查材料整理》（1941年8月24日），中央档案馆、陕西省档案馆：《陕西革命历史文件汇集（1941年—1942年）》，西安出版社长安印刷厂1994年版，第110页。下面关于讲师、下级职员薪金的情况也来源于此。

讲师每个星期教书时间在12小时以上，月薪240元。助教工作时间不确定，最低月薪80元，在校工作满一年者每月加5元，满二年者每月加15元，月薪上限为120元。

① 《国立西北大学布告（为裁撤导师会等机关由，1939年9月1日）》，陕西省档案馆藏国立西北大学档案：全宗号67，目录号5，案卷号149。

表9－2 **下级职员薪金情况**

职别	组长	组员	办事员	雇员	工友
月薪金（元）	150—250	100—150	60—120	≤60	20（多系本地青壮年农民。可免于服兵役）

城固时期，西北大学大多数师生面临的主要问题是物价飞涨引起的生活困难。以学生伙食为例。1940 年，城固米价“亦涨到六七十元一石了”，虽然战区学生的贷金从 10 元涨到了 11 元，但根本解决不了多少问题，学校食堂的饮食“早上有稀得可怜的稀粥，只有一小碟佐饭的咸萝卜；午饭及晚饭的佐菜，就是些白菜、菠菜、油菜叶等一类的东西，连吃豆腐的机会都很少；只要来迟一点，恐怕连饭都成为乌有了”，一些来自非战区的学生生活会稍微好一些，“有的买菜补充的，有的人另组私灶的，有的间或买面条或炒菜各异。小馆的生意随着就活跃起来了”。①

1941、1942 年，通货膨胀迅速加剧，物价高涨，师生生活更加困难。1942 年 1 月 19 日，教育部长陈立夫以教育部高字第 3819 号代电，对改善各校教职员生活问题进行了说明，情意甚殷，称：

本年来物价频涨，各校教职员薪津未随物价比例增加，生活之清苦自不待言，诸君献身教育与将士效命疆场功无二致，在拮据生活之中为国家作育人才，安贫乐道不稍游移，缅怀贤劳诚不胜其感慰之忱。诸君之生活情形虽诸君不言，立夫亦知之甚稔。立夫忝主教政，对于诸君之生活固未尝一日去怀，时思有以改善，如教职员及家属膳食补助金之发给以及薪金十足支付，在政

① 仰山：《国立西北大学》，《陇绎月刊》1940 年第 10 期。

府其他机关尚未实行，以前在国立各院校已首先行之，生活津贴已自上年十月起增加20元，自本年一月起可再增20元。惟欲求教育界生活之彻底改善则一时犹力有未逮，盖战时从公人员生活之困苦为一般之情形，而教职员生活之补助，系奉院颁办法办理，事属通案，无可单独变通。教育非生产事业，一切经费开支皆须先奉院会核准，别无可以挹注，而国库非裕、军需浩繁，每值讨论改善生活之案，偶一涉及，前线将士之艰苦则不复能继续讨论，此种困难想早在诸君洞鉴之中，惟于一般生活之改善政府正统筹有效之办法，立夫当努力促其实现。①

1942年2月，教育部向各校转发了行政院1月22日的电令，告知国家财政预算的困难，以图师生能体谅国家困难。行政院在电令中称：

近年以来各机关每于年度中间屡屡提请追加预算，琐碎纷繁，匪特影响经费之筹划，抑且缺乏整个施政计划之表现，殊非贯彻计划政治之道。虽经国民政府于上年八月间通令训示非有迫不及待之特殊情形发生，各机关不得提请追加，而近数月来各机关提出之追加案较前反见增多。其中先自挪垫补助请追加之件竟逾万数。年度预算形同具文，国家政令等于虚发，外观国际艰危，内察民生疾困，若不共谋节制，前途实可寒心……②

为了既尽量减少师生生活压力，又不给国家财政增加太多负担，教育部曾在1941、1942年发出训令，要求“本部每月垫发之学生膳

① 《教育部代电（高字第3819号代电，关于生活改善问题电达查照由，1942年1月19日）》，陕西省档案馆藏国立西北大学档案：全宗号67，目录号2，案卷号36.3。

② 《教育部训令（会字第5206号，1942年2月10日）》，陕西省档案馆藏国立西北大学档案：全宗号67，目录号2，案卷号36.3。

贷及员工平价食粮代金领到后务应立予垫发，不得移垫别用，以免影响员生膳食”，各校将员工的煤水补助费“依照当地物价情形列支，编入分配预算呈后，如分配预算业已编送，而未列此项费用者，应准在全部经常费内依法统筹流用，不得另请增拨”。①

1942 年 2 月，教育部审查国立西北大学教职员及家属平价食粮代金：“据册列报三十年十月份员工成人 1077 人、儿童 56 人，内有成人 62 人、儿童 2 人支半月，除兼任教员李相显、张永宣、蔡英藩、薛庆稀及其家属成人 20 人、儿童 1 人应予剔除外，其余每人发给平价食粮代金 28.43 元，儿童折半计算合计应发 29936.79 元，准在前垫发 3 万内支付，仍余 63.21 元转入下月滚算，仰即填具 29936.79 元印领一纸呈部，至李鸿敏、毕寄心、郭培德、刘季张等均系女性，其父母子女为何由其列报，应查照女性职员列报家属限制办法严加考查后再行发给，并仰知照件存教育部。”3 月，西北大学给教育部去电解释了李相显等四员领取平价食粮代金的原因，称：“查兼任教员李相显等四员据称未领有其他机关津贴，请免予剔除并请补发各该员及其家属 10、11 两月份食粮代金。”②

幸亏有教育部竭尽所能地增加学生的贷金、米贴和教师的工资与平价食粮代金，才使西北大学师生得以维持日常生活。且看时人对学生伙食的记述：西北大学学生“吃的也是很差，本校战区同学较多，据贷金审查委员会的统计，享受贷金的同学有八百余人，几占总数的百分之八十。战区同学的经济来源，多半已告断绝，所以他们的生活全靠贷金来维持，年来因物价飞涨，他们的生活更加困难。从前的八人一桌只有一菜一汤，自政府帮助贷金办法后，现在增至两菜一汤，

① 《教育部训令（总字第 10734 号，1941 年 3 月 23 日）》《教育部训令（会字第 10803 号，令知 31 年度员工煤水补助费应在核定概算数内分配支用，1942 年 3 月 24 日）》，陕西省档案馆藏国立西北大学档案：全宗号 67，目录号 2，案卷号 36.1。

② 《教育部代电（总字第 07021 号，1942 年 2 月 26 日）》《西北大学电报（1942 年 3 月 16 日）》，陕西省档案馆藏国立西北大学档案：全宗号 67，目录号 2，案卷号 36.2。

这比以前好得多了”①。

校舍大部分是由庙宇改成的，光线、空气都不流通，而且霉湿异常。宿舍很拥挤，里面放的是上下铺的架子床，再加上私人物品多，几乎没有让人自由转身的空间。同学们多不愿住上铺，嫌不方便。学校为便于管理，不主张学生在校外租房居住。城固夏天纷飞的蚊蝇也是困扰师生的重要因素。就像时人所说：“夏天未到，每人心中皆充满了蚊蝇的仇恨，人们就开始歼敌的竞赛。”②

西北大学大多数同学穿着很简单，甚至称得上破旧。如果同学中有人有一两件体面的衣物，往往被大家约会时借用。时人这样描述西北大学学生的穿着：“多半破烂不堪，一套粗布衣衫，常穿三四年，‘补丁’很多，赤足的、穿草鞋的不在少数，肮脏的衣被，都是几手货，破烂的服装，全是亲自缝补，他们已深切地体验了‘双手万能’‘劳工神圣’的真理。也有条件好的学生：至于沉醉于游玩中的洋服皮鞋、涂脂抹粉不以读书为事的哥儿小姐们，不能说绝对没有，然毕竟居很少数。这些很少数的‘她’和‘他’并不多么的阔绰浪费，也不过偕‘迷斯’、挎爱人到‘老乡亲’或‘和合’去吃一元一碗的‘炝饼’或‘泡馍’而已。”③

西北大学学生总数为一千余人，女生有一百余人，约占全体同学百分之十左右。其中，法商学院女生占全体女生的三分之一。校方对女生实行军事化管理，将全校女生分为三个区队，每个学院一个区队，由学生选任的区队长管理，有女性军事教官统管三个区队，负责早操点名等活动。除此之外，还安排有女训导员管理女生思想。

尽管物质条件不够理想，西北大学的师生还是一直咬紧牙关，乐观面对生活，不仅埋头努力工作和学习，而且有丰富多彩的课余生

① 赵松声：《抗战中的西北大学》，《学生之友》1942 年第 2 期。
② 仰山：《国立西北大学》，《陇铎》1940 年第 10 期。
③ 赵松声：《抗战中的西北大学》，《学生之友》1942 年第 2 期。

活。且看当时一份报告的记述：

本校虽设于西北，然学生则包容全国各地青年，除陕甘川宁一带外，大都来自战区，故大部学生仰贷金生活，此外尚有部颁之中正奖学金、林主席奖学金以及各省市资助之补助费、贷金等，然均限于名额及费用数目，多数学生仍甚困苦，惟努力向学之心未因此而稍泯。学生团体活动除有区党部及青年团统筹外，尚有十二学系之系会，以及歌咏队、戏剧队等，体育则备，凡篮、足、棒、排球等项运动，成绩亦均斐然可观。此外，以本校附近环境甚佳，学生短途旅行之风甚盛。春秋佳日，汉王城、霸王寨、张骞墓等地，男女学生相偕往游，络绎不绝，而横卧城南之汉江，尤为夏日天然浴场，夕阳西下时，长桥曲影，清波荡漾，……以故本校学生虽于物质条件极端困苦之下，而精神则仍能怡然自得也。①

西北大学学生课余的演剧、壁报也非常活跃、丰富。时人赵松声这样叙述：

西大的同学是最活泼跳达富有发挥创造性的，因此，团体活动方面表现得很好。全校中最大组织是区党部与青年团，西大的剧社最多，如振中国剧社、新生剧团、五十年代剧团等，凡发起一次运动，多半有剧团演剧，每次的成绩都很好，而收获也最大。将获得的全数款项，统统地献给抗战的或救济的团体或机关上。这些剧团，不仅在城固，还常到汉中、宝鸡、西安等地去公演，曾博得西北人的赞扬和好评。西大的壁报多，除《精诚壁报

---

① 《国立西北大学概况（1942年11月29日）》，陕西省档案馆藏国立西北大学档案：全宗号67，目录号5，案卷号174。

> 快来看》（街头民众读物），□□及《城固青年》外，还有《春秋》《言声》《汉江潮》与《海上涛》外，而各系都有一种系报。当你走到黉院巷的西大后门口或走近僻静风雅位于小西关外的法商学院门口时，你就发现了琳琅满目、美不胜收的各类各样的壁报了。①

1944 年底，在全国高校展开的知识青年志愿从军运动也在西北大学开展起来。至 1945 年初，西北大学根据全国知识青年志愿从军指导委员会的安排，确定了 50 名合格者及 10 名预备者。校方于 1945 年 1 月 5 日在学校大礼堂举行了知识青年志愿从军欢送大会，不仅拍摄了纪念照片，举行了招待茶会，而且招待从军学生聚餐。②

二　教学与科研

城固时期（1939—1946 年）的西北大学教风良好，大多数教师教学认真负责。如时人赵松声所说："大抵文理二院以师大教授较多，法商学院以平大教授较多，都具有循循善诱、诲人不倦的精神，而且多系国内的知名之士，教学非常认真，无论月考、期考、大考、小考，你预先倘不加准备，很容易得到'不及格'或'重修'的处分的。"③

西北大学对学生的毕业论文环节非常重视，要求学生的毕业论文有理有据，能为社会提供一定帮助。校方还经常为学生获取调查数据而出面去函地方政府，以期得到配合与帮助。如，1940 年 10 月为地

---

① 赵松声：《抗战中的西北大学》，《学生之友》1942 年第 2 期。

② 《布告（布告检验从军合格名单并定期编队由，1945 年 1 月 4 日）《布告（校本部、法商学院　布告欢送志愿从军大会由，1945 年 1 月 4 日）》，陕西省档案馆藏国立西北大学档案：全宗号 67，目录号 2，案卷号 2.1。

③ 赵松声：《抗战中的西北大学》，《学生之友》1942 年第 2 期。

质地理系学生庞丕统做毕业论文《汉中盆地之食盐问题》，校方去函南郑县政府请求配合，称："兹为搜集统计材料，由该生自备费用亲赴贵县、铺，调查人口统计及食盐之输入与运销之状况等项。"①

西北大学的教学和科研得到了兄弟院校的帮助。如，西北大学地质地理系学生拟于1941年1月31日由副教授郁士元率领，到西北工学院矿冶系参观，西北工学院给予相应帮助，复函称："贵校地质地理系学生拟于本月31日由副教授郁士元先生率领前来本院矿冶系参观，嘱查照予以住宿之便利等由，自应照办，除届时竭诚招待外相应函复。"② 西北大学生物系为研究动物育种及繁殖，需用小白鼠及荷兰猪以供研究，西北农学院愿意赠予；为此，1941年2月，西北大学曾嘱咐学生李赋洋借赴西安之便前往西北农学院商洽。③

西北大学的学术演讲和交流活动不少，比如围绕"日蚀"观测问题、太阳黑子问题、原子弹问题等都举办过专题报告会。教师有影响的学术成果较多，如刘鸿渐的《中华民国国民法论》（分为4部，共100余万字），李宜琛的《民法总则》（24万字）、《民法概要》（20万字），于鸣冬的《日文文法》（20余万字），许兴凯的《中国地方政府》（80余万字）、《中国政府》（30余万字）等。尤其是罗章龙教授的《中国国民经济史》（上、下册），堪称我国经济史中的重要著作，被教育部指定为大学丛书之一。

浓厚的教风，培养出了不少优秀学子。1939—1946年，西北大学共毕业七届学生1632人（其中男1429人、女203人；文学院359

---

① 西北大学：《公函南郑县政府等（为本地质地理系二十九年度毕业生庞丕统前往搜集毕业论文材料 1940年10月9日）》，陕西省档案馆藏国立西北大学档案：全宗号67，目录号5，案卷号471.1。

② 《国立西北工学院公函国立西北大学（函复贵校学生来院参观时竭诚招待由，1941年1月25日）》，陕西省档案馆藏国立西北大学档案：全宗号67，目录号5，案卷号481。

③ 《西北大学公函开功国立西北农学院（请惠赠小白鼠两对荷兰猪一只以供研究，1941年2月27日）》，陕西省档案馆藏国立西北大学档案：全宗号67，目录号5，案卷号481。

人，理学院 382 人，法商学院 891 人）。这些学生毕业后多在经济、教育和行政部门工作。据 1947 年 7 月统计，城固阶段七届毕业生在经济部门工作的 493 人，占毕业生总数的 30.2%，在教育部门工作的 432 人，占毕业生总数的 26.4%，在行政部门工作的 285 人，占毕业生总数的 17.4%，其余有 152 人在工程部门、130 人在军事部门、121 人在党务部门、19 人在其他部门。①

数十年后，西北大学许多海内外老校友回想起在城固的学习生活和艰苦创业精神，无不声声赞美。一位旅台老校友二十多年后回忆："我们可以感觉到我们母校毕业出来的校友，大半都是保有中国传统文化浓厚色彩，而富于应付艰苦环境具有坚强战斗力的中年人士。"②

在城固办学期间，西北大学良好的学风、教风不仅使师生受益，而且开阔了当地群众的眼界。正如 1946 年西北大学从城固迁往西安时，国文系主任高明教授代表西北大学撰写的《国立西北大学侨寓城固记》碑文所称：西北大学师生"搜奇考古，则西北文物灿然备陈；格物致知，则陕南花木纷焉入览。于是村童野叟，扩其见闻，田父蚕姑，益其神智。蚩蚩群氓，乃睹冠冕之盛，济济多士，益见宫墙之美。……师弟怀八年之深情，辄萦思于城固"③。也正如 1946 年 5 月 5 日，城固各界在汉滨大戏院公宴西北大学教职员时，县长周僖在欢送词中所说："贵校迁驻敝邑，于兹八载，既蒙增进文化，复承嘉惠地方。现值奉令移往西安，骊歌乍赋，曷胜惜别！"县参议会副议长梁炳煊也表示："敝邑与贵校乃患难之交，愿贵校以城固为第二故乡！今当良朋分袂之际，怅惘之情，匪言可宣。"④

---

① 《毕业生统计》，《国立西北大学校刊》复刊第 31 期，第 9—13 页。

② 于正生：《从旅台校友看母校特性》，尹雪曼：《国立西北大学建校三十周年纪念刊》，台北：国立西北大学校友会 1969。

③ 高明：《国立西北大学侨寓城固记》，载李永森、姚远《西北大学史稿·上卷（1902—1949）（修订本）》，西北大学出版社 2002 年版，第 366 页。

④ 引自李永森、姚远《西北大学史稿·上卷（1902—1949）（修订本）》，西北大学出版社 2002 年版，第 365—366 页。

三 党派活动

跟当时设在城固的其他高校一样，西北大学校内的党派活动也是值得注意的。1939 年 1 月国民党五届五中全会提出“溶共、防共、限共、反共”的方针后，中共地下党力量在各高等院校逐渐隐蔽，各项活动转入地下，以相对中立的社团作为其外围组织，以扎实的工作影响师生；校园内的主要党团组织是国民党中央直属西北大学区党部、三民主义青年团西北大学分团部。

（一）国民党中央直属西北大学区党部

国民党中央在西北大学内建有直属国立西北大学区党部。据西北大学区党部成员之一，并任过区党部编辑股干事的杜成章回忆：

> 西大区党部直属于国民党中央党部，成立时间不详，据说在1941 年就有这个组织。设书记一人，由西大秘书袁明道兼任，下设组织、宣传、编辑、康乐四股。组织股负责发展国民党员及经管国民党员名册等，负责人为张印川、雷振伦（地质系学生）；宣传股负责人为蓝明欣（政治系学生），干事有孙中谦（政治系学生），其余不详。编辑股负责出壁报，负责人为田羡晓（地质系学生）、赵毅（又名赵毅伯，中统特务，家住陕西长安开通巷36 号）；康乐股职责及负责人姓名不详。
>
> 西大区党部在 1942 年上半年奉国民党中央组织部的指示，举办了一次三民主义论文竞赛，题目是“三民主义之真谛”。后出版了“惊蛰”壁报，只出刊一、二期。1943 年下半年至 1944年西大区党部曾进行了一次改选，改选时由国民党中央组织部指定董爽秋（生物系教授）为监选人，参加候选的有赵进义（理

学院院长)、赵毅、冯国定（经济系学生，中统特务）、殷伯西（地质系主任）、董爽秋、涂序瑄（曾任陕西某学院教授）、孙中谦、郭尔英（政治系学生）、杜成章、王逎俊、刘国琪、马光临、池本泉、程凤亭、周乃昌、张国栋、侯振中、李随先、王余、于书绅、李立家、施鸿勋、王伟烈（生活指导组主任，解放后据说曾任陕西人民委员会委员）、董其瑞等。据说因内部矛盾互相攻击，捣毁了选举箱，未改选成功，其后，西大区党部即组织了一个整理委员会。

1944 年至 1945 年间，西大区党部曾在西大礼堂开过一次党员代表大会，选举代表一人，出席国民党全国代表会议，选举结果赵进义、冯国定、蓝文征、王伟烈、杜元载五人当选，最后由五人推选校长刘季洪为正式代表，参加会议。

1944 年在赵毅、冯国定等主谋下，在西大校内曾逮捕过一次进步学生，这次被捕的有法商学院学生金立功，其余不详。据说此次被逮捕的学生到后均予释放。①

1940 年时西北大学区党部有工作人员 24 人。②

1944 年 10 月 26 日，国民党中央西北大学区党部整理委员会召开了第一次会议，推举杜元载为委员会书记，蓝文征负责组织工作，赵进义负责训练工作，萧一山负责宣传工作，曹国卿负责总务；整理委员会下设置文书、组织、训练、宣传、总务五股及中山室，各设干事一名，推定胡立宪担任文书股干事，单演义担任组织股干事，王协邦担任训练股干事，吴继舜担任宣传股干事，蓝时欣担任总务股干事，

---

① 四川省干部学校资料研究室：《国民党西北大学区党部》，1956 年 6 月编。陕西省档案馆藏国立西北大学档案：全宗号 67，目录号 1，案卷号 196。

② 《1940 年区党部工作人员名单》，陕西省档案馆藏国立西北大学档案：全宗号 67，目录号 1，案卷号 4.3。

庞荫华担任中山室干事。①

西北大学的国民党员人数在 1944、1945 年达到高峰，几乎占到师生总数的半数以上。1944 年 5 月，国民党中央西北大学区党部共有党员 528 人，其中教职工党员 86 人，学生党员 442 人（女生 16 人）；② 1944 年 12 月共有国民党员 403 人，划为 24 个区分部，有 50 名国民党员参加了知识青年从军活动。③

（二）三民主义青年团西北大学分团部

1938 年 4 月，国民党临时全国代表大会为了把青年组织起来，使人人信仰三民主义，成为国民党复兴的后备力量，通过了在全国设立“三民主义青年团”的决定。1939 年 11 月，三民主义青年团中央在国立西北大学设立了直属第 12 分团部筹备处，聘请胡庶华、刘拓为指导员，派杨立奎为筹备主任，李在冰为书记，康伦先等人为干事。④不久，设在国立西北大学内的三民主义青年团中央直属第 12 分团部正式成立。第 12 分团部的活动非常广泛，比如，各分队部每星期举行一次会议，主要学习中国传统文化经典；办壁报《西北青年》，讨论时事；设立三民主义青年团新生招待所，专门在新生中发展团员；组织团员旅行会餐、打球、演戏、读书等；内部发行刊物《政治情报》。这些形式多样、经常举行的活动，扩大了三民主义青年团的影响，吸引了不少青年学子加入。到 1941 年 8 月，三民主义青年团中

① 《直属国立西北大学区党部整理委员会第一次会议记录（1944 年 10 月 26 日）》，陕西省档案馆藏国立西北大学档案：全宗号 67，目录号 1，案卷号 196。

② 《国民党直属国立西北大学区党部党员名单（1944 年 5 月 5 日）》，陕西省档案馆藏国立西北大学档案：全宗号 67，目录号 1，案卷号 4. 1。

③ 《直属国立西北大学区党部整理委员会第四次会议记录及干事第三次会议（1944 年 12 月 19 日）》，陕西省档案馆藏国立西北大学档案：全宗号 67，目录号 1，案卷号 196。

④ 《三青团中央直属第 12 分团部筹备处关于通报成立经过，团址设于城固国立西北大学校内等情给国立西北工学院的函（1939 年 12 月 29 日）》，陕西省档案馆藏国立西北工学院档案，全宗号 61，目录号 1，案卷号 18. 1。

央直属第12分团部设有4个区队部，下设20个分队部，有300—400名团员。[①] 1943年3月29日，西北大学推定郭至德、李天章两人赴渝参加了三民主义青年团第一届团员代表大会。[②]

三青团中央直属第12分团支部有比较严明的纪律。比如，1940年暑期，第12分团部举办陕西青年夏令营时，西北大学有数名学生未经请假擅自离队，第12分团部函西北大学要求“严予法办以重训而儆来兹”[③]。

四　学潮

民国时期，高等院校学潮频发。西北大学成立后，也发生过大大小小十多次学潮。1941年冬学生陈墨痕自杀引发的学潮和1946年春季学潮是影响较大的两次。

（一）陈墨痕自杀引发的学潮

据西北大学1941年11月中旬给教育部去函称：

> 钧部7月18日第27493号训令，颁发国立中等以上学校学生贷金暂行规则，饬自本学年起遵照办理等因。当以本学年开始时，学生尚未到齐，电请钧部核准从缓三个月至本年11月份实行在案。本校为遵照部令起见，特于10月中组织委员会，除当然委员外，并电请钧部核聘教职员6人为委员，负审查之责，自

① 陕西省委统战部：《陕西省委统战部关于国立西北大学概况调查材料整理（1941年8月24日）》，中央档案馆、陕西省档案馆《陕西革命历史文件汇集（1941年至1942年）》，西安出版社长安印刷厂1994年版，第124—126页。

② 《三民主义青年团西北大学分团部函西北大学（1943年3月6日）》，陕西省档案馆藏国立西北大学档案：全宗号67，目录号1，案卷号8。

③ 《三民主义青年团陕西青年夏令营公函（公字第341号，1940年8月31日）》，陕西省档案馆藏国立西北大学档案：全宗号67，目录号1，案卷号8。

10月17日起开会审查，至10月25日止，共计开会12次。对于申请学生经济及生活状况多方调查，不厌周详。每一学生应否发给贷金，均由各委员发表意见，总期款不虚糜，家境贫寒者得救济之实，富有者亦不致以贷金作不正当之挥霍。

全校战区学生申请者共计517人（新生、先修班学生及自费生尚未审查）。审查结果，给与甲种贷金者387人，乙种贷金64人，不准者31人（内学行不及格者居大多数），须补交证件者35人。经委员会决议先将审查合格学生名单予以公布在案。其未准贷金之学生如果有特别情形并准再行申请一次，以凭复议。

上项名单公布之后，大多数学生均无异议，不意10月29日文理学院早操时，突有从未出席早操之外国语文系三年级辽宁籍学生陈墨痕因操行不及格申请贷金未准，手执小刀故意作自杀情状，实只擦破颈间皮肤少许。当时即有少数学生乘机激动罢课，并至法商学院煽动其他学生罢课。教员学生有照常上课者，即强行阻止，任意谩骂。是日午后，即召集院长系主任等开会分别制止。晚间七时，是项少数学生复聚众二百余人，簇拥至校长及教务长、训导长办公室庭院，提出全数发贷金及膳食照营养标准要求。并有极少数学生，乘黑夜捣毁门窗数扇，抛砖一二次，向宅内掷击，教务长、训导长等均在室内。同时有一二学生，至校门首放火焚烧校具，迹近暴动，形势严重。本校为恐汉奸及奸党分子混入起见，经设法通知陕鄂甘边区警备司令部派稽查厅厅长李天虎协同西安办事厅派驻南郑联络参谋孙德顺暨其他人员等前来弹压。至九时许，是项学生方始散去。

翌日即召集紧急会议讨论处置办法，并召集贷金审查委员会报司令部转来钧部电话，谓学行不及格者，本学期可从缓施行。嗣讨论审查贷金问题，佥以本学期贷金实行新审查办法，实行确有困难暂可从宽，照十月份办理。其学业操行不及格之学生，亦照部电仍暂给予贷金，经将此项决议公布，大多数学生均无意见。晚间学生代表亦来道歉，并请处分。翌日（星期六）学生照常上课。讵意极少数学生受人指使，擅贴布告于下午复在城外召集大会（约到100余人）操纵群众，继续罢课，迭经本校电陈在案。

嗣经查明煽动罢课为首肇事学生系赵汝沣、孙振声、沈语冰、宋仲武及韩明迢五名，经遵照钧部迭次电令处以开除学籍处分，并召集各院院长系主任报告风潮经过及钧部指导方针。当于四日复课，学校秩序尚好。惟据确查此次风潮，起因虽系贷金问题，实则事前早有计划，而暗中主持者实另有人。拨其目的，因学校日渐安定，各事进行均已进入正轨，恐后无机可乘，欲推翻现局以图盘踞。上两年数生纠纷，焦点亦在此，所有此次风潮经过呈报于上。①

教育部电复西北大学："城固西北大学陈代校长石珍据报该校一部分学生假借贷金问题聚众侮辱师长并游行街市，破坏学校秩序，实属不法，详情如何仰即电陈，并仰该代校长严饬校纪，滋事学生并应严惩具报。"随后教育部又给西北大学发去两封电报："城固西北大学陈代校长前电计违为首肇事学生应即开除学籍，该校并应于本月三日复课，学生无故不上课者即予退学，教员无故不上课者即予解聘，该校自经此次风潮应更严饬风纪，学生如再有轨外行动，本部自有断然处置，仰其遵办具报。""城固西北大学陈代校长前昨两电计违肇事首要学生准予开除学籍，并仰召集各院长系主任对学生作一致之公开训示，并切实遵照部令执行，毋稍瞻顾，必要时可请祝司令派兵协助。"② 祝司令即祝绍周，当时任鄂陕甘边区警备总司令兼汉中警备

① 《西北大学为呈报本校发生风潮经过情形呈教育部（1941年11月17日）》，陕西省档案馆藏国立西北大学档案：全宗号67，目录号1，案卷号17。

② 《教育部陷电、东电、冬电（1941年）》，陕西省档案馆藏国立西北大学档案：全宗号67，目录号1，案卷号17。

司令。可以看出，在对待西北大学因陈墨痕自杀而引发的学潮中，教育部始终坚决要求学校及地方当局对为首者予以严厉制裁。

因此次学潮被开除的两名学生赵汝沣、孙振声曾于1942年5月底呈函西北大学，称：

> 窃案本校去冬罢课系因陈墨痕自杀与全校同学之伙食贷金问题而发生，生等既非为首又未鼓动，而陈代校长未加深察，将生等开除学籍并呈报教育部。仅发给生等成绩单资送转学，生等一再请发转学证件，迄今未获允，卒致半年以来既不能转入相当学校完成学业，复不能谋相当工作效力于国家，辗转游离颠沛万状，素仰钧长培育青年爱护后进，遂于上月急程归来敬恳钧长体恤下情，特为栽培，准予恢复学籍，并于下年度开始入学，以竟学业实为德便。①

西北大学为此去函教育部，为两名学生求情，以便使之复学完成学业。结果如何，目前没有史料可以说明。

陈墨痕，又名李满红，1913年出生，辽宁庄河县人。中学时期开始发表诗歌，并逐渐崭露诗坛。1939年考入西北大学外文系，边读书，边写诗，进入创作高潮期。1942年6月病逝。西北大学1943级学生、后来成为著名诗人的牛汉1943年写了《长剑，留给我们》《给我们轨道》两首诗纪念他：

长剑，留给我们——纪念诗人李满红

当一颗瘦小的种子/落在土地里/就会生长出绿叶和红花/种

① 赵汝沣、孙振扬：《为呈请恢复学籍并准予下年度入校肄业事谨呈校长赖（1942年5月25日）》，《西北大学函教育部（为开除学籍学生赵汝沣等二名呈请复学事，1942年6月23日）》，陕西省档案馆藏国立西北大学档案：全宗号67，目录号1，案卷号17。

子，是诚实的/当一个骑士大笑地死去的时候/他会将长剑慷慨地遗留给我们/说：剑是诚实的

李满红死了/让我说：他是一颗诚实的种子/埋在我们未来的发亮的世界里/有一天/会从带着枷锁的世纪的土壤里/开放出哗笑的花朵

李满红死了/他的血/已汇入新世纪的脉搏/他的呼吸/已灌进大地的胸膛

李满红/诚实的种子/不会欺骗土地/李满红正直的诗/不会欺骗我们的历史

曾经披裹着草鞋一样发臭的军衣/李满红摇摇晃晃地走在/这座江城的街上/挺着高傲的头/提着他的长剑/那支长剑缀着像太阳的头发的/像一颗开花的心的/一束红色的丝穗子

他热爱这支剑/剑是诚实的/剑能自杀/剑也能正直地杀人

李满红死了/暴动的诗留给我们/暴动的剑留给我们

呵，他的长剑/留给我们……①

给我们轨道

诗人李满红曾经爱过的/失去轨道的火车头/就要离开这座阴湿的小城/开到远方/那里/有轨道……

我们也要轨道/我们这一群/有腿不能远走，有嘴不能唱歌/我们是在垃圾堆上哭泣的少年高尔基

给我们轨道/我们一列一列的列车/也要开拔到远方/到远方/卸下我们的快要爆炸的生命②

牛汉晚年对陈墨痕有这样的回忆：

---

① 牛汉：《牛汉诗选》，人民文学出版社 1998 年版。

② 牛汉：《牛汉诗选》，人民文学出版社 1998 年版。

李满红性格狂傲。在纪念周会场上自杀过，为了给全校争贷金，脖子上留有一道深深的伤痕。1942年炎热的夏天，李满红步行去汉中办事。从城固到汉中，七十里路，在半路上病倒，后抢救无效死了。我读过他的好多诗，还有很多未发表的情诗，真诚。他是多情的汉子，可惜二十多岁死了。他当时是全国性的诗人，可惜现在的诗选本都没有选他的诗。城固小东门外小树林里有“诗人李满红之墓”。我常常到他墓地高声朗读俄语。有时爬到城墙上，眺望着空旷的远方念；有时跑到汉江岸边，面对着滔滔江水大声朗读。在诗人的墓前我多半念的是俄文诗，我觉得这也是一种怀念。[①]

（二）1946年春季学潮[②]

1946年2月，重庆、昆明等地学生掀起反苏游行，反对苏军迟迟不从中国东北撤军的行为，呼吁维护中国主权。2月下旬，西北大学东北流亡学生组织的“东北同乡会”贴出海报，发起反苏游行的签名运动。接着，又以“西北大学全体教授”名义，分别发了“致国民政府主席电”“致斯大林电”“致杜鲁门、艾德礼、斯大林”等三个反苏急电。当时，西北大学校长刘季洪已赴重庆，准备参加国民党六届二中全会。一些学生向校方提出，应该先成立学生自己的组织——学生自治会，然后由自治会决定学生是否参加反苏游行。校方认为，参加爱国游行与自治会是两码事，不能混为一谈，可先参加爱国游行，至于组织自治会一事，等候去电请示校长后再行决定。一些

---

① 牛汉口述，何启治、李晋西编撰：《我仍在苦苦跋涉》，生活·读书·新知三联书店2008年版，第62页。

② 主要参见李永森《城固学运始末》，中国人民政治协商会议陕西省城固县委员会文史资料委员会：《城固县文史资料》第4辑，1984年11月版。《城固学运情形》，陕西省档案馆藏国立西北大学档案：全宗号67，目录号1，案卷号16.1。陕西省档案馆藏国立西北大学档案：全宗号67，目录号1，案卷号10、16.2、11.1。

学生坚持必须先成立学生自治会，并于3月4日晚擅自成立了自治会。3月6日，学生自治会以校方不承认自治会的合法性、压制民主为由，通告全校罢课。

校方对少数学生支配自治会酿成罢课事件，很是着急，发表书面劝告，希望学生于3月8日复课，且能恪守秩序，免生枝节，并向学生保证建议校长依照合法、合理、民主的原则许可成立全校性学生组织。学生自治会的干事会拒绝了校方的书面劝告，罢课继续进行。校方于是在3月11日召开校务会议，做出三项决议：第一，开除鼓动罢课、破坏校纪的卢永福、杨远乾、王庆新、罗玮四名学生学籍；第二，按合法、合理、民主的方式另行组织学生自治会；第三，全体学生必须于3月12日一律复课，违者严惩。学生自治会对三项决议坚决反对，坚持继续罢课，且向学校抗议要求收回成命。

3月16日，一些教师出面斡旋，提出：学生代表通告全体学生3月18日一律复课；现有的学生自治会暂停活动，自治会印章由校方保存；暂缓执行对卢永福等四名同学开除学籍的处理。学生自治会的代表不接受教师们的斡旋条件。

3月26日晚，校长刘季洪从重庆返回城固。27日一早，他召集全体学生讲话，晓之以义，动之以诚，劝诫学生尽早复课，不要耽搁学业；晚上，他又和各班学生代表谈话，希望学生顾全大局，早日使学校恢复正常的秩序。不少学生对长期罢课已无兴趣，纷纷要求复课。

3月30日，全校复课。

4月1日，校方聘请15名教授组成学生自治会指导委员会，以对学生自治会进行管理和指导。

4月6日，校方做出决议，对在学生罢课中行为失当的十一名学生给予从轻记过两次的处分，对原定开除学籍的卢永福等四名学生从轻给予留校察看。学生自治会坚决反对这一决议。之后，校方和学生自治会之间仍矛盾重重。

4 月 14 日，学生自治会决定 15 日召开全校学生大会，邀请刘季洪出席，并要求他在会上公开承认学生自治会的合法性。

4 月 15 日晨，刘季洪不接受学生自治会让他参加学生大会的邀请。学生自治会立即成立了纠察队，到刘季洪家里找他算账，认为他没有资格当一个文明大学的校长，要把他赶出学校，由学生自治会接管学校。当学生赶到刘季洪家时，刘已经离家。正在这时，自治会得到报告，说刘季洪正在学校开会，要抓捕正在闹事的学生。自治会带领学生立即冲进校园，和校警发生冲突，夺下校警枪支，包围了校长办公室，占领了学校大礼堂，以校长名义发布了承认学生自治会合法，恢复卢永福、杨远乾、王庆新、罗玮四名学生学籍，刘季洪自 15 日起离职的布告。刘季洪离开校园。

刘季洪离开校园后，与教育部频繁电报往来，汇报甚至夸大学生行为的严重性，要求当局帮助镇压闹事学生。在胡宗南、陕西省政府祝绍周等答应派军队到汉中支援刘季洪的情况下，学生自治会大部分骨干于 4 月 23 日撤离学校，离开汉中。

4 月 26 日，刘季洪从汉中回到西北大学。除国民党军警以“学生暴动”为由，抓捕了一些未及撤离的学生自治会骨干以外，刘季洪还以“勒令退学”“开除学籍”“记过”等方式处理了一些积极参与学生运动的同学。据不精确统计，将近有 80 人在本次学潮中被逮捕和处分，占到了全校学生总数的十一分之一。

抗战胜利后，战后复员就摆到了眼前。1945 年 10 月中旬，西北大学 1945 年第八次校务会议就战后复员事务进行了讨论，预定 1946 年 4 月底迁移至东北大学战干团在西安的校舍，并决定缩短寒假，将原计划为期 3 天的寒假期末考试改至随堂进行。[①]

① 《西北大学第八次校务会议记录（1945 年 10 月 16 日）》，陕西省档案馆藏国立西北大学档案：全宗号 67，目录号 1，案卷号 16. 2。

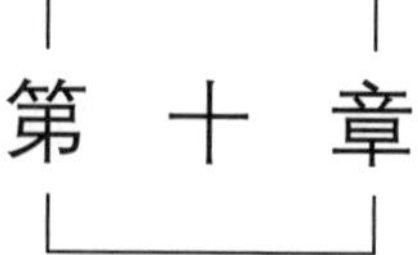

秦陇根本，奠基教育：国立西北师范学院

国立西北师范学院于1939年8月由国立西北联合大学师范学院为主要班底组建而成。它是当时西北地区唯一的师范类高等院校。

一　校政

1939年9月1日，新成立的国立西北师范学院在城固正式开学，院长为长期从事师范教育与管理的资深学者李蒸。校本部设在城固文庙，计有办公处43间、教室4座12间、女生宿舍22间、杂项房屋17间。此外，在城固县新东门外校场坝租购萧何墓地祭田、县农会地及民地共27亩，添建茅顶土垣的简陋房屋计189间，作为教室和男生宿舍，并开辟了一个小型运动场。同时，把设在古路坝的西北联大附中迁入城固县城东关关帝庙，更名为“国立西北师院附中”，并购地20余亩，修建茅屋107间作为教室和学生宿舍。

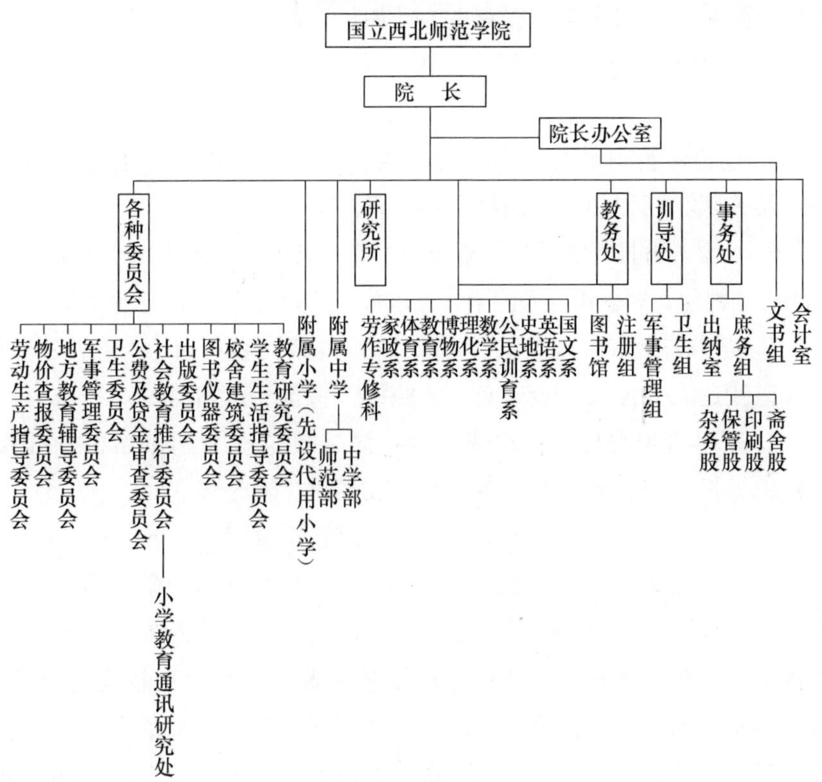

图 10－1　西北师范学院基本组织系统

资料来源：西北师范大学校史资料编研组：《国立西北师范学院史料摘编（1937—1949）》（上），中国文史出版社 2014 年版，第 2 页。

此外，西北师范学院设有一些委员会，负责协调、讨论决定相关方面的事宜。比如，1940 年度西北师范学院有如下委员会：

1. 地方教育辅导委员会：黎锦熙为主席，委员为袁敦礼、李建勋、谌亚达、王凤岗、刘拓、齐国梁、金树荣、郝耀东。

2. 卫生委员会：袁敦礼为主席，委员为方永蒸、郭毓彬、李元复、易价、汪如川、贺范亘、罗爱华。

3. 图书仪器委员会：李建勋为主席，委员为袁敦礼、黎锦熙、刘拓、张舜琴、王凤岗、程克敏、汪如川、何日章。

4. 出版委员会：黎锦熙为主席，委员为李建勋、袁敦礼、刘拓、赵进义、郭毓彬、唐绍言。

5. 校舍建筑委员会：李蒸为主席，委员为袁敦礼、李建勋、刘拓、黎锦熙、汪如川、齐国梁、孙一青。

6. 社会教育推行委员会：李蒸为主席，袁敦礼为副主席，委员为李建勋、黎锦熙、郭毓彬、齐国梁、方永蒸、汪如川、易价、王镜铭。

7. 贷金公费审查委员会：杨立奎为主席，委员有袁敦礼、李建勋、谌亚达、齐国梁、董守义、郭毓彬、易价、汪如川。

8. 军事管理委员会：袁郭礼为主席，贺范亘为副主席，委员为李建勋、杨立奎、刘曙梁、董守义、汪如川、罗爱华。①

地处城固的国立西北师范学院办学面临重重困难。

首先，是缺乏师资。李蒸在1939年11月6日第一学期第三次总理纪念周讲话中说："教育部也非常清楚我们此地的困难，如就聘请教授来说，我们并非不想聘请全国知名学者以补充现有教授的缺额，可是事实上困难很多：第一，西北交通不便；第二，生活较苦，生活程度又高，除非与本校有历史关系的，多不愿来……有人在成都等车三周不能动身，而赴其他大学去了。"②

以1940年度师资力量为例。1940年度西北师范学院共有教授50名，副教授4名。其中一多半教授是与国立西北大学合聘的。具体名单如下：

国文系：教授有黎锦熙（合聘；主任）、谭戒甫（合聘）、易忠录（合新聘）。

英语系：教授有张舜琴（合聘；代主任）、叶意贤（合聘）、包志立，副教授有金保赤（合聘）。

---

① 《二十九年度各委员会名单》，《国立西北师范学院校务汇报》第15期（1940年11月30日），第6—7页。

② 《纪念周记录》，《国立西北师范学院校务汇报》第9期。

史地系：教授有谌亚达（合聘；代主任）、陆懋德（合聘）、蓝文征（合聘）、邹豹君（合新聘）、殷祖英（合聘），副教授有郁士元。

公民训育系：教授有王凤岗（新聘；主任）、李镜湖（合新聘）。

教育系：教授有李建勋（主任）、程克敬、金树荣、马师儒（合聘）、郝耀东、鲁世英、高文源、方永蒸、胡国钰、唐得源（合聘）、许兴凯（合聘），副教授有唐绍言。

数学系：教授有赵进义（合聘；主任）、刘亦珩（合聘）、张德馨（合聘）、傅种孙（合聘）、杨永芳（合聘）。

理化系：教授有刘拓（合聘；主任）、杨立奎（合聘）、蔡钟瀛（合聘）、张贻侗（合聘）、朱有宣（合聘）、王象复（合新聘）、赵学海、岳劼恒，副教授有谭文炳。

博物系：教授有郭毓彬（主任）、汪堃仁、雍克昌、刘汝强。

体育系：教授有袁敦礼（主任）、董守义、徐英超。

家政系：教授有齐国梁（主任）、程孙之淑、王非曼。

劳作专修科：教授有果沈初（主任）。

公共必修科：教授有曹配言、王燕生（新聘）。①

其次，是校舍建设困难、经费缺乏。对此，院长李蒸多次表露过。比如，他在1940年3月16日总理纪念周讲话上这样说：

> 事务方面很困难，第一校舍不够用，一年级同学现住草棚内，感觉非常苦，是出于不得已，好在新宿舍已经盖好，寒假中就可搬去住。但是还有包厢、盥洗室、厕所等是非马上建筑不可的。可是说到建筑，真是一言难尽。过去不说，就是新招标的事，到目前为止，一个人也不承包，出贵价钱招标不用说，根本没有人承做，找人做工比求人还难。第二是经费的困难，我们的设备当然说不上，

---

① 《二十九年度各系教授名单》，《国立西北师范学院校务汇报》第15期（1940年11月30日），第5页。

过去6个月当中，图书仪器总共才支6000元，还有2000元借款在内。当去年联大改组的时候，本院经规定每月2万元，西北大学2.8万元，医学院1.5万元，当时教育部以为本院各系是一班，似乎还优待了，其实本院有教育、体育、家政三系是四个年级，划入本院的还有附中、简师、研究所和学生的公费等。教育部似未合并统计，后来因特别请求之故，在补助费1.5万元之外，又特别增拨补助费1.5万元，所以这四个月才勉强度过，本年预算亦未增加，前途真是困难万状……关于与西北大学分家的问题，到现在也没弄清楚，所以校舍设备大部分仍是合用。①

1941年10月15日开学典礼上，李蒸又提到：

关于经费，本院异常困难，直到现在为止，教部欠发各种经费，共计22万余元，其中生活补助费、三成薪金、教职员的房膳津贴、员工学生的膳食补助费，均为主要，然而学生的膳食费用，一天也不便中断，由学校挪借垫发，现在已经垫付教职员薪金5万元，学生膳食费4.5万元之多。这是指学校垫付的欠款……本院向各方挪借应付至现在为止，已负债13万9千元。②

尽管如此，西北师范学院还是在图书仪器设备、校舍更新方面做了不少努力。据1941年2月统计，学校共有西文书籍873种953册，中文书籍2971种7423册，另有地图表20余种、中文杂志229种、西文杂志41种、中文报纸3种、西文报纸1种。教学实验仪器有：物理仪器24种；化学仪器17种48套423件，药品70种；博物仪器60件，标本300余件，药品60余种；心理仪器40余种；体育器械22种144

① 《纪念周记录》，《国立西北师范学院校务汇报》第9期。

② 《本院十月份国民月会记录》，《国立西北师范学院校务汇报》第32期（1941年10月15日），第1—3页。

件；劳作部木工工作台凳10张，木工用具20套，金工借用双石铺工合机器社设备包括木样翻砂、铸造、锻工、钳工、机工及动力机等。①

1940年冬，教育部通报了视察西北师范学院的印象，称："该院员生精神颇为融洽，职员工作勤谨，附中校舍整洁，学生用功，纪律甚佳，均堪嘉慰。"②

能在重重困难中坚持办学，与西北师范学院秉承的"诚笃朴实"校风有密切关系。诚如李蒸在1944年西北师院城固校区学生毕业典礼上的讲话中所说：

> 西北师范学院继承师大校风，与北平师范大学并无差别，即在兰州师院亦能保持此种优良校风，质言之，即诚笃朴实之师大校风。此种校风在国家安定建设时期甚为有用，以其为稳定社会秩序，促进进步之策动力。但在变乱时期，则不甚适合，惟权衡其优点及缺点，则觉国家仍需要此种风气，故希望大家继续保持。我在重庆、成都等地，与毕业校友谈及师大校风，或劝我保持，或劝我改变。主张保持者，以诚笃朴实，实能转移社会风气之唯一方法，主张改变者，则以诚笃太甚，每遭社会之嫉视与打击，但我则以隐忍此苦，保此风气相劝勉，因为我深信，诚笃朴实实能得最后胜利。诸同学毕业后，服务各界，如能诚笃朴实，事业一定成功，不仅个人如此，更要以此影响社会之风气。③

也因了这"诚笃朴实"的校风，西北师院附中不仅是城固办学质量最好的中学，而且在全国名列前茅。当时城固有这样一则顺口溜：

---

① 西北师大校史编写组：《西北师大校史（1902—2002）》，甘肃人民出版社2002年版，第51、52页。

② 《第四次院务会议记录》，《国立西北师范学院校务汇报》第15期（1940年11月30日），第3—4页。

③ 《纪念周记录》，《国立西北师范学院校务汇报》第71期（1944年11月30日），第1—4页。

“一中土匪，二中乱，上大、乐育汽车站，文治、五三是旅店；联大附中金銮殿。金銮殿、金銮殿，考进附中难如上青天。”① 意思是城固的一中、二中、上大中学、乐育中学、文治中学、五三中学都校风不好，办学质量不高，很好考，唯有西北师范学院附中要求严格，很难考上。据说，1939 年暑假，驻汉中的鄂陕甘边区总司令祝绍周让他亲属的六七个子女投考西北师院附中，结果一个也没考上；为了不破坏规矩，西北师院附中特招了一个自费班，但祝绍周亲属的六七个子女没有一个去读，宁可等到第二年重考。② 就连西北师大附中校长方永蒸的子女也有没考上西北师大附中的。方永蒸不徇私情，子女考不上西北师大附中，他就让去上其他中学。

附中学生勤学苦读成风，办学质量高。1941 年，全国国立中学会考，西北师院附中成绩最好，且连续四年升学率居全国公立中学之首。③

二　师范教育西进：西北师范学院迁兰州

1940 年前后，为了让国立西北联合大学的分立学校更大地发挥建设西北的作用，国民政府建议国立西北师范学院、国立西北工学院、国立西北医学院等校院再往西北腹地迁移。为此，几所院校曾经派人赴甘肃、新疆等地考察。最终只有国立西北师范学院排除万难迁至兰州办学，不仅改变了甘肃缺少师范学校的困境，而且使高等教育的布局更向西北腹地深入。

1940 年 5 月，甘肃省教育厅致电国民政府教育部，表示“西北师范学院迁兰，省府及地方人士均热诚欢迎，祈电令该院派员来甘筹

① 方倩林：《方永蒸》，载刘基、丁虎生主编《西北师大逸事》，辽宁人民出版社、辽海出版社 2001 年版，第 151 页。

② 苟保平：《西北联大在城固》，南郑亨通实业有限公司印刷 2012 年版，第 82 页。

③ 方倩林：《方永蒸》，载刘基、丁虎生主编《西北师大逸事》，辽宁人民出版社、辽海出版社 2001 年版，第 151 页。

备”。6月，西北师范学院院长李蒸率团亲自从城固翻山越岭到兰州勘察校址，最后确定以兰州西郊六公里处、黄河北岸傍近甘新公路的十里店为建校地点。他上报教育部长陈立夫，请求教育部核准在此购置地皮250亩，由此定下十里店为西北师范学院永久性地址。7月，甘肃省临时参议会致电西北师范学院，表示邀请：“贵院历史悠久，成绩卓著，海内外蜚声，此闻有奉令迁甘之议，将于西北整个文化推进贡献重大力量，本会代表全甘民众欢迎并愿切实赞助，盼早来临。”①

由于教育部所拨迁校经费十分有限，西北师范学院决定分期建设，即在保证教学不受影响的情况下，采取逐年过渡办法：从1941年开始，新招收的学生在兰州校区（当时称兰州分院，1943年7月1日起改称兰州本院）上学，城固不再招收新生；1940级及之前的学生继续在城固校区（当时称城固本院）上学，直至毕业；城固校区毕业一批学生，就腾出一批人员和设备，迁往兰州；等到城固校区的学生全部毕业，则城固校区办学任务结束。

1941年11月3日，西北师范学院兰州校区首届招收的150名学生开学。对兰州校区开学一事，中央社发表了如下消息：“国立西北师范学院兰州分院三日开学，该院院长李蒸特自陕南本部赶来，亲自主持一切。该院此次奉命在此设立分院，为抗战以来，国立大学迁甘之第一个，际此中央积极发展边疆教育声中，中等师资缺乏，为当前一大问题，该院今能感此种需要，迁入西北，就地植才，自为推行边教之一大助力，故此间各界诚表热烈欢迎云。”②

1944年，城固校区学生全部毕业，城固分院宣布撤销。自此，西北师范学院迁校工作圆满完成，李蒸院长的兴奋之情溢于言表。1944年9月25日，他在兰州举行的西北师范学院新生开学典礼上激

① 王明权、衡均：《西北师范大学校史（1939—1989）》，青海人民出版社1989年版，第8页。

② 《大公报》1941年10月6日，星期六，第3版。

动地说："今天举行开学典礼，感到很是高兴，因为现在全国有不少学校因战事关系恐怕都不能如期开学，有的还在流离，找不到一定的校址……今年本校迁校成功！"①

迁到兰州的西北师范学院在原有十系（国文系、英语系、史地系、数学系、理化系、教育系、体育系、家政系、公民训育系、博物系）一科（劳作专修科）的基础上，又增设了国文专修科、史地专修科、理化专修科、国语专修科、体育专修科，以及劳作师资培训班和优良小学教师训练班。此时的国立西北师范学院组织系统如下：

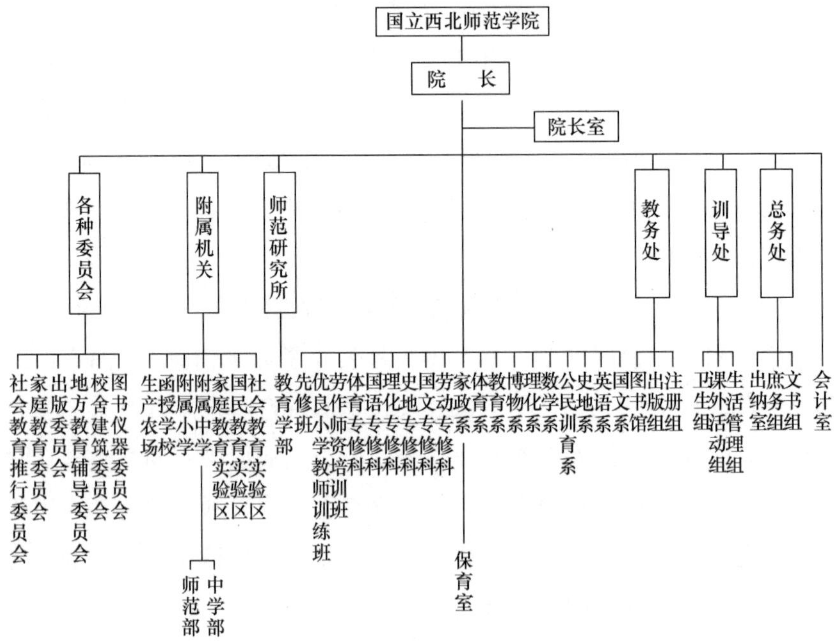

图 10－2　国立西北师范学院组织系统

资料来源：西北师范大学校史资料编研组：《国立西北师范学院史料摘编（1937—1949）》（上），中国文史出版社 2014 年版，第 3 页。

① 《纪念周记录》，《国立西北师范学院校务汇报》第 71 期（1944 年 11 月 30 日），第 1 页。

交通不畅，无论是教师前往兰州还是把教学设备从城固运到十里店，都颇费周折。兰州校区员工梁荣庭 1941 年 12 月 14 日写给城固校区员工李松荣的信很能反映迁校旅途之艰难。梁荣庭与四名同事、四名学生于 1941 年 10 月 24 日由城固出发，携带图书文具等公物 22 箱、私人行李 40 件左右，“一到汉中，困难问题，随之而来，（一）存放，（二）起票，（三）军队检查。更加上提取预购之一部分文具，每日赴汽车站商洽，站中人员多系冰冷面孔，令人望而生畏，幸有何日章先生帮忙，直至 27 日下午，各种问题逐步解决，28 日上午正式开车”，途中经褒城、留坝、凤县、两当、徽县、天水、定西等，一路遇雨、遇雪，汽车多次抛锚，汽油用尽请求支援，忍受饥寒与颠簸，11 月 8 日才到达兰州。途中见到不少汽车倾覆，其惨状让人不寒而栗。①

在严重缺乏经费的情况下，把十里店办成西北师范学院永久办学地址十分艰难，因为所有建设都必须为长远办学作打算，要注重建筑的布局、质量，要树立自己的办学风气。李蒸校长凭着自己的办学智慧和人格魅力，在各种困难面前永远不悲观，一面解决困难，一面安抚师生情绪，牢牢凝聚着西北师范学院师生员工，使得学生纯朴勤学，师生情感深厚，教师尽心教学、认真科研，学校呈现出团结向上的氛围，社会声誉很高，吸引了不少年轻人报考。例如，1943 年拟招生不到 200 名，仅西安、城固、洛阳、成都报考者就有八九百人，为了尽量满足考生的意愿，最后扩招到 300 多名。②

1947 年教育部长朱家骅在为《第二次中国教育年鉴》所写的序言中说：“抗战八年间，我全国教育科学文化界人士冒危难、耐劳苦，淬砺奋发，维持全国教育文化于不坠，发扬民族意识，推进内地文

① 《赴兰旅途报告》，《国立西北师范学院校务汇报》第 37 期（1941 年 12 月 31 日），第 5—7 页。

② 《本院本学年开学典礼记录》，《国立西北师范学院校务汇报》第 58 期（1943 年 10 月 31 日），第 1—3 页。

化，凭战时仅有之贫乏物质，而自觉自力以适应教育上之需要，其艰苦卓绝之精神，非仅可歌可泣为后人景仰，且亦足以动国际之观听，供盟邦之借镜。”① 这其中，有西北师范学院的身影。

三　师生生活

抗战时期，国家教育经费不足，再加上城固、兰州偏处西北，交通不便，西北师范学院物质条件是艰苦乃至清贫的，但师生们以乐观向上的精神让日常生活尽可能健康而多彩。

（一）城固校区师生生活

西北师范学院学风严谨，师生平时都很努力地工作、学习。但一到节假日，大家都尽情地放松：天气好的时候或结伴郊游，或参加各种社团活动，或会见好友。

1941 年的元旦，西北师范学院师生过得最为热闹——所有员生在校场坝举行了热烈的庆祝活动。先由李蒸院长报告 1940 年中国军事、经济、内政、外交等各方面的好转，对新年抗战的信心；再由附中校长方永蒸讲演对青年人及国家民族的希望；然后，全体员生呼口号，散会聚餐；餐后由学生主办同乐会。

聚餐于正午 12 时在杜家漕西京图书馆城固分馆开始，每人餐费三元，眷属照加，幼童一元。食品为冷荤、水饺、腊八粥。从早上 9 点开始，就有员生陆续前往帮忙，做馅的、擀皮的、包饺子的，一边忙碌一边谈笑，热闹异常。腊八粥火候极佳，用学校最大的锅熬了两大锅，很快被抢光。

员生大聚餐结束后，由学生在校场坝操场举办同乐会，所有游艺

① 教育部教育年鉴委员会：《第二次中国教育年鉴·总述》序言，商务印书馆 1948 年版，第 1 页。

均极富趣味。“其中催眠术一项，施者与受者，故作神秘之状，注视及按摩手续颇像煞有介事。观众中有不信者，乃自请试受，不知施术者，已于手中暗藏粉末，在按摩时即将受术者面部涂白，及施术无效，受术者笑施术者表演不灵，观众笑受术者之被绐，被绐者不知观众之笑，已而更举粉面笑人，观众笑被绐者不知自己可笑而反笑人而更大笑，于是笑人者、笑笑人者，相笑鼓掌断续不已，迨被绐者自觉，更大笑急拭粉面，犹余笑及零碎掌声时起时落。”① 下午四时起，师生再次围桌聚餐，食品为炖猪肉、炒白菜、馒头、米饭，炖肉极为香烂，师生大快朵颐。

西北师院非常重视体育活动。例如早晨的跑步，因为有校领导带头参加，逐渐影响了许多学生也主动参与。西北联大师范学院体育系最初设在古路坝，体育系师生在有限的校址上修建了一块运动场地，其中包括垒球场。西北师范学院独立设置后，董守义、王耀东、刘月林、李鹤鼎等一大批学者留在了体育系，他们是西北地区垒球运动的开拓者和倡导者。为了普及垒球运动，董守义先生亲自找到当地鞋匠张文林，照样品缝制了垒球。师生们还用当地的青冈木削制成垒球棒，用玉米秆编制成垒垫。没有手套，师生们就赤手空拳进行传接球训练。在西北师范学院师生带领下，垒球运动迅速普及起来，在城固的各高校以及文治、博望等中小学，垒球被列为“必修课”。西北师范学院操场上的垒球比赛更是一道独特的风景线，经常吸引县城及附近的父老乡亲观战、助兴。②

1940 年秋冬，为缓解严重通货膨胀造成的师生生活困难，西北师范学院利用教育部拨发的费用在城固县城东关外的界牌窑筹建了生产农场。界牌窑，又名马庄梁，面积有 50 余亩，“汉江横其前，大道

---

① 《三十年元旦本院庆祝志盛》，《国立西北师范学院校务汇报》第 18 期（1941 年 1 月 15 日），第 5 页。

② 常国健：《大西北的“垒球校园”》，转引自刘基、丁虎生《西北师大逸事》，辽宁人民出版社、辽海出版社 2001 年版，第 82—84 页。

贯其中，风景交通均称不恶”；作物以蔬菜为主，成熟后“尽先供本院教职员学生采用，一律八折优待”；农场兼养乳羊，“自西安武功二处，选购瑞士柴能纯种乳羊七头，专以产乳为目的。自到校之日起，逐日挤奶，未曾间断。俟再度生产小羊之后，乳量必可大增……所定乳价甚廉，定乳者多，供不应求”；农场还种植葡萄，“在南郑城固二处，征集良苗凡五百余株，近正着手栽植，据云二年后即可结果”；农场亦设有磨房，本校教职员学生自行磨面，农场“供给全付用具之大毛驴劳役，不收任何费用，但取麦麸为报酬，备作家畜饲料”；农场还可供劳作科学生农事实习之用，“每于实习时间内，学生三五成群，手执锄头，口唱田歌，在场中工作，莫不兴高采烈，快乐之至。他系学生，于劳动时间，亦得规定至农场工作……凡本院同学，在假期内可自动向农场报名请作日工或月工，均有报酬”。①

西北师范学院很注意学生课外活动。为了学生养成团体精神、服务意识、高尚娱乐习惯，1941 年由学生生活指导委员会议决，组织了三民主义研究会、领袖训示实践社、诗社、文会、国剧社、话剧社、书画会、歌咏队等八种课外活动团体，除由西北师范学院相关专家轮流负责指导外，还聘请校外及城固名流担任指导。各社团完全由学生自治，参加者自由报名，但每人至多参加两个，以免影响课业。八个社团中，国剧社最受欢迎，报名人数很快达到 200 多人，超过全院学生人数的三分之一。②

（二）兰州校区师生生活③

兰州校区是在一片戈壁滩上建起来的，条件十分艰苦。

① 《本校劳动生产农场近况》，《国立西北师范学院校务汇报》第 20 期（1941 年 2 月 15 日），第 5—6 页。

② 《本院各种课外活动近况》，见《国立西北师范学院校务汇报》第 23 期（1941 年 3 月 31 日），第 24 页。

③ 主要借鉴了刘基、丁虎生主编：《西北师大逸事》（辽宁人民出版社、辽海出版社 2001）中的相关记述。

最初几年，校园只有几排新建的砖房和茅草房，没有铺路，师生出入“雨天满脚泥，晴天一身土”，师生们戏称校园“处处无路处处路”。1944 年新盖的几排宿舍还没等稀泥墁成的房顶完全干透，学生就已入住。深冬，屋顶的泥冻成冰，学生晚上进入宿舍后，人多，产生的热气使屋顶的冰化成水，一滴一滴打在脸上、被子上，学生给宿舍起个雅号叫“饮冰室”。再加上宿舍冬天没有取暖设备，学生晚上冷得难以入睡，就结伴睡前去操场跑步，趁跑步后身体有热度，赶紧进被窝睡觉。

宿舍和教室都没有电灯，用的是汽灯、土蜡烛。每到夜幕降临，学校有专人从汽灯室挑出汽灯，挂到一个个教室。若有哪个汽灯烧得冒红光，管汽灯的人就立马挑走换一盏。下晚自习的号声响起，管汽灯的人把教室的汽灯一盏一盏收走，又给宿舍送上汽灯。夜间休息时间一到，汽灯又被从宿舍挑走。同学们看书、学习，都是围着汽灯坐成圆形或椭圆形。

师生生活用水都是由毛驴从黄河边驮来，装到几个大缸里，加少许明矾澄清后使用。学生伙食中日日不变的是早餐每桌一盘的“炒黄豆”：把前一天晚上用水泡过的黄豆在锅里炒熟，拌上简单的调料即可。学生称之为“刻骨铭心菜”，也是学生身体最主要的营养来源。

条件虽然简陋，但西北师院有亲切认真、从不悲观的李蒸校长，有治学严谨、爱护学生、专业扎实的师资队伍，如语言学教授黎锦熙，教育学教授李建勋、方永蒸、胡国钰，体育教授袁敦礼、董守义、徐英超，物理学教授蔡钟瀛，生物学教授汪堃仁等。就连职员也兢兢业业，各负职责。比如注册组的沈伯平、舒敏斋，靠着责任心和记忆力，把每班每级学生的情况都摸得清清楚楚，每次上课前，他们只在教室前面一站、眼光一扫，就知道哪些学生缺勤。教职员身体力行，以出色的言传身教给学生树立了极好的榜样，因此，兰州校区学风一如城固校区，苦读之风很盛。自习时间，教室里只有翻书声和写字声。

四　乡村教育

李蒸留学美国时曾主修乡村教育，任教于北平师范大学时推行过。执掌国立西北联合大学师范学院和西北师范学院时期，他更是用心实施乡村教育，并取得了相当好的效果。

西北师范学院的社会教育从 1939 年 11 月就开始筹划，因经费缺乏一度搁置。1940 年暑假，教育部拨给 2000 元作为资助，秋季开学后，西北师范学院积极张罗。1940 年 12 月 20 日，西北师院社会教育推行委员会会议确定了《国立西北师范学院乡村社会教育施教区组织纲要》，对乡村社会教育的主旨、区址、行政组织等都做了详细规定：办理乡村社会教育旨在推进乡村建设，并养成学生社教兴趣与技术；选定城固城东邯留乡为施教区域，1941 年 1 月 19 日在邯留乡翟家寺正式设办事处，设总干事一人、副总干事一人，干事及助理干事各若干人，商承总干事推行各项社教工作；分教导、辅导两部，教导部主持民众学校图书阅览、健康活动、农事指导、家事指导及通俗讲演等项工作，辅导部主持区内社会调查、民众组训以及各项乡村建设之辅导工作；1941 年度的工作方针为“教育与社会合一，政治合一，建教合一，军教合一”，中心工作是扫除文盲、民众组训、公共卫生等。①

翟家寺社会教育施教区办事处内附设一所乡村民众教育馆作为施教中心，馆内有以下场所或设施：1. 乡民代笔处。为出征军人家属及普通乡民代写信件及文契。2. 乡民问事处。解答乡民对国家时事、各项战时法规及其他问题的询问。3. 乡民体育场。设置符合民间体

---

① 《国立西北师范学院乡村社会教育施教区组织纲要》，《国立西北师范学院校务汇报》第 18 期（1941 年 1 月 15 日），第 7—8 页。

育需要的秋千、杠子等器具，以供乡民闲时练习。4. 简易诊疗所。对当地流行的各种病症予以预防及治疗，对出征军人家属予以免费优待。5. 游艺室。内设乒乓球、象棋及笛子等乐器，使乡民闲暇能享受正当娱乐。6. 阅览室。设有报纸及农民抗战丛书、儿童科学丛书200余册，以供乡民中粗通文字者阅览及学校教育的补充。7. 中心民众学校。内分儿童部、成人部、妇女部，以作全民教育实验。①

办事处派人深入各村，除白天开展各项活动外，晚间对学生进行辅导。1941至1942年，还组织了80多个学生进入邯留乡，开展了为时四周的社会教育，如宣传兵役法、帮助农民夏收、讲授卫生常识及进行其他各种社会服务。②

城固农民对西北师范学院的乡村教育工作非常认同。其中一位农民曾说："院长说的是北京话，清楚得很，他说，以后三郎庙有大学的人来往，告诉我们种田的方法，谷子可以多收，好比我们收一石，用他们的方法可以收两石。"当西北师范学院准备迁往兰州，结束城固的施教区时，当地民众依依不舍地加以挽留，甚至赠送了"善教民爱"的锦旗。③

西北师范学院乡村社会教育施教区于1943年8月迁到兰州，与兰州市政府联合成立了国民教育实验区，1943年11月12日举行了成立典礼，划定东至兰州徐家湾、西至安宁堡为实验区，在孔家崖中心学校设立办事处，分设研究、实验、总务三部。④ 1944年下半年，西

---

① 《国立西北师范学院乡村社会教育施教区筹设经过报告书》，《国立西北师范学院校务汇报》第20期（1941年2月15日），第6—8页。

② 《乡村社会教育施教区开幕典礼纪实》，《国立西北师范学院校务汇报》第23期（1941年3月31日），第4—7页。

③ 李溪桥：《纪念父亲诞辰100周年，逝世20周年》，载李溪桥《李蒸纪念文集》，中国社会科学出版社1996年版，第32页。

④ 《国立西北师范学院近况》1944年12月17日，第11页。转引自西北师范大学校史资料编研组《国立西北师范学院史料摘编（1937—1949）》（上），中国文史出版社2014年版，第575页。

北师范学院家政系又在兰州成立了家庭教育实验区，西北师范学院院长李蒸和家政系主任齐国梁分别担任主任委员和副主任委员，王非曼、方永蒸等为委员，除成立家庭讲习班、家教讲习会、妇女问事及代笔处等之外，还进行家庭访问，实地调查农村家庭妇女的需要，以便有针对性地进行指导和训练。① 实验区成立后，各项工作均能有条不紊地开展。

五　黎锦熙为孙竹青撰写碑文

西北师范学院的教授们不仅在学术上兢兢业业，而且在提倡良好的社会风尚方面树立了表率。时任西北师范学院教务长、国文系教授兼系主任的黎锦熙对活跃于城固的画家孙竹青女士撰写碑文一事，即彰显了一代学人匡扶社会正义的高尚情操。黎锦熙为孙竹青女士撰写的碑文（山东昌乐张万杰书丹。张万杰当时在位于汉中石堰寺的中央陆军军官学校第一分校任教）刻写在画家孙竹青女士之墓的石碑上，该碑现存于汉中市博物馆。② 碑文如下：

> 孙竹青女士，河北固安人，父鼎忱，驻军河南，梦腹破生竹，适女士诞生以命名，性善丹青，九岁为人画扇，见者奇之。家北平，年十三，受业齐白石之门，白石题其画曰：少年

① 《家庭教育实验区成立》，《国立西北师范学院校务汇报》第71期，1944年11月30日；《国立西北师范学院近况》，1944年12月17日，第11—12页。转引自西北师范大学校史资料编研组《国立西北师范学院史料摘编（1937—1949）》（上），中国文史出版社2014年版，第574—575、577页。

② 此碑原立于原汉中师范学院墙外五郎庙东南半里处孙竹青女士墓地。1980年代初由任职汉台博物馆的王复忱先生抢救搬回汉台博物馆珍藏。见王复忱：《孙竹青墓表抢救记》，载汉台区政协学习文史委员会编《汉台区文史资料·第14辑》，1998年版，第184—185页。

必超将来之来者。授以水族画诀。年十五，更做习王梦白花鸟画，夜不倦。民国二十六年，七七变起，女士年十七，敌将至，家人仓惶失措，乃厉声曰：宁作流亡鬼，不为亡国奴，犹狐疑胡为？全家遂南移，女士奉重亲、挈弟妹十口辗转，秋抵西安，沿途行囊损失殆尽，而女士随处作画。政府赈济难民，举行之画展会于西京市，遂捐画十幅，见者争购焉！二十七年春，潼关告警，全家又西行达宝鸡，难民聚屯公路，买车不易，席地而卧者月余。同乡介城南十五里茹庄候车，徒行涉渭，负弱弟冒凄雨，阴霾四合，寒风怒吼，但闻水声呜咽，而车来列车声如铁甲齐鸣，女士顾家人曰：人间何险阻如此。泣下，即挺身登岸趋茹庄，既逾秦岭，过庙台子，宿张良祠。晨登山，纵目见辛夷盛开，双栖玉鸟。是日抵南郑，寓东关，即夕作辛荑玉鸟图。盖女士取景于自然，故未酌量也。沧县叶访樵精绘事，尤工孔雀山君，女士复从游，得其传，艺大进，所作佳者假书师款，知者莫辨。二十八年春，南郑城固人士为举行师生救济难民画展，女士遂知名。三十年，又从任曼逸习虎，病中不稍辍。于是综诸师之长，参以目验心得，惨淡经营，神超墨外，其名日噪，盖有由焉。女士性肫挚，事亲至孝，祖母丧，亲入市赊取棺衾殓葬。盖尽礼事毕，售前作画悉偿之，人以为能。兼究化学工艺，自创竹青牌油墨及墨汁售于肆，陕南诸学校多赖之，有益于国，亦自赡其家。其才力有足多者，用启觊觎，遇人不淑，涉讼成疾，咯血经年。三十一年二月受判不得直，喷血昏厥仆地。苏而顾谓父母曰：儿病恐无生望，死不足惜。唯有不瞑目者三：“学艺不成而遽短折，一也；父失明，母病足，弟妹六人稚弱待教养，女死何以为生，二也；遭欺侮，沉冤难雪，三也。”言毕，哭不成声，三月十日卒，年二十二。

湖南湘潭黎锦熙撰

山东昌乐张万杰书

刘化南　贺沧江　陈博山　孟淑田

吴子和　张静轩　曹自先　高建亚

尹国斌　田学文

三十一年十一月立①

孙竹青，河北固安县人，1920 年出生，幼年家居北平。其父孙鼎忱，早年毕业于天津武备学堂。1920 年，孙鼎忱驻军河南，一天晚上梦到腹破竹生。恰巧，家中来信告诉他女儿诞生，他就给女儿取名“竹青”。

孙竹青自小就显示出了非凡的绘画才能：9 岁时就可以在扇面上作画，见者都以为奇人；13 岁时，家住北平，在齐白石门下受业，深得齐白石喜欢；15 岁，整夜临摹王梦白的花鸟画都不觉倦困。1937 年，孙竹青画了一幅花鸟画，齐白石喜欢得不得了，在画上题字：“竹青女公子，年小笔超殊，足见老年人得见将来之来者，生欢喜心。”

卢沟桥事变发生后，时任宋哲元二十九军少将旅长的孙鼎忱参加了卢沟桥保卫战，率部与日寇战于北平南苑，不幸被日军毒气弹所伤，双目失明，回固安老家休养。

北平失陷后，国军节节败退，固安老家眼看要沦落敌手，作为家中最长子女的孙竹青看着 70 多岁的老祖母、双眼失明的父亲、久病在床的母亲、几个未成年的弟妹，面临着艰难抉择：举家逃难还是做亡国奴？17 岁的她毅然决定：“宁作流亡鬼，不为亡国奴，犹狐疑胡

① 黎锦熙：《画家孙竹青女士墓表》，见汉台区政协学习文史委员会编《汉台区文史资料 · 第 14 辑》，1998 年印刷，第 186—187 页。

为？”于是，她带领全家老小开始了南迁流亡之旅：先从河北固安到涿县，再乘火车到潼关，然后雇了一辆小车，年迈的祖母和年幼的小弟坐上车，她背着小妹，领着重病的父母和大妹，经过千辛万苦的跋涉，终于在1937年秋天到达西安。

流亡的路上，孙竹青依然不忘作画。到达西安之初，适逢政府举行赈济难民的画展，她拖着长途跋涉后虚弱的身子作画十幅参展，不到三日即被抢购一空。靠着卖画的收入，一家人在西安落下脚来。

不料，生活刚刚稳定下来，1938年春天，日军迅速向西推进，潼关危急，西安也成了不可久留之地，全家只得再迁宝鸡，准备从宝鸡乘车前往位于秦巴山区的汉中。

不大的宝鸡，云集着难以计数的难民，都在等待搭车进入秦岭山区。车少人多，孙竹青一家在道路边席地而卧达月余，仍未能搭上车。后来，在同乡的介绍下，她背负着弟弟，带领家人渡过渭河，冒着凄风冷雨，到达宝鸡城南十五里远的茹庄，才搭上车，翻越秦岭，到达汉中。

在汉中，孙竹青一家租住在东关小关子温家茶馆的后院。一安顿下来，她立即拾起画笔，把在秦岭中看到的辛夷花（又名紫玉兰、望春花）、白玉鸟画了下来。

1938年夏季的一天，迁居汉中不久的孙竹青正在温家茶馆与避难汉中的画坛名家如工笔花鸟专家王闻影、花鸟画家叶访樵、画牛专家阎松父、专画仕女的齐含章、画虎名家任曼逸等人闲谈，遇到了从城固到汉中办事的西北联大教授黎锦熙。黎锦熙和齐白石同乡，又是好友，两家来往密切。孙竹青早年在齐白石家学画时见过黎锦熙，黎也多次听齐白石夸赞孙竹青，只是此次在汉中相遇，孙竹青已经从小姑娘长成了大姑娘，几乎让黎认不出来了。孙竹青给黎锦熙看她画的《辛夷玉鸟图》，黎欣赏之余兴奋地在她的画作上方题下“神超墨外”四个字。

1939 年春天，城固县举行师生救济难民画展，孙竹青的多幅画作入选参展，名声越来越大。但她不自满，依然虚心地在汉中遍访名画家。她曾向河北同乡叶访樵请教花鸟画法，得到他的真传，画技大长，有时画了比较满意的画她署上叶访樵的名字，竟达到可以乱真的程度。她也曾跟着任曼逸专门学习画虎，受益良多。勤奋、聪慧，加上名家指点，孙竹青的画艺不断提高。

只是，仅靠父亲每个月领到的一点生活费和她卖画所得维持家用，孙竹青家境依然困难。惜才的黎锦熙给她两条建议：一是让她把幼妹、幼弟送到汉中城西凹口寺的西北儿童教养院去，不仅能减少家庭开支，而且可以使她腾出精力做点其他谋生之事；二是鼓励她学习化工工艺，自制油墨、墨汁供应内迁城固和汉中的各校，因为当时这些学校印刷、书写所用的油墨和墨汁都供不应求。

不久，孙竹青拿着黎锦熙给西北儿童教养院院长智澄的介绍信，将幼妹和幼弟送进了教养院，又在黎锦熙的介绍下跟随西北联大化学系教授学起了制作油墨、墨汁的工艺。在此期间，她住在黎锦熙家里，同黎的夫人贺澹江结下了深厚友谊。

学艺归来，孙竹青在自家后院办起了手工作坊，经过一个月的不断试验，终于制成了油墨、墨汁，送往印刷厂和学校试用，效果非常好。黎锦熙帮孙竹青给她生产的油墨定名为“竹青”牌，并建议她设计了一个商标。

由于物美价廉和孙竹青在画坛的名气，“竹青”牌油墨和墨汁一推向市场，就受到欢迎，销路很好。孙家的生活渐渐好转，孙竹青的脸上洋溢着开心的笑容。

1940 年，国民政府监察院长于右任到汉中视察期间，听人说起孙竹青，他挥毫落纸，题写了“天行健，君子以自强不息”的条幅褒奖孙竹青自强自立的精神。黎锦熙也用他习惯的书写法，用国语拼音和汉字写了一幅“星垂平野阔，月涌大江流”的对联，勉励孙竹青继续努力。

孙竹青在汉中的名气越来越大，家庭经济条件也越来越好，她和富甲一方的商人杨子朴也开始谈婚论嫁。

杨子朴是厚丰号南纸店的老板，年近四十，家境丰裕，开有多家分店，是汉中城有名的富商。在生意往来中，他和孙竹青渐渐熟识起来。后来，杨子朴经常包买孙竹青的画、油墨、墨汁等。尤其是，在孙竹青患上肺气肿，又值祖母去世、孙家生活艰困之时，杨子朴不失时机地资助孙家，赢得了孙竹青和她父母的信任。当杨子朴带着刊登有与妻子离婚启事的报纸到孙家求亲时，孙竹青没有了选择的自由，她答应嫁给杨子朴，算是对他资助的报答。

1940 年底，孙、杨在汉中伞铺街举行了婚礼。一个是富甲一方的商人，一个是年轻貌美的女画家，婚礼铺排风光，在汉中轰动一时。

可惜婚后的生活并不如意，一是两人缺乏共同语言，二是孙竹青发现所谓杨子朴与他前妻的离婚完全是一场骗局。对于成为杨子朴的小妾，自强自立的孙竹青不能接受，俩人于是争吵不断。在争吵中，杨子朴多次威胁、殴打孙竹青。孙竹青一气之下，回到位于东关的娘家住下，重拾以前的手工作坊，再也不回杨家。杨子朴多次上门纠缠，都被孙竹青之父孙鼎忱赶出家门。杨恼羞成怒，纵容他的妻子到孙家吵闹，大骂孙竹青勾引其夫，害得她出丑。

孙竹青忍无可忍，向杨子朴提出离婚。杨求救于黎锦熙，请他出面调解。黎锦熙在调解中发现，杨娶孙并不像杨口口声声所声称的“不为江山为美人”，而是被“竹青”牌油墨、墨汁的巨大利润所吸引。

看清了杨的真正面目，孙竹青坚决不接受协议离婚的威逼，以重婚罪向法院提起诉讼，要求法院严惩杨子朴，并判决她与杨的婚姻无效。气急败坏的杨子朴威胁道：“讼！则汝将为羊肉泡馍，泡死而后已！”法院判决时，杨竟率领其妻及几个证人到庭证实他是先离婚后娶孙的。不仅如此，杨子朴还反告孙竹青贪图他的钱财，以色相勾引他，破坏他的家庭。

孙竹青败诉，且被诬为一个令人不齿的“小三”。她怎么能够接受这样一个指鹿为马的结果？可是，一个无权无势、需要独力支撑家计的22岁女子怎能较量得过一个财大气粗、奸滑老到的中年男子？深感屈辱、无奈的孙只好请求民事法庭宣判她同杨子朴的婚姻无效或判定离婚。不料，杨子朴此时竟然耍起了“羊肉泡馍”的无赖手段，不同意离婚！1942年2月5日法院再一次判定孙竹青败诉。

听到败诉的消息，孙竹青当庭吐血昏倒，此后一病不起。她向父母留下遗言：“儿病恐无生望，死不足惜，唯有不能瞑目者三：学艺期成，而遽短折，一也；老父失明，母病足，弟妹六人稚弱待教养，女死何以为生？二也；遭欺侮，致沉冤，三也。”

1942年3月10日，年仅22周岁的孙竹青病逝。新中国成立后，杨子朴被人民政府镇压。

孙竹青的去世在汉中引起不小的震动，她的生前好友无不为之呼冤，文化界人士还送来挽联、挽诗。

时任西北师范学院教授的黎锦熙挽诗：“烽烟九万里，人世廿三春。妙手承甘旨，佳期茹苦辛。画中张虎视，镜里但娥颦。恨事遗言在，难忘是老亲。”

黎锦熙夫人贺澹江的挽诗：“流亡辗转汉江滨，相识五年春，往往谈心促膝，谁料竟入辛酸。琼怀抱，玉精神，误婚姻，而今长逝何日重逢？怎不伤心！”

文化名人舒潄芝的挽诗：“临终遗言更酸辛，三事临终堪痛哭。黎君佳传表遗芳，父老征诗到不榖。吁嗟呼！从古昙花一现多，托根孝笋终盘郁。题诗我亦太息深，投吊竹青企高躅。”

黎锦熙忍不住悲痛的心情写下了《竹青小史》，以“惜其才，悲其遇，亦以揭世情”。他请当时在汉中石堰寺中央陆军军官学校第一分校任教的书法家、山东昌乐人张万杰先生书丹，将《竹青小史》及部分挽诗刻于孙竹青墓表，将孙竹青短暂一生的行迹留存于世。

这块原本立于汉中市东关五郎庙孙竹青墓地的六棱柱墓表，1983年被供职于汉台博物馆的王复忱先生抢救回汉台博物馆，而今立于馆内一棵有着顽强生命力的大皂角树旁。岁月无情，石碑有语，诉说着乱世奇女子孙竹青短暂一生中让人扼腕长叹的点点滴滴，也见证了西北师大教授黎锦熙匡扶正义的风度。①

① 孙竹青的故事参考了柳坡《汉水明月思故人——记语言学家黎锦熙与青年女画家孙竹青》（汉台区政协学习文史委员会编《汉台区文史资料 · 第14辑》1998年12月）以及钟鸿《风雨半支莲》，华龄出版社2006年版。

第十一章

济世报国，扶伤救民：国立西北医学院在南郑

一　国立西北医学院的组建

国立西北医学院起源于1912年设立在北京后孙公园的国立北京医学专门学校。该校1923年改名为国立北京医科大学校，1927年改名为国立京师大学校医科，1928年改名为国立北平大学医学院。1937年日军占领平津后，医学院师生即在院长吴凤祥的带领下随北平大学迁往西安，组建为国立西安临时大学医学院，继续办学。1938年4月，国立西安临时大学医学院随校再迁陕南汉中，组建为国立西北联合大学医学院，1939年8月独立设置为国立西北医学院。

国立西安临时大学医学院刚刚组建为国立西北联合大学医学院时，院长为徐诵明，教学场所在今天的汉中市区（时称“南郑”）东大街。1939年5月初，日机轰炸汉中城，城内房屋损坏严重，西北联合大学医学院为了师生人身安全，迅速迁出汉中城，前往汉中东郊办学，校本部设于黄家坡的马家庙（今汉台区七里街道马家坝村），附属医院设于黄家坡的文家庙，学生和教工宿舍分布在马家庙附近的庙宇和祠堂中，如孙家庙、衡家坝、三皇寺等。西北医学院独立设置

后办学地址依旧在马家庙及其周边。1939 年夏，徐诵明辞去院长职务，由徐佐夏接任，直到 1945 年初。1939 年 10 月 25 日，敌机袭击了位于汉中城内的西北医学院办事处，房屋器具被毁。[①]

国立西北医学院招生不分系，上课分基础医学班（也称“前期部”）和临床医学班（也称“后期部”），学制六年。课程按学年设置。

表 11－1 **西北医学院课程设置**

学年	课程
第一学年	党义、国文、第一外国语、第二外国语、拉丁文、数学、普通化学、分析化学、物理学、战时救护训练、伦理学
第二学年	生物学、心理学、有机化学、胚胎学、解剖学、神经系解剖学、组织学、生物化学、战时救护训练
第三学年	生理学、生物化学、药理学、细菌学、病理学、寄生虫学、战时救护训练
第四学年	物理诊断学、实验诊断学、内科学、热带病学、小儿科学、精神病及神经病学、皮肤花柳科学、外科学、放射学、中国医学史
第五学年	内科学、外科学、小儿科学、皮肤花柳科学、泌尿外科学、眼科学、耳鼻喉科学、公共卫生学、妇产科学、法医学、医师伦理
第六学年	内科类实习（包括小儿科、精神病科、皮肤花柳科），外科类实习（包括泌尿科、矫形外科、眼科、耳鼻喉科），妇产科实习，公共卫生实习

资料来源：参考杨龙《国立西北医学院抗战时期课程设置》，“西安交通大学医学教育创建 105 周年暨抗战迁陕 80 周年”网，http：//xjtu120th. xjtu. edu. cn/index. jsp。

独立设置的国立西北医学院第一任院长为徐佐夏。院长之下，设教务处、训导处、总务处三个处，以及公共卫生教学区办事处和附属医院，各设主任一人。教务处设注册、出版、图书等三组。训导处设生活指导、军事管理、体育等三组。总务处设文书、庶务、出纳及仪

① 《本院抗战史略》，《国立西北医学院院刊》1941 年第 2 期。

器药品管理等四组，各设组员若干人，事务会计各一人。[①] 文书组负责各种文件的制订，工作内容多。庶务组主要负责租用民房、修缮祠庙、增开体育场等；1941 年 5 月间还在黄家祠南侧新建分院一所，为四五年级学生所用，计教室两大间，女生宿舍六间，办公室、教员休息室、工友室、浴室、厕所均齐备；另在院本部内新建实验室、食堂、体育场及旗台、阅览室等。

西北医学院刚成立时，图书室仅有“西文书籍 98 册，中文书籍 329 册，日文书籍 55 册，西文杂志 40 种及中文杂志数种”，分立后“即筹拨专款，从事采购，先后订购得西文 552 册，中文书籍 1680 册，中西文杂志数十种及中文新闻报章十数种。此外，各教室自制各学科拼图计 1560 幅，又向昆明龙门书店、西南医学书店及英美各大出版公司订购中西文书籍杂志数十批”[②]。其中 1940 年春教育部拨给用于西北医学院购置图书、仪器设备之用的美金 1.5 万元（合约 40 万元）发挥了很大作用。[③]

西北医学院为加强学生的考试工作，特设立了组织考试委员会，并规定：一、组织考试委员会委员暂定为五人，由院长及临床、基础两方面教授各二人组织之；二、临床试验每月一次，即就授课时间内举行之；三、试场内用会考法，将临床班、基础班学生，各自混合，另编座号；四、试题用抽考法，由各科教授就授毕部分，预拟题目若干，送交考试委员会，选定备用。[④]

从 1940 年度上半年学生情况统计和 1941 年度学生省籍统计来看，西北医学院招生规模不大，每年招生在 50 人以下。1940 年度上学期，全院共有学生 204 人，男生 154 人，女生 50 人；新生总计 34 人，男生 26 人，女生 8 人；休学生 8 人，退学生 5 人，复学生 7 人，

---

① 教育部编：《全国专科以上学校要览（上册）》，中正书局 1942 年版，第 231 页。

② 《图书概况》，《国立西北医学院院刊》1941 年第 14、15 期合刊。

③ 《教部拨款扩充本院图书仪器》，《国立西北医学院院刊》1941 年第 7 期。

④ 《本院组织考试委员会》，《国立西北医学院院刊》1941 年第 2 期。

借读生 10 人，转学生 1 人。[①] 1941 年度学生省籍统计结果表明，当时学生总计 206 人，其中河北 60 人，陕西 27 人，山东 25 人，河南 29 人，山西 15 人，安徽 12 人，其余省份都较少。[②]

1940 年前后，教育部意欲将西北医学院、西北工学院、西北师范学院等继续向西北腹地迁移。西北医学院院长徐佐夏于 1941 年 4 月底同西北师范学院院长李蒸同去西北勘察新校址。[③] 考察途中，他在兰州给西北医学院来函称“对天水环境及地理，与将来设院之一切设施，印象颇佳云”[④]。1941 年 7 月，徐佐夏院长回院汇报勘察校址及向教育部汇报情况，最终由于“甘肃方面虽意图欢迎，但终以目前迁移费用巨大与教部再三商酌，结果决定暂不移动，即将在南郑近郊建设校舍及病院云”[⑤]。

二　公医生制度的实施

抗战期间，医学院因专业优势而受到政府格外关注。1940 年，国民政府颁布了“公医制”方案，教育部指定国立中央大学医学院、国立中正医学院、国立西北医学院、国立贵阳医学院四校先行试办，并规定自 1940 年度起，各院校一年级新生一律为公医学生，中正医学院新旧生一律改为公医学生。公医学生一律免收学膳费（包括免收体育费、图书费、实验费及其他类似费用）。1941 年底开始，物价高涨，教育部改善公医学生的待遇：自 1942 年 1 月起，每生每月由教育部发给膳食费 18 元外，另发专用于图书、实验、研究之用的零用

① 《第四次教务会议择要（1941 年 3 月 14 日）》，《国立西北医学院院刊》1941 年第 6 期。

② 《国立西北医学院三十年度学生省籍统计表》，《国立西北医学院院刊》1941 年第 14、15 期合刊。

③ 《院长赴西北勘察》，《国立西北医学院院刊》1941 年第 6 期。

④ 《院长西北勘察校址观感颇佳》，《国立西北医学院院刊》1941 年第 7 期。

⑤ 《院长刘教官联袂返院》，《国立西北医学院院刊》1941 年第 9、10 期合刊。

钱每月 15 元，1942 年度并发给制服津贴 100 元。①

这样的优惠条件使得许多贫困家庭的学生得以完成学业，他们也牢记国家培养之恩，立志毕业后为国、为民服务。正如西北医学院学生杨士濂、赵敏树 1941 年 1 月 10 日给教育部部长陈立夫的信中所称："蒙国家之培育、学校之爱护及得继续学业，饮水思源实深感戴愿。自抗战以来，医药界因人才之缺乏，组织之涣散，未克尽其最大效能，诚属无可讳言。推溯原因，因由于吾国医学教育之不发达，而既学成者亦往往醉心于自私自利观念从事私业，而无舍已为公之精神服务人群。而今前方救护工作亟待推进，后方卫生事业急需发展，皆为抗战建国之工作刻不容缓，是故我贤明教育当局乃谋公医制度之推行，力矫时弊，挽此厄运。其意至善，其旨至深。生等聆此意旨，深觉舍此无以恢复民族之健康，巩固国家之邦基，一扫数千年之积弱。生等愿以所学之学业，以尽志愿以身献国，一切皆遵从公医生章则办理，决不违背。伏祈。"②

但也有些公医学生不愿意接受征调。为此，西北医学院加强对学生进行为国服务的教育。院长徐佐夏亲自找"非借词推诿，即置若罔闻"不应政府征调的毕业生谈话，进行批评教育。③ 如果学生依旧因各种理由不听征调，西北医学院即开除其学籍，并呈报教育部。1941 年 7 月，邹桂贞、张学礼两名毕业生就因不愿意接受征调，而被开除学籍，扣发毕业证书。④ 1940 年度毕业生共计 20 名，除 4 名在公共卫生人员训练所受训未满者依法缓征，另 2 名留校人员不在应征抽签之内，其余 14 人举行抽签。结果，女生 4 人全部应征民医，其中陕西卫生处 2 人、平

---

① 《公医生发送待遇，教育部已令院公布》，《国立西北医学院院刊》1941 年第 18、19 期合刊。

② 《公医学生待遇暂行办法及有关文书》，第二历史档案馆档案：全宗号 5，案卷号 14887。转引自慕景强著《西医往事》，中国协和医科大学出版社 2010 年版，第 277 页。

③ 徐佐夏：《劝告二十九年度毕业生应征书》，《国立西北医学院院刊》1941 年第 4 期。

④ 《学生邹桂贞、张学礼二名不服征调开除学籍》，《国立西北医学院院刊》1941 年第 9、10 期合刊。

凉卫生站 1 人、红十字会总会 1 人；男生 10 人，分派至陆军军官学校第一分校军医 6 人、陕西卫生处 2 人、红十字会 1 人。[①]

公医生制度有助于减轻经济困难学生学医的压力，因此很受欢迎。1941 年，西北医学院奉教育部令“以交通不便，本年度统一招生暂停一年，本年度自筹招生事宜，目前成立招生委员会”[②]。西北医学院仅在兰州、西安、南郑三地设立招考区，报名应试学生就达 260 余名，最终录取了 50 名，另有 20 名备取生。[③]

当然，没有享受到公医生待遇的高年级学生，如果经济困难，只要符合申请贷金条件，均可领得膳食贷金以贴补生活。如，1941 年西北医学院有 110 名学生申请膳食贷金，除 6 名家不在战区不符合申领条件，另有 3 人手续不齐须补缴相关证明外，其余 101 名都得到批准。[④]

三 附属医院

西北医学院附属医院是在西北联合大学医学院附属医院基础上组建的，不仅为本校师生诊病，而且收容伤兵，救护受伤难民，服务附近群众。[⑤] 1939 年 5 月迁到文家庙以后依然坚持这一宗旨。到 1941 年 5 月，文家庙西北医学院附属医院已经初具规模，且在继续完善中：病房、门诊部得到扩充，女浴室在新建，住院患者增至五六十人，门诊挂号每日增至百余号；组建了六个防空救护队，一遇敌机侵袭本市，即出发前往救护被难同胞；病人伙食费由不敷到略有增加，

---

① 《二十九年度毕业生应征抽签》，《国立西北医学院院刊》1941 年第 9、10 期合刊。

② 《本院定期招生》，《国立西北医学院院刊》1941 年第 6 期。

③ 《本院三十年度招考新生揭晓》，《国立西北医学院院刊》1941 年第 11、12 期合刊。

④ 《战区学生贷金委员会布告第一号》，《国立西北医学院院刊》1941 年第 4 期。

⑤ 《本院抗战史略》，《国立西北医学院院刊》1941 年第 2 期。

计普通病人每月伙食费增为2元，二等病人伙食费2.5元，特等病人每日伙食费仍为3元；已建成防空洞；在东院增盖职员及病人厨房三间；为用水方便起见，在院内凿井一眼；将每日检查病房时间制度化，确定为上午九时至十时，下午五时至六时。①

据1941年统计，西北医学院附属医院计病床110张，开设有内科、外科、妇产科、小儿科、皮肤花柳科、眼科、耳鼻喉科。

表11－2　**1941年西北医学院附属医院各科室医师、护士、练习生人数及每日平均就诊人数**

	内科	外科	妇产科	小儿科	皮肤花柳科	眼科	耳鼻喉科
平均日诊病人（个）	25	35	8	20	42	59	15
医师	4	5	3	3	3	3	1
护士	2	2	1	2	2	2	1
练习生	1	1	1	1	1	1	1

资料来源：《附属医院概况》，《国立西北医学院院刊》1941年第14、15期合刊。

内科成立于1938年夏，到1941年已经诊病15000余人次（其中1939年3908人次、1940年5904人次、1941年1—11月5923人次）。陕南以往没有黑热病的记载，但西北医学院附属医院内科1940年发现2例、1941年发现9例，患者基本都有在陕南以外地区活动历史，应该是外传而来。②

妇产科对当地妇女健康尤为重要。当时陕南妇女卫生知识较差，崇尚迷信，尤其是接生方法不健康、不卫生，造成不少妇女因分娩而死亡或落下妇科病。再加上，不少妇女或因为害羞，或因为贫困，或因为不被家庭重视，独自忍受妇科病而不去就医。因此，西北医学院

① 《本院附属医院院闻》，《国立西北医学院院刊》1941年第6期。

② 《三年来内科概况》，《国立西北医学院院刊》1941年第14、15期合刊。

附属医院妇产科特地采取了一些措施：一、添设助产班，普及助产知识与技能；二、普及妇婴教育，开设短期训练班，以训练旧式接生婆，补充助产士之不足，又做家庭访问，以便检查产妇健康，并灌输妇婴卫生知识，宣传科学接生之优益；三、请求教育部补助经费，添设施诊病房，使贫苦者亦可减少无谓之牺牲；四、对多数慢性妇科疾病，采取理疗法，推广使用太阳灯、X 光灯等设备。①

小儿科 1938 年 7 月设立于汉中城区，1939 年 5 月随附属医院迁到文家庙。在城区时，交通便利，病人较多。迁到文家庙以后，距城稍远，往返不易，最初病人很少，后来附近乡民多来求诊。在文家庙虽门诊量减少，但有利于住院患者；同时在文家庙设立了对贫穷者施诊的地方。到 1941 年冬，已经总计应诊儿童近 2000 人次，其中幼儿最多，占 46.3%；乳儿次之，占 31.5%；学龄儿最少，占 22.2%。患者中，消化系统病患为最多，占 31.3%；呼吸系统疾病次之，占近 30%；传染病又次之，占 14.4%。在消化系统疾病中，以蛔虫症为最多，消化不良次之；呼吸系统疾病中，以流行性感冒为最多，支气管炎次之；传染病中以痢疾为最多。以年度来看，麻疹似以 1940 年较为流行，痢疾以 1941 年为最多，疥较为平均。②

西北医学院附近乡间儿童患病大多因为卫生常识缺乏，经济能力不足以支撑儿童有足够营养。儿童患病后，大多数家庭先请庸医诊治，乱投药剂，轻者不治已可治痊，而重者逐致不起，终来求诊；病重者治疗至繁，所费愈多，家庭经济负担更重，不少家庭因此放弃治疗，致患儿死亡。

皮肤花柳科诊治的花柳病以淋病为最多，梅毒次之，然后是软性下疳和性病。从就诊情况看，花柳病在汉中已成一严重问题。皮肤病以疥疮为最多，占全数 41%，一般平民，习以为常，不予治疗。麻

① 《妇产科二年来之鸟瞰》，《国立西北医学院院刊》1941 年第 14、15 期合刊。

② 《小儿科四年来统计概况》，《国立西北医学院院刊》1941 年第 14、15 期合刊。

风病在汉中也有逐渐增加的趋势。①

表 11－3　1941 年度西北医学院就诊性病患者职业分布情况

职业＼病名	梅毒（百分比）	淋病（百分比）	软下疳（百分比）
学生	4.76	16.9	
农民	53.74	14.08	28.57
军人	13.6	21.1	57.14
商人	23.8	32.39	
其他	4.08	15.49	14.28

资料来源：《三十年度梅毒患者职业百分率表》，《国立西北医学院院刊》1941 年第 14、15 期合刊。

四　教学、科研与社会服务

西北医学院有解剖、病理、生理、药物、细菌寄生虫、内科、外科、产妇科、眼科、小儿科、耳鼻喉科各教室，共有教室、实习室、办公室、学生宿舍及医院诊室病房等约 150 间，有的是从旧有祠庙、民房改造而来，有的是重新建筑而成。教学设备简陋，仅有图书 1500 余册，解剖、组织、药理、生理、病理各种仪器一部分。但医院临床各科，设备较为完善。② 学院对于各种科目的教学都侧重实验，1940 年就已经建成解剖实验室、病理实验室、生理实验室、药理实验室、细菌实验室、寄生虫实验室等，并从鄂陕甘各处领到大批尸体，用于二三年级学生的解剖实习，同时豢养多种动物，作二三年级学生细菌、生理、药理等实验之用。③

① 《皮花科概况》，《国立西北医学院院刊》1941 年第 14、15 期合刊。
② 教育部编：《全国专科以上学校要览（上册）》，中正书局 1942 年版，第 231 页。
③ 《国立西北医学院工作近况》，《国书季刊》1940 年第 2 期。

为促进学生课业进步，西北医学院除要求各班经常性地举行会考外，还组织考试委员会，严格举行月考，并请各教授将试题预拟数十则，由考试委员会从中随机抽用。学生也感到抗战时期国家更需要医学人材，所以学习非常努力，学业突飞猛进，举行第一次月考时，成绩极佳。①

为提升学风，西北医学院训导处 1941 年下半年举办抗战建国论文及卫生论文竞赛，1942 年 1 月底进行了评定，结果王培信、谭元珠两人分获抗战建国、卫生论文竞赛第一名，奖励书籍费 50 元。②

科研环境虽然艰苦，但西北医学院很重视科研。因为西北医学院不仅礼聘到一批高水平的教授，如药理学教授马馥庭（曾任河北医学院院长、军政部第一陆军医院院长），外科教授万福恩（有“国内著名外科圣手”之称），耳鼻喉学教授张济乡，组织、解剖、胚胎三科教授王显宁（德国柏林大学医学博士毕业），细菌学教授纪学参，药剂学教授兼药局主任刘遯等，③ 而且有强烈的研究与服务意识。1941 年，日本空袭少了一些，西北医学院一等各方面渐趋安定下来，便筹备成立中药研究所、地方病研究所。中药研究所由徐佐夏、毛鸿志二人负责。地方病研究所聘请热带病学教授周海日负责筹备。成立地方病研究所，是因为西北医学院每到假期就会派学生赴陕南各城乡宣传或施诊，发现陕南群众文化水平低，卫生意识差，地方病很多，但有效的治疗方法尚不明确，打算一面继续调查，一面从事研究，在弄清楚生病原因的基础上再寻求治疗方法。④

学生的科研活动也得到鼓励和支持。西北医学院三年级学生赵敏树、胡肇椿、吴功铭、丁涛等“为适应抗战需要，研究国药，力求药

① 《本院学生研究风气浓厚》，《国立西北医学院院刊》1941 年第 2 期。

② 《院闻：学术论文竞赛表》，《国立西北医学院院刊》1941 年第 16、17 期合刊。

③ 《新聘教授均已先后到校》，《国立西北医学院院刊》1941 年第 4 期。

④ 《中药研究所即将成立》《成立地方病研究所》，均载《国立西北医学院院刊》1941 年第 4 期。

物自足，提取中药有效成分起见”，发起组织药物研究会，得到学校批准。[①] 校方利用假期，将学生编成数个小队，由教员带队，以学院附近的新民乡、灵泉乡为重点，既宣讲卫生知识，施种牛痘，又调查统计人口出生、死亡情况及陕南地方病，作为改良地方卫生健康状况的研究样本。[②]

西北医学院的社会服务工作也有声有色。比如，举行书画展览会，将获取的报酬全部用于劳军；一遇汉中城区遭受日机轰炸，立即派出学生前往救护伤民；1941 年 2 月 21、22 日，西北医学院一、二、三年级学生全部出动，前往南郑、城固、褒城三县，分访问、讲演、漫画、戏剧、壁报五队宣传兵役知识。[③] 此外，西北医学院积极参与户口、出生、死亡情况统计，预防接种以及社会卫生教育等。从 1941 年 1 月起，西北医学院与附近的新民乡公所合作，以新民乡为范围，从事户口、出生、死亡三项统计工作。1940 年 9、10 月，给教职员、学生、校工、校警及附近居民 230 人注射伤寒副伤寒混合疫苗；1941 年 2 月，为 4536 人种痘。社会卫生教育主要是进行卫生宣传：1941 年 2 月 20—22 日，由副教授黄万杰任卫生宣传队总队长，分领 12 分队，到新民乡及灵泉乡各村落宣传天花预防、沙眼预防、求医常识、膳食改进、疥疮预防等，并绘制卫生图画 5 种共 60 张，使宣传内容形象直观；同时施种牛痘及发施诊券 500 张。[④]

西北医学院三民主义青年团 1941 年组织的假期服务获得很好的社会反响：因天旱缺雨，三皇川 2 万亩稻田奄奄一息，西北医学院三青团与当地水利部门联系借水灌溉 8 天，使 2 万亩秧田增产 4 万石新稻；筹设青年招待所、新生食堂、辅导升学等，减少了不少前来投考

① 《药物研究会申请备案》，《国立西北医学院院刊》1942 年第 20、21 期合刊。

② 《国立西北医学院工作近况》，《国书季刊》1940 年第 2 期。

③ 《筹备书画展览会》《五年级学生救护伤民》《寒假扩大兵役宣传》，均载《国立西北医学院院刊》1941 年第 4 期。

④ 《公共卫生教学区办事处工作报告》，《国立西北医学院院刊》1941 年第 4 期。

西北医学院的年轻人的困难。[①]

参与社会捐助活动也是西北医学院的一项社会服务。如，1941年度西北医学院师生参与寒衣募捐活动，共募得650.15元，交陕西省劝募委员会。[②] 此外，1940年寒衣募捐310.5元，1941年为伤兵捐款550元、建墓铸逆（注：指建“抗日阵亡将士纪念碑”，在碑前铸造汪精卫及其妻陈璧君跪像）捐款729元、抗战建国储蓄约14180元、青年号飞机募捐634.9元、教师号飞机捐169元，总计共2万多元。[③]

值得一提的是，1940年12月1日《国立西北医学院院刊》第1期出版。以后每月1日出版一期，不知为何，1943年1月1日终刊，共出版27期18册。其中第1期至8期、第13期共9册为月刊，其余9册为双月合刊。《国立西北医学院院刊》刊登的内容有教育部训令、学校通知布告、学校重要规章制度、师生活动报道、医学科普作品等。[④]

五 师生生活

西北医学院本部设于汉中东郊的马家庙，但为了配合战时防空需要，学生宿舍呈点形分布于附近约十五里范围的庙宇内。整个校区南北遥望巴山、秦岭，近接汉水，环境十分优美，学生课余或散步田野，或诵读书报，或讨论心得，互相激励，团结友爱。学生宿舍因空间所限，一、二年级采用双人床，其他各年级均采用单人床，计一、二年级男生在孙家庙，三年级男生在杨氏庙，四、六年级男生在黄家坡，五年级男

① 《青年团假期服务成绩良好》，《国立西北医学院院刊》1941年第11、12期合刊。

② 《寒衣募捐，本院师生捐献踊跃》，《国立西北医学院院刊》1941年第14、15期合刊。

③ 《寒衣募捐，本院师生捐献踊跃》《本院一年来各种捐款成绩裴然》，《国立西北医学院院刊》1941年第14、15期合刊。

④ 杨龙：《抗战中的〈国立西北医学院院刊〉》，“西安交通大学医学教育创建105周年暨抗战迁陕80周年”网，http：//xjtu120th. xjtu. edu. cn/info/1003/1122. html。

生在黄家祠，一年级女生在刘家坎，二、三年级女生在刘家祠，四、五、六年级女生在分院宿舍。[①]

1941年，西北医学院开展了厉行戒烟节约运动，限令吸纸烟者于4月15日前禁绝，4月16日起凡吸纸烟者，扣发本月特别零用钱，公费生停止公费待遇；并在教职员中发起了全院职教员参加的戒烟实践团，要求自4月16日起“绝对不吸纸烟，无论任何地点、任何时间，本负责任守纪律之美德，自治自勉之精神，倘有故违，经人检举时，愿每支纸烟罚洋五元，任本团开支”。[②]

西北医学院于1940年底成立了生产事业委员会，曾经储存米稻数十石，以供学生食堂之用，自1941年3月起开仓售粮，每石百元，以缓解陕南粮价飞涨带给学生的生活压力。[③] 同时，学院还成立了生产运销委员会，其主要工作除主办农场及消费社外，还办起了制药社，并承担印刷书籍、买卖公盐等业务，80%的盈利均缴校方，用以补贴办学。[④]

西北医学院很重视运动。一方面改善运动条件，比如，位于黄家坡的分院原有的运动场规模狭小，不足应用，西北医学院1941年便在分院对面租地若干亩，添置设备，以有助于分院体育运动的推进；[⑤] 1941年在孙家庙宿舍院内架设乒乓球架一个、双杠一副，在杨氏庙宿舍外添设双杠一副。[⑥] 另一方面，鼓励学生参加各种健身活动。比如，每年都举行全校运动会。1941年5月30日、31日召开的春季运动会，分为男子、女子、童子三组，学生以班为单位，教职员及工友为一个单位，附

---

① 《训导概况》，《国立西北医学院院刊》1941年第14、15期。

② 《厉行戒烟节约运动》，《国立西北医学院院刊》1941年第6期。

③ 《存稻开仓每石百元》，《国立西北医学院院刊》1941年第6期。

④ 《生产运销委员会工作活跃》，《国立西北医学院院刊》1941年第6期；《生产事业委员会收支报告》，《国立西北医学院院刊》1941年第11、12期合刊。

⑤ 《分院运动场不日即可落成》，《国立西北医学院院刊》1941年第13期。

⑥ 《举行宿舍清洁大检查》，《国立西北医学院院刊》1941年第14、15期合刊。

属小学学生亦参加表演，院方备有丰富的奖品，以鼓励学生积极参与。[①] 为满足学生对中国传统拳术的喜爱，从 1941 年开始，西北医学院聘请张迎舟担任国术指导，教授拳术，每星期一、星期四上午五点半至六点半在院本部教习，星期二、星期五在分院教习，吸引了很多学生。[②] 1941 年 9 月中旬，西北医学院组织 10 余名学生参加由中央军校第一分校发起的陕南水上运动会，获得亚军。[③] 当晚西北医学院的国剧社公演平剧以助兴，有李宝田的《奇冤报》，姜员久、杨化痴的《玉堂春》，吕吉甫的《审头刺汤》，初元伦的《卖马》等，节目繁多，盛况空前。[④]

在学校倡导之下，西北医学院学生运动积极性很高。1942 年 5 月 8 日、9 日，西北医学院举行春季运动会，8 日在院本部运动场举行田赛，9 日于附属医院前马路举行径赛。学生非常踊跃，参加人数约占学生总数四分之一，场面热烈。西北医学院附属小学学生以童子组参加了运动会，表演甚为有趣，为运动会增色不少。[⑤]

西北医学院于 1941 年 12 月成立了师生课余康乐会，以帮助师生课余有丰富、健康的娱乐生活。教育部对此非常支持，专门给予资助。[⑥] 西北医学院还聘请郭景万为团剧指导，于 1941 年 3 月上旬指导剧目练习，参加者甚为踊跃，除教职员及学生外，教职员眷属亦复不少。[⑦]

1941 年，经济困难，物价飞涨，西北医学院为补充学生营养，制定了《国立西北医学院学生营养补救办法》，以帮助学生渡过难关，完

① 《本院举行首届春季运动会》，《国立西北医学院院刊》1941 年第 7 期。

② 《严倡国术运动》，《国立西北医学院院刊》1941 年第 6 期。

③ 《汉南水上运动本院获得亚军》，《国立西北医学院院刊》1941 年第 11、12 期合刊。

④ 《第三班毕业第四班结业典礼纪念七七抗战建国大会合并隆重举行》，《国立西北医学院院刊》1941 年第 18、19 期合刊。

⑤ 《本院第二届春运会圆满闭幕》《国立西北医学院院刊》1942 年第 20、21 期合刊。

⑥ 《师生课余康乐会征求会员并决定十二月内正式成立》，《国立西北医学院院刊》1941 年第 13 期。

⑦ 《本院加强课外活动，聘请团剧指导一人》，《国立西北医学院院刊》1941 年第 16、17 期合刊。

成学业。办法如下：

> 1. 本办法依据教育部规定学生营养补救办法之规定订定之；
>
> 2. 本院各膳团应以多吃杂粮为原则（小麦、玉蜀、高粱、小米、胡豆等五谷），以济米荒，多吃黄豆、胡豆及其制品，以济蛋白质之不足；
>
> 3. 各膳团应提倡糙米、黑面，并改良蒸饭方法，及排除倾弃米汤菜汤等不良习惯，以免维生素矿物质素之抛弃；
>
> 4. 各膳团应多食菜类，但煮菜时间之长短以能杀菌与寄生虫为度，不应过久，不加碱质，以免毁灭维生素。
>
> 5. 同学应多晒日光，以补助维生素 E 之不足；
>
> 6. 各膳团可利用猪血、豆渣等以作食物；
>
> 7. 各膳团可在适当范围内，蓄养鸡猪羊等，以补救动物蛋白质之缺乏；
>
> 8. 各膳团在经济可能范围内，可酌加调味与脂肪，俾价廉之食品亦能适口，而增加食欲；
>
> 9. 各膳团应因时因地制宜，研究营养补救办法，随时呈报学校备查。①

1941 年，西北医学院分院的四、五年级学生在庭院中开辟菜院，利用午睡或课余时间耕作，既改善了生活又培养了劳动习惯。②

西北医学院为使学生养成良好的卫生意识，经常开展宿舍卫生检查，并进行评比，以奖励先进，鞭策落后。③

---

① 《国立西北医学院学生营养补救办法》，《国立西北医学院院刊》1941 年第 9、10 期合刊。

② 《分院种植场开辟成功》，《国立西北医学院院刊》1941 年第 13 期。

③ 《举行宿舍清洁大检查》，《国立西北医学院院刊》，1941 年第 14、15 期合刊。

第十二章

播撒火种：国立西北农学院和西康技艺专科学校

一　兴学兴农、蓝筚启林：国立西北农学院在武功

国立西北农学院是1938年7月教育部训令国立西北农林专科学校和国立西北联合大学农学院合并组建的。

（一）西北农林专科学校

1932年秋，在一些有识之士呼吁“开发西北”的背景下，国民党中央通过了于右任、戴季陶等人关于“筹备建设西北专门教育委员会”的议案。1932年底，“筹备建设西北专门教育委员会”更名为“建设西北农林专科学校筹备委员会”，于右任、张继、戴季陶为常务委员。1933年元月开始，于右任、杨虎城等亲自踏勘地形，反复论证，选择武功县张家岗（即现在的杨陵）为校址。[1] 选址张家岗的四条理由：第一，此地乃古周原余脉，后稷教民稼穑之地，在此讲习农业，有继往开

① 周俊：《国立西北农林专科学校的建立与选址》，http：//file. nwsuaf. edu. cn/old/laozhaopian/laozhaopian01. html.

来的深远意义；第二，附近地形从北向南具有头、二、三道塬的不同地带特点，便于农作物试验，渭河草滩可为牧场，深入秦岭可开展森林研究；第三，张家岗气势雄伟，隋文帝、唐太宗之遗迹昭然可考，化物蔚然；第四，陇海铁路将从校前经过，交通较为便利。[①]

1934 年 4 月 20 日，在武功张家岗校址举行了西北农林专科学校大楼奠基典礼，宣告西北农林专科学校成立。在学校筹建过程中，上海劳动大学农学院和筹建于 1932 年的陕西省水利专修班相继并入，学校内部附设高级农业技术学校。筹备期间王子元任筹备主任；1936 年 7 月西北农林专科学校完成筹备工作，开始招生，国民政府任命辛树帜为校长。

1938 年初，日军对华攻势迅猛，潼关吃紧，日本飞机不时空袭西安。西北农林专科学校一方面筹划将重要图书仪器由宝鸡移置汉中保存[②]，另一方面派员赴陕南考察校舍，准备迁往陕南。

1938 年 1 月 28 日，受托赴汉中勘察校舍的贺永年返回张家岗，向校方报告翻越秦岭到达汉中的道路情形：从宝鸡至汉中长 250 公里，除褒城至汉中 30 里为平地外，其余均在山中，中间高岭三处，即秦岭、凤岭、柴关岭三处，汽车上下山岭道路左盘右旋，蜿蜒而上，下亦如之，颇为奇险，其余均在山沟间行走，山沟依山势河道而行，颇为曲折，上下坡亦不少，唯据公路工程人员说，全路上下坡度在十度以内，亦不算颇高，弯曲点最小半径为三十公尺，所以道路虽险，然亦颇为平坦，倘驾驶的人谨慎小心，必不至出险。留坝至褒城道面较狭，过去几次翻车俱在此段内。[③] 1938 年 3 月 18 日，教职员张漠在陕南考察之后，

① 关联方：《西北农业大学校史（1934—1984）》，陕西人民出版社 1986 年版，第 4—5 页。

② 《西北农林专科学校关于报学校近况及重要图书仪器由宝鸡移置汉中请准予发给公路线车执照等事给西安行营的呈文（发文字第 63 号，1938 年 1 月 24 日）》，陕西省档案馆国立西北农学院档案：全宗号 84，目录号 2，案卷号 380. 1。

③ 《贺永年“赴汉中工作经过报告”一份（1938 年 1 月 31 日，档林字第 235 号）》，陕西省档案馆国立西北农学院档案：全宗号 84，目录号 2，案卷号 380. 1。

写信给校长辛树帜："迁移无论机关，即个人亦感觉种种苦恼与困难。弟意我校倘潼关与延安作保障时，总以不迁为上上策。万一非迁不可时，以迁于沔县武侯祠及武侯庙为上策，因该两庙房屋集中在一县，便利至多，且稍加修补即可应用，而邻近之旧城内外尚有空闲破房百余间可以修补使用。此种计划，所谓进可以战退可以守也。然而临大已着我先鞭，今后各方努力看其能否让我。如不能达到上策之目的，则要取得南郊之莫家庙、金华寺、王家庙为主部，同时取得沔县武侯墓为支部，是为中策。欲达中策之目的，尚须迅速进行，恐前者为他部占去，后者为临大使用，则本校届时毫无办法矣。宁羌（今宁强）处深山中，既无大庙，县政府尚住民房，闻治安方面颇可虑，都劝弟毋用去。"①

后在沔县政府的帮助下，西北农林专科学校将一部分贵重而非本学期授课所需之图书仪器标本等407箱运往沔县柳树营、黄龙乡，设立临时保管处，并派职员二人看护，以防遗失。② 对于学校的迁移，遵循"非迫近火线，决不迁移"的原则，最终挺过了日军频繁空袭造成的人心恐慌阶段，没有迁校，全校师生免却了搬迁的种种不便。

（二）国立西北农学院的组建

1938年4月国立西北联合大学在陕南成立之后，农学院设在沔县（注：今天的勉县）。为了资源共享，集中人力物力充实西北高等教育，1938年7月，教育部以27发汉教第6076号训令，发布了西北农林专科学校与西北联合大学农学院合并改组为国立西北农学院的命令：

令国立西北农林专科学校：案查该校自二十七年度起与国立西

① 《张漠给校长辛树帜的信（1938年3月18日）》，陕西省档案馆国立西北农学院档案：全宗号84，目录号2，案卷号320。

② 《呈报本校移置贵重图书仪器标本并在勉县设立临时办事处给教育部、西安行营的呈文（1938年4月22日发）》，陕西省档案馆国立西北农学院档案：全宗号84，目录号2，案卷号380.1。

北联合大学农学院合并改组为国立西北农学院，业经呈奉行政院核定电知并聘请该校长与曾济宽、周建侯等为筹备委员各在案，该校所有校产及学生成绩文卷等项，应即造册点交筹备委员会接收。除分令外，合行检发合并改组办法一份。[①]

随令下发的《国立西北联合大学农学院与国立西北农林专科学校合并改组为国立西北农学院办法》，规定了国立西北农学院的经费支配及学系设置："以西北农专全年实支经常费42万元充西北农学院经费。西北联合大学原有农学院经费计全年实支103600元悉数停支，由部酌拨一部分作为改组迁移费及西北联合大学农学院教职员并入西北农学院后之薪水与裁减之教职员生活费之用"；西北农学院设立农学、森林学、农业水利学、畜牧兽医学、农业化学五系，设农林学、园艺学及农业经济学三个专修科。[②] 合并后，原西北农林专科学校和西北联合大学农学院的在校学生分别编入西北农学院各学系及相应年级。

教育部聘任原西北农林专科学校校长辛树帜为筹备委员会主任委员，原西北联合大学农学院院长周建侯及教育部农业教育委员会常务委员曾济宽为筹备委员，并决定以国立西北农林专科学校武功张家岗校址为国立西北农学院校址。

1938年9月20日，辛树帜、周建侯、曾济宽在成都召开了西北农学院筹备委员会第一次会议。9月24日，三位筹备委员联袂赴重庆教育部，晋谒陈立夫部长，面呈拟聘重要教职员名单。9月25日，经陈立夫同意，筹备委员会确定国立西北农学院设立农学系、森林学系、园艺学系、畜牧兽医学系、农业化学系、农业水利学系等六系，农学系包含农艺组、病虫害组和农业经济组。经与教育部进一步商议，教育部委

---

① 《教育部训令（二十七年发汉教第6076号）》，陕西省档案馆国立西北农学院档案：全宗号84，目录号2，案卷号315。

② 《教育部训令（二十七年发汉教第6076号）》，陕西省档案馆国立西北农学院档案：全宗号84，目录号2，案卷号315。

派农业教育委员会常务委员张丕介为西北农学院训育主任，确定周建侯兼农学系主任，曾济宽兼教务主任及森林学系主任，园艺学系主任由教授谌克终兼任，畜牧兽医学系主任由教授盛彤笙兼任，农业化学系主任由教授王志鹄兼任，农业水利系主任由教授沙玉清兼任，推广主任由教授贾成章兼任，总务主任由教授王德斋兼任；此外所拟聘之教授、副教授及重要职员均由筹备委员会正式签请教育部核定。

随后，筹备委员周建侯即制备聘书，聘请教职员。筹备委员曾济宽于10月17日到院办公，即与总务主任王德斋、会计主任王庸共同编制西北农学院1938年度经费概算、西北联合大学农学院教职员并入西北农学院薪俸概算、西北联合大学农学院教职员学生迁移费及西北农学院筹备委员筹备费。

11月9日，西北农学院召开了第二次筹备委员会会议，推选曾济宽、周建侯二委员及王恭睦为接收西北联合大学农学院委员；推周建侯、张丕介二委员及王泛月为接收西北农林专科学校委员；接收西北联合大学农学院日期由接收委员决定，接收西北农林专科学校由11月10日开始。[①] 筹备委员会第三次会议确定以“勤朴勇毅”为校训。[②]

此后，筹备委员派员分别接收西北农林专科学校和西北联合大学农学院。1938年11月12日，曾济宽、周建侯赴沔县接收西北联大农学院，西北联合大学农学院师生着手再次翻越秦岭，从沔县迁到张家岗：收拾行李，联系交通工具。

到1938年11月底，原西北联合大学农学院绝大多数教师和学生都已经到达张家岗。12月1日起，各学系各年级全部开始上课。西北农学院的各项规章制度如《国立西北农学院组织大纲草案》《国立西北农学院学则》等也在加紧制定。

---

① 《西北农学院第二次筹备委员会会议（1938年11月9日）》，陕西省档案馆国立西北农学院档案：全宗号84，目录号2，案卷号322.2。

② 《西北农学院第三次筹备委员会会议（1938年11月11日）》，陕西省档案馆国立西北农学院档案：全宗号84，目录号2，案卷号322.2。

西北联合大学农学院迁到武功张家岗后，原西北联合大学农学院所在地——沔县武侯祠设了留守处，于忠、郝德康、贺永年等留守看管。

1939年受中日战局影响，西北农学院有再迁沔县之议。西北农学院筹备委员会第七次会议上，讨论了防备万一的方案，决议："重要图书仪器及其他校产迁移于较安全地点存放，由处、系、组、室、场、股主任开会决定之，建议教职员家属于新年后自动设法迁移。"①

1939年1月27日，筹备委员会第十次会议进一步讨论了预备万一的方案，并要求："函嘱本院驻沔办事各职员积极整理沔县校舍调查可以收容人数，如不敷全体员生工人住宿之用，应即计划简单临时校舍以备不虞。"② 1939年2月10日，沔县留守处回复总务主任，汇报了调查沔县房舍的情形：

> 查本处原有之房舍，计武侯镇有学生宿舍两处，可容学生120人，教职员宿舍两处可容29人，武侯祠内可容教职员10人，武侯墓林场可容教职员4人，马超庙农场可容教职员4人，文庙有房8间可作教室，武侯祠内有教室9处，以上诸处共计可容学生120人，教职员50人左右，教室则同时仅能容300余人。如全院移来时则必另建临时简单校舍方敷分配，兹略为设计于下：一、学生宿舍尚须增建60间，每间长二丈，宽一丈，高一丈，可容十人；二、教职员宿舍尚须增建100间，大小同前；三、教室尚须增建十五处，每处三间共计四十五间，每间大小同前；四、其他如工友住室、办公室等须增建20间，方可足用。以上四项共建房屋225间左右，至于每间之价格则视所用之材料而定。如建双竹笆墙内处以石灰泥之，四面柱架柱脚，以砖灰砂三者混合为之入地三尺，屋顶用双层瓦，每间

① 《西北农学院第七次筹备委员会会议（1938年12月28日）》，陕西省档案馆国立西北农学院档案：全宗号84，目录号2，案卷号322.2。

② 《西北农学院第十次筹备委员会会议（1939年1月27日）》，陕西省档案馆国立西北农学院档案：全宗号84，目录号2，案卷号322.2。

隔开前后大窗，每间有门，如此建造每间之费用约100元左右，故建筑费总计约需23000余元，地基甚多，公私皆无问题也。[①]

最终，因中日战局逐渐稳定，西北农学院就一直在张家岗办学。1939年4月，河南大学农学院畜牧系并入国立西北农学院。

1939年4月20日，国民政府教育部训令："查国立西北农学院业经正式成立，筹委会应行撤销。"[②] 这标志着筹备工作顺利完成，国立西北农学院正式成立，辛树帜任国立西北农学院院长。

二　另辟蹊径、开拓之旅：国立西康技艺专科学校在西康

1938年，中国抗战遇到极大困难，中华大地烽火连天，建设抗战大后方、为长期抗战做好准备显得十分重要。在此背景下，1939年1月1日，西康省正式成立。为了培养建设西康的农牧畜方面人才，1939年8月，国民政府行政院会议决定创设国立西康技艺专科学校，"以教授各种农工应用科学，培养成各级农工技术专门人才，而适应西康及其附近区域之经济建设需要"[③]。随后，奉教育部令聘任李书田为校长。

李书田和时任教育部长的陈立夫同为北洋大学校友，又都曾留学美国，陈立夫就把筹办西康技艺专科学校的重任寄托在李书田身上。1939年初，李书田在国立西北工学院筹备委员会主任任上离开城固，几个月来一直身无所寄，此时毅然接任国立西康技艺专科学校校长。他"虽明知缔造经始之维艰，而因其为开发西康之基石，又何敢辞筹

---

① 《国立西北农学院留守处郝德康、贺永年、于忠函总务主任王（1939年2月10日）》，陕西省档案馆国立西北农学院档案：全宗号84，目录号2，案卷号421。

② 西北农林科技大学档案馆编：《民国西农纪事（1932—1949）》，西北农林科技大学出版社2015年版，第56页。

③ 李书田：《本校之创设及其使命》，重庆《大公报》1939年11月20日。

备之劳瘁，现方积极组织规划招考新生，务期于最短期内开学上课”①。于是，他率领漂泊在四川的北洋工学院部分师生，穿越巴蜀大地，辗转数千里，在西昌城南五公里处的泸山创办了国立西康技艺专科学校，借用泸山大寺及刘公祠为基本校址。这是西昌第一所高校，在彝凉腹地点燃了现代文明的火把。

西康技艺专科学校建校之初，依靠人背、马驮、滑竿抬的方式，1940 年从重庆运来 8 万元的机械设备，1941 年又经教育部批准从河内、昆明进口 5000 美元的图书和设备。在此基础上，经以后各时期的增添，图书和仪器设备在当时西南工农业高校中居于前列。

国立西康技艺专科学校设有三年制的农林、畜牧、矿冶、土木四科，五年制的农林、土木、机械、化工四科，以及六年制的医科。三年制主要面向高中毕业及同等学力的入学者，五年制主要针对初中毕业及同等学力者。创办当年，它就在重庆、成都等地设立考场招生，共计有 1350 人报考，320 人被录取。1940 年 1 月 29 日，西康技艺专科学校在泸山正式开课。可以说，西康技专“一面筹备，一面招生，一面修缮学校，一面正式上课……康专师生忍耐了物资上最低的设备，生活最低的要求，征服了环境上所有的困难，他们划船爬山以辅助机械式的运动，他们把林下山巅作为研学自习的场所。他们习惯了山中变化剧烈的气候，安度着刻苦自励的生活”②。

国立西康技艺专科学校以“审慎明笃”为校训，全校师生在异常艰苦的条件下，秉承“积蓄力量，培育人才，抗日救亡，光复河山”的精神，刻苦砥砺，孜孜以求。肖友梅作曲、李书田作词的西康技艺专科学校校歌很能体现当年国立西康技艺专科学校的胸怀：

---

① 李书田：《本校之创设及其使命》，重庆《大公报》1939 年 11 月 20 日。

② 韩少苏：《抗战中的西康技专》，《民意周刊》第 14 卷合订本（民意周刊出版社，中华民国三十年四月），第 8—10 页。

泸山崔巍，邛海烟涛，巍巍学府康专高。浩气凌霄汉，壮志励群曹，不从纸上逞空谈，要实地把康华改造。穷学理、振农工、重实验、薄雕虫，望前贤之开边卓荦。顾后起之努力追从，念创校之艰难缔造，愿同心同德，共扬校誉于无穷。

1940年6月编印的《国立西康技艺专科学校教职员录》显示，当时西康技艺专科学校有教授、副教授138人，其中留学归来的有60人；讲师共41人。[①] 师生多来自沦陷区。教师中有不少留学国外的专家学者，如：化工科主任陆宗贤（留德），机械科主任张朵山（留美），土木科主任余家询（留德），矿冶科主任魏寿昆（留德），医科主任郑墨鲲（留德）、翁之龙（留德），教务长周宗莲（留英）、柯召（留英），校长李书田（留美），农林科前期主任汪呈因（留法），著名的棉花专家、农林科后期主任冯肇传（留美），畜牧兽医科主任张范村（留美）、教师朱宣人（留英）等；此外还有留日的农林科教授徐孝恢、留美的动物学教授汤觉之。[②] 可以看出，在办学初期，西康技艺专科学校就人才济济。李书田校长的秘书韩少苏在《抗战中的西康技专》中说：西康技专“具有一个普通农工学院所不能具备的许多优良的师资。似乎应该援照‘国立贵州农学院’，立即把‘西康技专’改为‘国立西康农工学院’，仍附设各种专科，以为改大的前期，这样人力、物力，将并收经济的实效！而对于新西康和抗战建国与整个国家教育政策的前途，都有很大的裨益和需要”[③]。

---

① 夏明忠、陈小虎主编：《康专图鉴》，四川大学出版社2013年版，第22页。

② 朱堂：《记国立西康技艺专科学校畜牧兽医科》，中国人民政治协商会议凉山彝族自治州委员会文史资料研究委员会《凉山彝族自治州文史资料选辑（第5辑）》，1987年版，第127页。

③ 韩少苏：《抗战中的西康技专》，《民意周刊》第14卷合订本（民意周刊出版社，中华民国三十年四月），第8—10页。

为了培养高素质的人才，西康技艺专科学校课程设置与大学本科相同，采用学分制。以三年制的畜牧兽医科为例，开设的课程主要有国文、英文、伦理学、普通化学、植物学、动物学、动物比较解剖学、农学概论、遗传学、家畜解剖学、家畜生理学、兽医细菌学、兽医药物学、家畜诊断学、家畜病理学、家畜内科学、家畜传染病学、家畜外科学、家畜寄生虫学、家畜卫生学、生物药品制造、家畜诊疗实习、家畜鉴别学、家畜饲养学、养马学、养羊学、养猪学、家禽学、畜产品加工学等。[①]

西康技艺专科学校“特别注重于实习，自设或合办采矿、冶炼、机工、纺织、制革、造纸、酿造、窑业、农产品加工等厂与农林、园艺、畜牧等场，一方面供学生实际练习，一方面从事实际生产，每一厂、场均作一生产单位，供技艺实习。同时，改进和推广生产技术，其组织管理亦求于科学化，会计个别独立，以便核算盈亏。学生投身厂、场实际耕作，结合理论，收效甚好。同时，积极参与其他边陲建设：如乐西公路南段所需之石灰，由‘康专’化学教授陆宗贤在冕宁开窑烧炼，兼之研究改良办法，还先后派魏寿昆博士、陆宗贤教授调查石灰原料、耐火材料等。乐（山）西（昌）公路、西（昌）祥（云南祥云）公路修筑期间，也派土木工程科学生参加工作，既资实习，又提高了建筑工作的效率，为抗日救亡做出了实际贡献”[②]。

1939 年至 1941 年，李书田任西康技艺专科学校的校长。1941 年，国民政府设立国立贵州农工学院，教育部聘李书田任院长。李书田于 1941 年 10 月离开西昌技艺专科学校到贵州农工学院赴任。周宗莲接替李书田任西康技艺专科学校校长至 1943 年，然后由雷祚雯任

① 朱堂：《记国立西康技艺专科学校畜牧兽医科》，中国人民政治协商会议凉山彝族自治州委员会文史资料研究委员会《凉山彝族自治州文史资料选辑（第 5 辑）》，1987 年印刷，第 127 页。

② 冉崇遂：《始设西昌的第一所高等学校——国立西康技艺专科学校》，政协西昌市委员会文史资料委员会编《西昌文史（第 10 辑）》，1993 年版，第 28—29 页。

校长至抗日战争胜利。

西康技艺专科学校由于继承了北洋大学“实事求是”“求真务实”的办学传统，且颇有成效，民国时期有“小北洋大学”之美誉。[①]

1946 年，国立西康技艺专科学校的医科并入兰州大学。1950 年 3 月，西昌解放，国立西康技艺专科学校改名为“西昌技艺专科学校”。1952 年，全国高校院系调整时，西昌技艺专科学校各科并入西南其他高校相关专业之中，西昌技艺专科学校至此解体。

① 陈仁安：《西康技专校史简忆》，中国人民政治协商会议凉山彝族自治州委员会文史资料委员会编：《凉山彝族自治州文史资料选辑（第 9 辑）》，1991 年印刷，第 211 页。

余　论

抗战胜利后，内迁大后方的高校纷纷复员，迁回原址办学。如武汉大学从乐山回到珞珈山，中央大学回到南京，组成西南联合大学的北京大学、清华大学、南开大学各回平津原址……西北联大的子体学校除了国立西北师范学院部分师生回原北平师范大学旧址，以“国立北平师范学院”之名办学外，其余均扎根西北：国立西北医学院并入国立西北大学，迁到西安；国立西北工学院迁到咸阳；国立西北师范学院的主体仍在兰州十里店；国立西北农学院继续立足张家岗。

中华人民共和国成立后，国立西北师范学院、国立西北大学、国立西北工学院、国立西北农学院又经多次整合。到目前为止，国内除西北大学、西北师范大学、北京师范大学、西北工业大学、天津大学、西北农林科技大学、西安交通大学、河北师范大学等与西北联大有直接血缘关系外，还有东北大学、中国农业大学、北京林业大学、北京大学医学院、中国矿业大学、河南理工大学、河南大学、河南农业大学、西安建筑科技大学、西安科技大学、西安工程大学、北京航空航天大学、西昌学院等和西北联大有间接血缘关系。[①]

可以说，抗战结束后，西北联大各子体院校分散各地，在以后的发展中不断分化或与其他力量重组，支系更加丰茂，荫及后世。

---

① 姚远：《国立西北联合大学的分合及其历史意义》，西北大学西北联大研究所编：《西北联大史料汇编》，西北大学出版社 2012 年版，“卷首语”。

一　西北联大充实了西北高等教育力量

正如中华民国教育部资料研究室为参加1946年11月19日召开的联合国教科文组织第一届大会的中国代表团准备的材料《一九三七年以来之中国教育》中所说：抗战以前，中国“专科以上学校，多设在沿江沿海各大都市。战时学校既大量迁移，政府遂借此时期，对于高级教育机构之分布，作适当之调整。西南西北地区如云南、贵州、陕西、甘肃、四川等省，素称教育落后，以战时多数大学迁至后方，其教育乃大为发达”①。西北联大极大地充实了西北尤其是陕西和甘肃的高等教育力量。

前文第一章第一节述及，1937年7月全面抗战爆发时，广大西北地区仅有设在兰州的甘肃学院、设在迪化的新疆俄文法政学院、设在当时武功县张家岗的国立西北农林专科学校，以及迁到西安办学的东北大学等四所高校。抗日战争胜利以后，面对1946年内迁高校的复员潮，教育部长朱家骅指出：“教育上的复员并非就是还原。站在国家民族教育文化均衡发展的立场上，我们对所有学校及文化机关，应当注意到地域上相当合理的平均分布，以改变过去的畸形状态。”②因此，在教育部的努力下，一些高校留在了大后方。西北联大的子体学校大都留在了陕西和甘肃，一下子使陕西和甘肃的高校增加到五所（甘肃学院、西北师范学院、西北大学、西北工学院、西北农学院），学科分布有文科、理科、工科、医科、农科，门类比较齐全。难怪朱家骅无限感慨地说：“敌人以摧毁我大学、文化机构为目标，初未料

① 教育部资料研究室：《一九三七年以来之中国教育》，《教育通讯》复刊第2卷第9期（1947年1月1日出刊）。转引自广少奎著《重振与衰变——南京国民政府教育部研究》，山东教育出版社2008年版，第52页。

② 朱家骅：《全国教育善后复员会议开会致词》，王聿均、孙斌合编：《朱家骅先生言论集》，中国台湾《“中研院”近代史研究所史料丛刊》1977年版，第178—179页。

我高等教育，在炮火中之成长，反如是迅速而坚强。”①

1946年5月国立西北医学院奉令并入国立西北大学，成为国立西北大学医学院，随西北大学迁到西安。返回西安的国立西北大学几经分合，至中华人民共和国前已拥有文学院、理学院、法商学院、医学院等四大学院15个系。新中国成立之后，西北大学担负起了培育陕西乃至西北高教基础的重任。1950年5月，西北大学医学院独立为西安医学院，后改为西安医科大学，现为西安交通大学医学院的一部分；1952年9月，西北大学经济系、银行系、会计系并入兰州大学，西北大学的边政系（后改为民族系）并入西藏公学（现西藏民族学院），西北大学俄文组与俄文专修科并入西北俄文专科学校；1953年9月西北大学英语系二、三年级并入北京大学，一年级调入西北俄专，师范学院数学系、中文系、史地系四年级并入西北师范学院；1954年6月，西北大学师范学院独立为西安师范学院，为现在陕西师范大学的前身；1958年9月，西北大学法律系并入西北政法学院；1960年5月，西北大学经济系分立为西北财经学院（即后来的陕西财经学院）。中华人民共和国成立后，国立西北工学院的一些专业与师资也经过整合，发展为今天的西安建筑科技大学、西安理工大学、西安科技大学、西安工程大学等。可以说，今天陕西高校中至少有一半与西北联大有直接或间接血缘关系，因此，西北联大被称为“西北高等教育的老祖母”。

二　西北联大对汉中的影响

国立西北联合大学及其分立后继续在汉中办学的子体学校，被统称为“西北联大”。西北联大在汉中办学达九年之久，汉中滋养了它，它也以自觉的文化担当精神主动回报汉中，对当地文化建设作出

① 朱家骅：《教育复员工作检讨（1946年12月28日）》，载王聿均、孙斌编《朱家骅先生言论集》，台北：“中央研究院”近代史研究所史料丛刊（2）1977年版，第190页。

了积极贡献。

（一）做民众表率，化育风俗习惯

西北联大来汉中之初，校方就要求师生：在言行方面一定要做民众的表率。比如，西北联大校常委李蒸在1938年的一次总理纪念周大会上要求："本校同学皆为大学学生，对于一切言语行动，自当堪为一般人表率。日前本地士绅及县政府宴请本校教授，曾希望本校领导地方提高文化，吾人尤宜特加注意。例如购置各项用品，言语务须和蔼，如商人故意高抬物价，尽可报告县政府，加以制裁，不可直接办理，致起冲突。又如在汉江游泳，务宜穿着游泳衣服，藉重观瞻。总之一切举动，均宜自行检点，以期为民众之表率。"① 对女生服饰，西北联大校方尤其严加管理，要求女生的服装"禁用华丽质料及鲜明颜色"②。校方这样做，一是考虑到"因城固地方相当守旧，如不于服装、行动、交际等特加管理，深虑为地方一般人所奇异"，二是以免"介绍不好的习气给地方"，三是防止女生因着装艳丽而受地痞流氓的注意，危及她们自身的安全。③

然而，即使西北联大学生着装朴素，一些新颖的款式还是很受当地年轻人的喜爱与追捧。比如，夏季西北联大女生的短裤装是城固街上一道亮眼的风光：它既衬出了年轻人明快、大方的青春活力，又简洁、清爽。一年四季穿长裤的当地女子引以为新奇，大胆一点的开始模仿，尽管家长们百般反对，但女性爱美的天性总是打压不住的，家长们渐渐地睁一只眼闭一只眼，短裤也就在当地女子中流行开了。④

---

① 《李蒸在西北联大1938年5月23日纪念周上的讲话》，《西北联大校刊》1938年第1期。

② 《国民精神总动员本校实施办法》，《西北联大校刊》1939年第18期。

③ 《李蒸在西北联大城固本部开学典礼上的讲话》，《西北联大校刊》1938年第1期。

④ 陈海儒、李巧宁2011年1月19日在城固县对西北大学法商学院1943级学生李继宗的访谈记录。

和短裤装一样，西北联大学生的游泳装在汉中民众中也引起了不小的轰动。汉江是西北联大师生一年四季的好去处：沿着河岸散步、聊天，坐在江边看景、读书……静谧、辽阔的江景让人既放松又感到乐趣无穷。尤其到了夏天的午后，汉江成了师生们的天然游泳池："男男女女，整天生活在水里，从岸上望下去，男女们红白相间，黑头不时钻出，嘻笑喧哗，红的像荷花，白的像肥鱼，给人一种说不出的美和力的感觉。"① 不过，这只是联大人的自我感觉。在当地人眼里，女生如此暴露地沉浸在汉江中，是前所未有的事情，他们深恐这会冒犯"汉水明王"，给当地带来灾害。可是，学生们哪里管得了当地人心里的这一点"小疙瘩"，她们照游不误，嬉水、乘凉，直到当地人见怪不怪，习以为常。

事实上，短裤装和泳装只是一个表面现象，更让汉中当地人开眼界的，是西北联大女生落落大方的形象。当时，汉中本地女性上大学的非常少，一般女性的社会交往也十分有限，着装打扮非常保守。当西北联大女生以完全不同于当地一般女性的形象落落大方地出现在街道、汉江边、体育场时，对当地人的女性观念是有力的冲击。虽然，当地百姓嘲讽西北联大女生是"狮子头，吃人的嘴，捞鱼的胳膊插秧的腿"②，但是也使他们大开眼界，意识到女性可以有更多的生活方式，不再以单一的形象要求女性。

西北联大师生们的汉江之泳，不仅让当地百姓见识了游泳装，还让他们感受了勤洗澡的妙处。千百年来，汉中百姓深为疥疮困扰：它虽死不了人，但不易医治，患者身体奇痒难忍，民间有"神仙难避汉中疥"的俗话。西北联大师生在汉中靠着勤洗澡、勤换衣，很快就征

---

① 卢苇：《自城固迁西安的国立西北大学》，连载于《青年日报》1946 年 7 月 2 日、4 日。

② "狮子头"指烫发，"吃人的嘴"指抹了口红的嘴巴，"捞鱼的胳膊"指穿短袖衣服，"插秧的腿"指穿短裤。陈海儒、李巧宁 2014 年 7 月对西北大学法商学院 1940 级学生刘宝铸的访谈。

服了汉中疥。这让当地百姓大开眼界：神仙难避的皮肤病竟然避开了西北联大师生！于是，百姓们“也洗澡了，过了一两年，汉中疥也就没有了”①。

西北联大师生对当地百姓的言谈举止和消费方式也产生了潜移默化的影响。当地百姓大多祖祖辈辈很少出远门，对外面的世界知之甚少。西北联大迁入城固后，城固县城开始涌起一股大都市风情：平津人士所开的化妆品店、照相馆、成衣店铺日益增多，许多本地人渐渐成了这些店铺的顾客，开始消费他们不曾见过的商品，着装、语言、举止有了大都市的风采。再加上，作为抗战后方重镇之一，城固外来人口云集、商品种类繁多、文化气氛浓郁，一时竟然有“小北京”之称。②

抗战时期，西北联大的到来打破了汉中千百年不变的宁静。它带来了一批批来自全国各地、各有专长的教师和操着不同方言、具有强烈求知欲的学生，他们在不知不觉中改变着汉中的风俗，以及汉中人的思想、观念和行为习惯。

（二）推进社会教育，普及科学知识

作为一所流亡大学，西北联大师资、经费、图书、仪器设备等均很匮乏，连维持正常的教学、科研工作都显得捉襟见肘。然而，在这样艰苦的条件下，西北联大依然自觉地利用一切可能的机会推进办学地的社会教育。这也是西北联大师生们忠实地贯彻执行国民政府教育部“战时须作平时看”教育方针的重要体现。

西北师范师范学院教育系设立“小学教育通讯研究处”，制定了《本大学师范学院教育系小学教育通讯研究处办事细则》③，用通讯的

---

① 鲁颖 2002 年 7 月 31 日在西安对鲁世忠的采访记录。

② 陈海儒、李巧宁 2010 年 10 月 1 日在城固县对陈孟林的访谈记录。

③ 《本大学师范学院教育系小学教育通讯研究处办事细则》，《西北联大校刊》1939 年第 13 期。

方式指导现任小学教员进修。

1941年9月21日发生日食，“全日食，午刻晦，明星丽天，飞鸟栖树”[①]。汉中群众迷信地认为是“天狗吃月亮”，是不祥之兆，非常恐慌。西北联大师生把这次日食作为向民众普及天文知识的极好机会，西北工学院、西北大学、西北师范学院的师生一边给民众讲解日蚀现象，一边指导有条件的当地人用烟将玻璃熏黑后去观察日蚀。六七十年后，古路坝附近的老人还清楚地记得西北工学院师生当年在各个山头观察、讲解日食的情形。[②]

西北联大社会教育工作中影响最大的，是西北师范学院1941年1月19日在城固近郊杜家槽村（当时称“邯留乡”）成立的社会教育实验区，时称“乡村社会教育施教区”。当时，西北师范学院组织了80多个学生进入杜家槽村，集中开展了为期四周的社会教育，主要内容有宣传兵役法、帮助农民丰收、讲授卫生常识及进行其他各种社会服务，使“乡村社会教育施教区”的面貌发生了很大变化：“文盲减少了三分之一。兵役动员显有进步，合作社普遍成立。贫农普沾低利贷款实惠，乡民卫生保民会议定期召开，乡行政人员贪污不公现象渐行敛迹，一般乡民多这样说‘从前开会我们都不敢说话，社教区来此后，我们都敢说话了’。”[③]

西北联大社会教育推进有力，一是校领导有强烈的文化担当意识，非常重视此项工作。以校常委李蒸为例，他一直身体力行，主动推进西北联大师生承担提高当地文化水平的重任。正如他在1942年的一次讲话中所说：“本校所负使命，在校内为西北教育当局，发扬西北文化与普及西北教育，这是政府规定本校应负之责任。本校为西

① 城固县地方志编撰委员会办公室：《城固县要事纪略（1905—1949）》，《城固县文史资料》1984年第1辑，第38页。

② 陈海儒、李巧宁2010年7月21日在城固县古路坝对当地居民夏金仲的采访记录。

③ 王镜铭：《国立西北师院城固社会教育实验区二年余工作介绍》，《甘肃民国日报》1943年11月6日。

北师范教育最高学府，鉴于整个文化建设事业均应参加，总括来说，本校应积极参与：（一）恢复民族固有道德；（二）提高西北文化水平；（三）推进西北公共教育；（四）供给人民精神食粮，发扬民族精神，百年树人大计。”[①] 二是在教师的带动与指导下，许多学生参与其中，尤其是教育专业的学生对当地民情做了大量扎实的调查和研究。如，西北师范学院学生高振业（毕业后即留校工作）的《抗战期间城固县之民众教育》[②]，张述祖的《汉南民众日常思想之分析》，经昌荣、张万璞的《城固儿童之情绪研究》，张翠珍的《抗战期中南郑中等学校之训育》，邓运甫的《抗战时期南郑之中等教育》，晏显世的《抗战期间城固之强迫教育》等文章[③]，为西北联大社会教育扎根民间打下了良好的基础。

（三）整理地方文化，凝聚抗战精神

西北联大组建于全民抗战的大背景下，把挖掘汉中地方文化、编纂抗战史料、续修方志作为凝聚民众爱国之心、支持抗战的重要方式。

刘季洪任西北大学校长期间，特别注意加强挖掘汉中地方文化。他“经常与各院系商讨，除加强课业讲授及考核外，并在可能范围内，因地制宜，注重西北地区资料，进行研究工作。如中文系研究西北方言及民歌，历史系收集陕、甘、宁、青、新疆等省史料，成立考古室。……教育系与陕西教育厅合作，利用各中等学校投考试卷，作改进国、英、数三科教材、教法之研究。此外，生物系作秦岭植物调查，地理系作汉中盆地地理调查，经济系作西北经济调查，并编制物

① 李蒸：《本校成立四十周年纪念》，《西北日报》1942 年 12 月 17 日。

② 高振业：《抗战期间城固县之民众教育》，《西北联大校刊》1939 年第 11 期；高振业《抗战期间城固县之民众教育（续）》，《西北联大校刊》1939 年第 13 期。

③ 《教育系二十六年度论文研究概况》，《西北联大校刊》1939 年第 8 期。

价指数及工人生活指数"[①]。

汉中有许多两汉三国时期的遗迹，但民间传说多，官方记载少，大多数遗迹还存在争议。为了廓清这些遗迹的真实面目，西北联大师生不避艰辛，不畏流言，实实在在地担当起了一所大学在文化传承创新方面的责任。西北联大在汉中立足不久，历史系就成立了考古委员会，第一个计划就是对张骞墓实施考古，制定了《张骞墓间古物探寻计划书》，目的是"表彰民族英雄张骞墓间古物，并为历史学系学生实地考古"[②]。经过考察，考古委员会于 1938 年 7 月 12 日认定："石刻全部，虽尚未见，但由已见部分之作风观之，似为汉物无疑。"[③]联大教授黄文弼还根据史书记载，写出了《张骞通西域路线图考》[④]，详细考证了张骞通西域的路线，为后世认识张骞、研究张骞提供了直观材料。

西北联大也多次组织师生对汉中三国遗址进行考察。如，1939 年 3 月 19 日至 21 日，西北联大历史学会组织师生赴沔县、褒城一带考察了武侯祠、武侯墓、读书台、阳平关、马超墓、定军山、褒城石门等，通过对相关文物的分析，考证清楚武侯祠、武侯墓确为汉代建筑遗址。[⑤] 历史系陆懋德教授还对汉中境内各县的诸葛亮遗迹加以考证，并作了文字梳理，以利师生前往瞻仰。[⑥]

西北联大也将编修地方志作为挖掘地方文化的重要途径。联大教授黎锦熙认为："文化界中人要真正负起责任来，第一步工作，就是给所在的地方修县志"，通过修县志，"则一县之耆宿，四乡之秀民，在任之职官，各界之领袖，'群贤毕至，少长咸集'。此帜既树，县

---

① 刘季洪：《教育生涯漫谈》，台湾商务印书馆 1986 年版，第 169 页。

② 国立西北联合大学历史学系考古委员会：《张骞墓间古物探寻计划书》，《西北联大校刊》1938 年第 1 期。

③ 何士骥、周国亭：《发掘张骞墓前石刻报告书》，《西北联大校刊》1938 年第 1 期。

④ 黄文弼：《张骞通西域路线图考》，《西北联大校刊》1939 年第 14 期。

⑤ 杨其超：《本大学历史学会沔县考察记》，《西北联大校刊》1939 年第 18 期。

⑥ 陆懋德：《汉中各县诸葛武侯遗迹考》，《西北论衡》1939 年第 24 期。

誉攸关，组织易精，牵涉至广，然后调查无碍，宣传可资”。[①] 于是，西北联大迁城固不久，黎锦熙就积极联系城固地方人士，商讨续修地方志。在西北联大校方和城固县长余正东的支持下，“城固续修县志委员会”迅速成立，“续修工作方案”也得以起草，且罗致了黄国璋、何士骥、殷祖英、张遹俊、刘慎谔、胡庶华、谌亚达等联大知名学者参与其中，在广泛调查城固民风民情、物产资源和访问地方耆宿的基础上，着手方志续修工作，且以所了解的内容作为向群众进行乡土教育的重要素材。

西北联大还响应政府号召，开展了“抗战史料纂集”工作，成立了以李季谷、许寿裳、陆懋德、许重远、谢兆熊、胡鸣盛、何士骥、吴世昌、唐祖培、周国亭、何竹淇等先生组成的纂集指导委员，制定了《抗战史料纂集大纲》，“对于敌人在我国摧毁文化、屠杀民众、奸淫妇女的实况，以及不顾正义违犯国际公法引起国际反对之情形，全部加以搜集，使国人认识真相，巩固民族之自信力量”[②]。

西北联大为地方文化建设所做的种种工作，使它赢得了汉中“文化保姆”的美誉，西北联大主要办学地城固县也被称为“西北的文化城”[③]“西北文化的摇篮”[④]。

（四）推进文体卫生，惠及黎民百姓

西北联大的到来，给汉中这座古老的山城带来了体育锻炼的风尚。无论是巴山脚下的古路坝、汉江畔的城固县城，还是汉中东郊的黄家坡，有西北联大师生的地方就有运动的身影。运动场地有限、运动器材简陋，都难不倒西北联大师生。尤其是 1938 年度第一学期西

① 黎锦熙：《方志今议序》，载黎锦熙、甘鹏云《方志学两种》，岳麓书社 1984 年版，第 13—18 页。

② 《抗战史料纂集大纲》，《西北联大校刊》1938 年第 1 期。

③ 仰山：《国立西北大学》，《陇铎月刊》1940 年第 10 期。

④ 卢苇：《自城固迁西安的国立西北大学》，《青年日报》1946 年 6 月 30 日。

北联大校内各学院、各学系组队参加的体育运动竞赛活动和小足球赛、竞走比赛、篮球比赛、拔河比赛等群体性比赛，使汉中百姓大开眼界，感受到体育运动的魅力。①

垒球运动就是此时传入汉中的。西北联大来汉中之初，体育教师董守义拿着垒球样品找到当地的鞋匠张文林，请他缝制了一批垒球；师生们再自己动手，用当地的青冈木削制成垒球棒，用玉米秆编制成垒垫；没有手套，就赤手空拳进行传接球训练。在西北联大操场上，垒球渐渐成了一道独特的风景：一场垒球比赛宛如当地一大盛事，总是吸引附近的百姓成群结队来观战、助兴。在西北联大师生的带动下，联大校区附近的中学、小学渐渐开设了垒球课，垒球运动在中小学校园普及起来。城固县城附近的文治、博望等中学和小学，竟把垒球列为“必修课”。这使汉中的垒球运动水平迅速提高。直到中华人民共和国成立初期，汉中的垒球运动一直居于西北地区前列，在多次比赛中获得好成绩。

西北联大学生的演剧社团，不仅是学生们切磋演剧技艺的组织，丰富了学子们的生活，而且给当地老百姓带来无穷乐趣。学生剧团经常在校园附近的村庄巡回演出秦腔、京剧，吸引老百姓前来观看，极大地丰富了当地百姓的文化生活。更何况，学生剧团在演出前后，会给百姓讲一点通俗的戏剧知识，帮助百姓提高演剧欣赏水平。久而久之，普通百姓也能唱几句曲、哼几段词、讲一讲剧情、聊一聊演员们的小花絮，茶余饭后的生活多了谈资，添了趣味。正如有人所说：经过多年的熏陶，“抗战八年中，城固的人们，戏剧水准提高了，随便一个老头，一个孩子，都具备一些为普通人所不及的戏剧常识”②。

此外，西北联大还为改善市政环境和公共卫生做出了一些努力。随着内迁高校在汉中生根发芽，学校周围迅速兴起一些集市。尤其是

---

① 《二十七年度第一学期校内各项竞赛结果》，《西北联大校刊》1939 年第 14 期。

② 卢苇：《自城固迁西安的国立西北大学》，《青年日报》1946 年 7 月 4 日。

在山高路远的古路坝和向无集市的七星寺，兴起了买卖兴隆的“百日集市”[①]。这些集市既是师生们购物的场所，又是他们与外界沟通、交流之地。但是，商户各自为政，毫无规划地根据自己的需要搭起帐篷和房子，垃圾私堆乱放，无人管理，使得集市成为污秽之地、混乱之所，不仅影响西北联大办学环境，也影响当地交通。地方人士为之着急、慨叹，却少有解决之良方。为此，西北工学院首先与古路坝地方政府协商，成立了“古路坝市政管理委员会”，监督、指导商户统一规划建筑，打扫卫生，规范经营，不仅整顿了校园周边的环境，而且为地方市场管理提供了一种典范。[②] 其他校区也纷纷模仿，优化了校园周围的市场环境。

在改善汉中公共卫生方面，西北医学院凭借自己的专业优势开展了相应的活动。西北医学院除正常的教学、科研工作之外，开展多种有效的方法给当地民众普及医疗和卫生知识，比如办理“妇婴卫生讲习所”，“于春假期间将学生编为数队在今汉中市新民、灵泉二乡做卫生宣传，施种牛痘，并作死亡出生调查统计及陕南地方病调查，以为改良地方卫生之准备”。[③]

另外，在西北联大带动下，抗战期间汉中地区陆续迁入和兴办了多所中学，形成了以城固县、洋县、西乡县为中心的基础教育中心区，就连偏远的宁强县、留坝县、镇巴县也新增了中学。据统计，当时迁来汉中的中等学校共有 19 所，其中省立中等学校 6 所、国立 6 所、私立 6 所、部立 1 所；创立的中等学校共有 18 所，其中公立 7 所、私立 11 所。[④] 这些学校，有些本身就是西北联大校方或教师创办的，比如西北

---

① 《城固县政府公函政字第 3 号》，陕西省档案馆藏国立西北工学院档案：全宗号 61，目录号 1，案卷号 276。

② 《通知开古路坝市政管理委员会筹备会议希届时出席由（1939 年 9 月 7 日）》，陕西省档案馆藏国立西北工学院档案：全宗号 61，目录号 2，案卷号 96. 1。

③ 《国立西北医学院工作近况》，《图书季刊》1940 年第 2 期。

④ 田兵权、何翔：《抗战时期陕南教育的短期繁荣与深远影响》，《西安电子科技大学学报（社会科学版）》2011 年第 5 期。

师范学院附中是由西北师范学院校方设立的，私立北平文治中学是由西北联大教授郁士元任校长的，私立城固博望中学是西北联大学生白希安等创办的。这些中学，有力地促进了当地基础教育的发展。

总而言之，国立西北联合大学及其分立学校在汉中期间，发挥文化优势，践行校常委徐诵明在开学典礼上提出的“在后方研究科学，增强抗战的力量，也一样是救国”[①]的教导，接受城固县政府“希望贵校同人将教育竭力灌输，提高一般民众的教育程度”[②]的嘱托，在改良汉中风俗、开展社会教育、整理地方文化、推进文体卫生等方面既做了长远的规划与调查，又做了一些实实在在的具体工作，在一定程度上改变了汉中落后的文化面貌。正如陕西省委统战部1941年的一份调查所称：西北联大所在地的城固县“街市自抗战后亦日渐繁华，交通亦发展……其社会情形亦日有变更”[③]。当然，囿于物质条件的简陋，再加上西北联大在抗战胜利后即迁离了汉中，中断了推进当地文化建设的进程，使得它的影响力受到一定限制。

可以说，西北联大师生在文化自觉和文化自信的基础上，担当起了在汉中开展人才培养、科学研究、社会服务和文化传承创新的大学责任，不仅体现了西北联大大学精神和自身价值，更是西北联大在烽火连天的战争年代回馈给辛勤养育它的汉中人民的一份礼物。

三　寻根之旅，薪火传续

从1946年内迁高校复员到现在，已经过去了70余年，但西北联

---

① 《胡庶华在西北联大城固本部开学典礼上的讲话》，《西北联大校刊》1938年第1期。

② 《张党务督导员在西北联大城固本部开学典礼上的致辞》，《西北联大校刊》1938年第1期。

③ 《陕西省委统战部关于国立西北大学概况调查材料整理（1941年8月24日）》，中央档案馆、陕西省档案馆《陕西革命历史文件汇编（1941年至1942年）》，西安出版社1993年版，第70页。

大相关院校的寻根反哺之旅一直持续，对西北联大在国难之中筚路蓝缕、薪火相传精神的追念从未止歇。

1992 年 3 月，国立西康技艺专科学校校友在泸山树起了一座纪念母校的石碑。石碑无情，却见证了校友们 60 多年来对母校的满腔深情。

1995 年，曾在城固古路坝任教于西北工学院的张伯声先生临终之际，将自己辛苦积攒的 1 万多元人民币捐赠给古路坝小学，作为奖学金。

今天，在新修的古路坝小学院子里竖有一块碑，记述着张伯声先生的感恩之举：

> 中国科学院院士、著名地质学家、西北大学教授张伯声君，为报抗战期间，古路人民的七年救难之恩，一九九五年临终之际，将积薪一万零三百元人民币通过其子张廷皜捐赠给古路小学作奖学金。兴国之本唯在教育，兴乡之本亦在教育，先生寒节衣、饥缩食，吐哺育凤雏，风范高过苍松，形象伟于巍峨巴山。

弦歌不辍，源远流长。由西北联合大学分流而来的高等学府，在 21 世纪蓬勃发展的同时，没有忘记前辈的艰辛，没有忘记它们生生不息的根。

2001 年 7 月，“同气连枝”的北京师范大学和西北师范大学部分学子在两校百年校庆之际，组成“西迁之路兰天情大学生自行车寻访团”，寻访瞻仰了国立西北师范学院在城固办学的旧址，缅怀先师们“筚路蓝缕，以启山林”爱国救国、献身教育的精神。

2002 年，西北大学百年校庆之时，为了纪念西北联大“东水西济，一脉迁沿”的历史，在西北大学太白校区树立了“西北联大纪念碑”。

出于对西北工学院城固办学历史的怀念，2004 年 10 月，西北工业大学在古路坝建“国立西北工学院旧址碑”，称“城固八年，艰苦卓绝，培育英才，报效祖国，于秦巴汉水间写下校史凝重一页”。两院院士、中国工程院原副院长师昌绪，中国工程院院士李恒德、傅恒志，西北工业大学校长姜澄宇等出席了此碑揭幕仪式。此后，西北工业大学 2008 年援建了古路坝小学，2010 年援建了北起古路坝村委会十字路口，南接十天高速盐井出口引线李五路，宽 5 米、全长 1800 米的友谊路，改善了古路坝的基础教育与交通环境。

2007 年，西北大学在今天的城固考院小学院内树立了“昭学励志碑”，以表达对国立西北大学抗战时期在此办学的感念和对西北联大精神的追怀。碑文如下：

> 城固虽陕南小邑，然以山环水带、物阜民康故，素有乐城之名。自西大迁寓于此，一时人材荟萃，更增汉滨光华。城固八年，寓教数处，兴作艰辛之状，自非后人所易通知。然山邑避寇，业师草玄未辍；桥门多士，溪涧弦歌不绝。其情其景，父老共鉴，汉水永铭。……风雨设帐，京陕两源。筚路蓝缕，拓宇维艰。东水西济，一脉迁沿。流寓城固，复还长安。自强不息，薪火承传。教惠遐迩，丰采灿然。欣逢盛世，丽日中天。期我才俊，再谱新篇！

西安交通大学医学院 2014 年在今汉中市汉台区文家庙小学内立“医学教育抗战纪念碑”，以表达饮水思源之意。碑文为：

> 公元一九三七年抗战军兴，国立北平大学医学院师生怀民族大义慷慨赴陕，救死扶伤，传播薪火，于艰苦卓绝中奠立大西北

医学高等教育千秋基业。国立西安临时大学医学院、国立西北联合大学医学院、国立西北医学院由兹而勃兴焉。其后继者列有西安医学院、西安医科大学、西安交通大学医学部与各附属临床教学医院、医疗卫生科研机构。公元一九三八年三月，医学院移师汉中，植根于斯凡八载，加速抗战兴学步伐，焚膏继晷，弦歌不辍。校舍先后设汉台、孙家庙、马家庙、黄家坡、黄家祠等处。斯地文家庙，曾为校本部与附属医院驻地。此井开凿久远，清甜甘洌，见证当年烽火岁月，频传师生与民众鱼水情深之佳话。今特立此碑，以志饮水思源，彰示我国医学教育之伟大奋斗精神。

2017 年 5 月，西安科技大学（前身可溯源至国立西北工学院矿冶系）在古路坝立“溯源志远碑”，碑文这样写道：

古坝报国志，七星灯火明。公元一千九百三十八年，北洋工学院、北平大学工学院、东北大学工学院与焦作工学院汇聚陕西汉中城固古路坝组建国立西北工学院，抗战胜利，移址咸阳，一千九百五十年更名为西北工学院。一千九百五十二年西北工学院矿冶系更名采矿系，并于一千九百五十七年并入由上海迁至西安的交通大学。一千九百五十八年，交通大学的采矿、地质两系（包括新设的矿山机电专业）全套设备物资和全部师资调出成立西安矿业学院。一千九百九十九年，西安矿业学院更名西安科技学院。二〇〇三年，西安科技学院定名西安科技大学。追根溯源，缅怀前贤。树碑铭志，薪火相传。

近几年，每到寒暑假，西北联大相关学校的师生总会结队或单独到汉中寻根，从抗战时期西北联大坚持办学的精神中汲取力量。

在台湾，在海外，西北联大学子半个多世纪来也总不忘回顾西北联大岁月，在各地成立了大大小小的校友会，编写并出版了纪念文字，如国立西北大学台北校友会1969年出版的《国立西北大学建校三十周年纪念刊》等。

岁月无情，国立西北联合大学的历史已渐渐远去。有情的，是七八十年前西北联合大学在国难深重之际忍辱负重，奏响的一曲延续民族文化的秦巴弦歌；永存的，是七八十年前西北联大的师生们在秦巴之间卧薪尝胆，谱写的一页展示中华正气的汉水篇章。

参考文献

一　专著

北京林业大学校史编辑部:《北京林业大学校史》,北京林业出版社 1992 年版。

北京师范大学校史编写组:《北京师范大学校史(1902—1982)》,北京师范大学出版社 1982 年版。

北洋大学—天津大学校史编辑室:《北洋大学—天津大学校史(第一卷)1985 年 10 月—1949 年 1 月》,天津大学出版社 1990 年版。

冯友兰:《三松堂自序》,人民出版社 2008 年版。

苟保平:《西北联大在城固》,南郑亨通实业有限公司印刷 2012 年版。

关联方:《西北农业大学校史(1934—1984)》,陕西人民出版社 1986 年版。

广少奎:《重振与衰变——南京国民政府教育部研究》,山东教育出版社 2008 年版。

汉中地方志编纂委员会:《汉中地区志(三)》,三秦出版社 2005 年版。

汉中地方志编纂委员会:《汉中地区志(一)》,三秦出版社 2005 年版。

何晓夏：《简明中国学前教育史》，北师大出版社 1990 年版。
教育部教育年鉴编纂委员会：《第二次中国教育年鉴》，商务印书馆 1948 年版。
教育部中国教育年鉴编审委员会：《第一次中国教育年鉴》，开明书店 1934 年版。
黎锦熙、甘鹏云：《方志学两种》，岳麓书社 1984 年版。
李永森、姚远：《西北大学史稿 · 上卷（1902—1949）》（修订本），西北大学出版社 2002 年版。
刘基、丁虎生：《西北师大逸事》，辽宁人民出版社、辽海出版社 2001 年版。
刘季洪：《教育生涯漫谈》，台湾商务印书馆 1986 年版。
《勉县志》编纂委员会：《勉县志》，地震出版社 1989 年版。
慕景强：《西医往事》，中国协和医科大学出版社 2010 年版。
牛汉口述，何启治、李晋西编撰：《我仍在苦苦跋涉》，生活 · 读书 · 新知三联书店 2008 年版。
彭子光：《河北师范学院志》，教育科学出版社 1994 年版。
孙善根：《走出象牙塔——蒋梦麟传》，杭州出版社 2004 年版。
西北农林科技大学档案馆：《民国西农纪事（1932—1949）》，西北农林科技大学出版社 2015 年版。
西北师大校史编写组：《西北师大校史（1902—2002）》，甘肃人民出版社 2002 年版。
西南联大北京校友会编：《国立西南联合大学校史——1937 年至 1946 年的北大、清华、南开》，北京大学出版社 2006 年版。
夏明忠、陈小虎：《康专图鉴》，四川大学出版社 2013 年版。
谢林：《陕西省图书馆馆史》，三秦出版社 2009 年版。
熊明安：《中国高等教育史》，重庆出版社 1983 年版。
薛世孝：《煤海集尘》，煤炭工业出版社 2010 年版。

杨龙：《北京开医道，西北续弦歌：西安交通大学医学部历史发展篇章》，西安交通大学出版社 2017 年版。

姚远：《国黉播迁：西北联大通史》，陕西人民出版社 2021 年版。

张晓唯：《旧时的大学和学人》，中国工人出版社 2006 年版。

张雪门：《幼稚教育五十年》，台湾书店 1969 年版。

张在军：《西迁南渡未北归：抗战时期的西北联大》，西北大学出版社 2022 年版。

中华民国教育部：《全国专科以上学校要览（上册）》，中正书局 1942 年版。

二　史料汇编、文集

北京大学、清华大学、南开大学、云南师范大学：《国立西南联合大学史料》，云南教育出版社 1998 年版。

北京大学图书馆：《北京大学图书馆藏胡适未刊书信日记》，清华大学出版社 2003 年版。

北洋大学—天津大学校史编辑室：《北洋大学—天津大学校史资料选编（第一卷）》，天津大学出版社 1991 年版。

城固县政协文史委员会：《城固县文史资料 · 第 3 辑》，汉中印刷厂 1985 年版。

丁德先等：《学府纪闻：国立北平师范大学》，台北：南京出版公司 1981 年版。

汉台区政协文史委员会：《汉台区文史资料 · 第 16 辑》，汉中印刷厂 2000 年版。

汉中市汉台区政协文史委员会：《汉台区文史资料 · 第 14 辑》，汉中印刷厂 1998 年版。

汉中市政协文史资料委员会：《汉中市文史资料 · 第 1 辑》，汉中印刷厂 1983 年版。

汉中市政协文史资料委员会：《汉中市文史资料·第4辑》，汉中印刷厂1986年版。

汉中市政协文史资料委员会：《汉中市文史资料·第5辑》，汉中印刷厂1987年版。

汉中市政协文史资料委员会：《汉中市文史资料·第6辑》，汉中印刷厂1988年版。

何宁：《西北联大与中国高等教育：纪念西北联大汉中办学75周年》，世界图书出版西安有限公司2013年版。

李溪桥：《李蒸纪念文集》，中国社会科学出版社1996年版。

勉县政协文史委员会：《勉县文史资料·第3辑》，1987年版。

牛汉：《牛汉诗选》，人民文学出版社1998年版。

台湾校友会：《国立北洋大学记往》，台湾广源印刷公司1979年版。

王学珍、郭建荣：《北京大学史料（第二卷）》，北京大学出版社2000年版。

王学珍、张万仓：《北京高等教育文献资料选编（1861—1948）》，首都师范大学出版社2004年版。

王聿均、孙斌：《朱家骅先生言论集》，台北："中央研究院"近代史研究所出版1977年版。

西北大学西北联大研究所：《西北联大史料汇编》，西北大学出版社2012年版。

西北师范大学校史资料编研组：版《国立西北师范学院史料摘编（1937—1949）》（上册），中国文史出版社2014年版。

许椿生等：《李建勋教育论著选》，人民教育出版社1993年版。

尹雪曼：《国立西北大学建校三十周年纪念刊》，国立西北大学校友会1969年版。

政协西昌市委员会文史资料委员会：《西昌文史·第10辑》，1993年版。

中国人民大学中共党史系：《中国国民党历史教学参考资料·第3册》，1986年印制。

中国人民政治协商会议凉山彝族自治州委员会文史资料委员会编：《凉山彝族自治州文史资料选辑·第9辑》，1991印刷。

中国人民政治协商会议凉山彝族自治州委员会文史资料研究委员会：《凉山彝族自治州文史资料选辑（第5辑）》，1987年印刷。

中国人民政治协商会议全国委员会文史资料研究委员会：《文史资料选辑》第34辑，文史资料出版社1963年版。

中国人民政治协商会议陕西省城固县委员会文史资料委员会：《城固县文史资料·第1辑》，1984年印刷。

中国人民政治协商会议陕西省城固县委员会文史资料委员会：《城固县文史资料·第4辑》，1984年11月印刷。

中国人民政治协商会议陕西省汉中市委员会文史资料委员会编：《抗战时期的汉中（汉中文史·第12辑）》，1994年印刷。

中国人民政治协商会议陕西省汉中市委员会文史资料委员会：《汉中文史·第11辑》，1993年10月印刷。

中央档案馆、陕西省档案馆编：《陕西革命历史文件汇集（1941年至1942年）》，西安出版社1994年版。

周晓林、贾玲：《中国矿业大学搬迁易名史料集萃（1909—2019）》，中国矿业大学出版社2019年版。

邹放鸣：《百年矿大记忆》，中国矿业大学出版社2009年版。

左森、胡如光：《回忆北洋大学》，天津大学出版社1989年版。

三　期刊

《传记文学》（台北）。

《甘肃民国日报》1943年。

《国立西北大学校刊》。

《国立西北师范学院校务汇报》。
《国立西北医学院院刊》。
《国闻周报》（民国）。
《河北师大报》。
《陇绎月刊》（民国）。
《民意周刊》（民国）。
《青年日报》1946 年。
《青年月刊》（民国）。
《陕西地方志通讯》。
《天津大学报》。
《图书季刊》（民国）。
《文史杂志》。
《西安临大校刊》第 1—12 期。
《西北联大校刊》第 1—18 期。
《西北论衡》（民国）。
《西北日报》1942 年。
《西北学报》（民国）。
《学生之友》（民国）。
《益世报》（民国）。
重庆《大公报》（民国）。

四　档案

陕西省档案馆藏国立西北大学档案：全宗号 67，目录号 1，案卷号 201. 1、205. 1、196、4. 3、4. 1、8、17、16. 1、10、16. 2。
陕西省档案馆藏国立西北大学档案：全宗号 67，目录号 5，案卷号 446. 1、446. 2、451. 1、451. 2、452. 1、429. 1、439. 1、443. 2、149、36. 1、36. 2、36. 3、174、2. 1、471. 1、481。

陕西省档案馆馆藏国立西北工学院档案：全宗号61，目录号1，案卷号1、3、5、9、15.1、18、18.1、34.1、42.1、42.2、86.3、86.4、222.2、258.1、258.2、276、308。

陕西省档案馆馆藏国立西北工学院档案：全宗号61，目录号2，案卷号1、2、6、28、39、49.2、83.1、96.1、180、215.1、28.3、124.1、29.1、213.5、76.1、76.2、247.1、249.2、249.3。

第二历史档案馆馆藏中华民国教育部档案：全宗号5，案卷号14887。

陕西省档案馆国立西北农学院档案：全宗号84，目录号2，案卷号320、380.1、315、322.2、421。

五 口述访谈

陈海儒、李巧宁2010年7月21日在城固县古路坝对当地居民夏金仲的访谈。

陈海儒、李巧宁2014年7月对西北大学法商学院1940级学生刘宝铸的访谈。

李巧宁、陈海儒2010年11月对城固县陈孟林的访谈。

鲁颖2002年7月31日在西安对鲁世忠的访谈。

后　　记

2009 年 5 月，国内知名的中国思想史专家张岂之先生到汉中寻根，寻访抗战期间他在城固求学的“师院附中”旧址，怀念当年在烛光下苦读的充实和乐观。我疑惑：城固怎么会有一个“师院附中”？“师院”指的是哪所高校？

带着这些疑惑，我回家和丈夫陈海儒讨论。他从小在城固长大，和我同是中国近现代史专业毕业，对汉中地方史尤感兴趣。他表示同样不解。于是，我们一起查阅资料，寻找“师院”足迹。初步查阅资料，我们得知：抗战时期，国立西北联合大学在汉中办学，后来分立或与其他力量合并为国立西北工学院、国立西北农学院、国立西北师范学院、国立西北医学院、国立西北大学，它们奠定了西北高等教育基础；国立西北师范学院成立后，国立西北联合大学附中改为由国立西北师范学院隶属，时人简称“师院附中”，办学质量在国内名列前茅，在西北地区更是首屈一指。这点初步的认识让我们十分惊讶：人们提起汉中的历史，津津乐道的是两汉三国时期的汉中，却极少有人知道抗战时期作为后方文化重镇的汉中——有西北联大及其子体院校在此薪火相传，有西北联大附中和西北师范学院附中在此树起中等教育的标杆。

我们决定进一步挖掘相关史实，梳理国立西北联大及其子体院校的历史，呈现抗战时期汉中作为后方文化重镇的基本面貌。从 2011

年下半年开始，我们寒暑假到陕西省档案馆、汉中市档案馆查阅西北联大及其子体院校的档案，搜寻并仔细阅读西北联大相关高校的校史，请教校史研究专家；一有机会，我们就通过互联网贴吧、微信朋友圈、熟人牵线，或者自己到西北联大办学地附近走访，寻找合适的访谈对象，不放过任何留下西北联大口述史的机会；搜寻抗战时期西北联大所办刊物、西北联大师生的作品，以及后来西北联大师生的相关回忆，更是我们日常的牵挂。有好几年，我们在饭桌上总谈论西北联大，它的办学旧址之一古路坝自然是饭桌上的“热词”，上中学的儿子误以为古路坝的文字表述是“咕噜坝”，便给总把古路坝挂在嘴上的爸爸陈海儒起了个绰号“咕噜爸”。而我，唯恐随着越来越多西北联大相关关系人的去世，未及以文字或图像形式留存下来的西北联大故事被“带走”，总是谈论做西北联大口述史的紧迫性，忍不住探讨每一次口述访谈的细节，被儿子称为“口述妈”。“咕噜爸”和“口述妈”日常的共同话题之一便是西北联大。

我们的挖掘与探索得到了不少人的帮助。陕西理工大学前任校长何宁支持我们用收集到的资料建立了“西北联大汉中办学纪念馆”，承办“第二届西北联大与中国高等教育发展论坛暨纪念西北联大汉中办学75周年学术研讨会”，鼓励我们潜心做西北联大研究。西北大学姚远教授、华中师范大学余子侠教授、天津大学王杰教授、西安理工大学梁严冰教授、厦门大学张亚群教授、南京理工大学陈钊教授等一直给予我们各种指引。休闲读品杂志社的李寻、朱剑以饱满的工作热情感染我们，是我们心中敬佩的同道和榜样。陕西省档案馆、汉中市档案馆优质的服务使我们得以顺利地查阅相关档案。西北联大学子王维屏、刘宝铸、李继宗等，西北联大后人许继昌（教师许兴凯之子）、刘育熙（教师刘北茂之子）、陈和临（代理校长陈石珍之女）、徐冬冬（教师徐诵明外孙）、张立礼（学生赵文艺之女）、高扬（学生高怀玉之子）、王天新（学生王传钰之女）等，以及西北联大知情人夏金仲（城固古路坝村民）、陈孟林（城固县居民）、曾明生（城固县居民）等，热情地接受了我们的访谈，竭尽所能地向我们提供了他们所知道的信息。我们志同道合的同事和朋友冯岁平、张晓华、张显锋、杨柳、张强、苟保平、杨建民、左汤泉、李力等让我们感受到“吾道不孤”，享受坦诚切磋的快乐。学者张在军对民国高等教育史的研究热情激励着我们，他的《西迁南渡未北归：抗战时期的西北联大》给予我们不少启发。

尤其感谢本书的责任编辑马明老师。从书稿名称的确定、框架的调整、文字的校对，到封面的设计，马明老师一次又一次和我们讨论。他不仅有敏锐的洞察力，总能发现书稿中“没有底气”之处，而且很容易沟通，每一次交流都让人心情舒畅。和马明老师共同守候本书出版的过程，有如和好友共同栽下一棵树苗，一起浇水、修剪，满怀美好的期待。

另外，本书作为作者 2020 年承担的陕西省社会科学基金项目“西北联大口述资料搜集、整理与研究”（项目批准号：2020G012）和 2011 年承担的陕西省教育厅重点课题“抗战期间内迁汉中的高校研究”（项目批准号：11JZ005）的最终研究成果，受到了陕西省社会科学基金和陕西省教育厅的资助，特此感谢。

因能力所限，书中难免遗有错漏之处，敬请师长、同道、友朋、读者批评指正，帮助我们不断成长。

李巧宁

2023 年 2 月 2 日于汉中